U0928436

珍藏本

纪念版

汉译世界学术名著丛书

史 集

第一卷

第一分册

〔波斯〕拉施特 主编

余大钧 周建奇 译

2017年·北京

Рашид-ад-дин
СБОРНИК ЛЕТОПИСЕЙ
Издательство Академии Наук СССР
Москва • 1952 • Ленинград
苏联科学院出版社莫斯科 • 列宁格勒 • 1952年版

汉译世界学术名著丛书
（120年纪念版·珍藏本）
出 版 说 明

2017年2月11日，商务印书馆迎来120岁的生日。120年前，商务印书馆前贤怀揣文化救国的理想，抱持"昌明教育，开启民智"的使命，立足本土，放眼寰宇，以出版为津梁，沟通中西，为中国、为世界提供最富智慧的思想文化成果。无论世事白云苍狗，潮流左右激荡，甚至战火硝烟弥漫，始终践行学术报国之志，无改初心。

迻译世界各国学术名著，即其一端。早在20世纪初年便出版《原富》《天演论》等影响至今的代表性著作，1950年代后更致力于外国哲学和社会科学经典的译介，及至1980年代，辑为"汉译世界学术名著丛书"，汇涓为流，蔚为大观。丛书自1981年开始出版，历时三十余年，迄今已推出七百种，是我国现代出版史上规模最大、最为重要的学术翻译工程。

丛书所选之书，立场观点不囿于一派，学科领域不限于一门，皆为文明开启以来，各时代、各国家、各民族的思想与文化精粹，代表着人类已经到达过的精神境界。丛书系统译介世界学术经典，引领时代思想，为本土原创学术的发展提供丰富的文化滋养，为推动中国现代学术和现代化进程做出了突出的贡献。

为纪念商务印书馆成立120周年，我们整体推出“汉译世界学术名著丛书”120年纪念版的珍藏本，寄望既利于文化积累，又便于研读查考，同时向长期支持丛书出版的译者、编者和读者致以敬意。

两甲子后的今天，商务印书馆又站在了一个新的历史时间节点上。我们不仅要铭记先辈的身影和足迹，更须让我们的步伐充满新的时代精神。这是商务人代代相传的事业，更是与国家和民族的命运始终紧密相连的事业。我们责无旁贷，必须做好我们这代人的传承与创造，让我们的努力和成果不仅凝聚成民族文化的记忆，还能成为后来人可以接续的事业。唯此，才能不负前贤，无愧来者。

商务印书馆编辑部

2017年10月

《史集》汉译本序

十四世纪初年，波斯政治家、史学家拉施特(Rashīd al-Dīn Fadl Allah，1247—1318)先后受伊利汗合赞(1295—1304)和完者都(1304—1316)之命修撰的《史集》(Jāmi‘ al-Tawārīkh)，是一部前所未有的世界通史，是当之无愧的当时亚欧历史的百科全书。

《史集》内容分为四编：第一编《蒙古史》，第二编《亚欧各国史》，第三编《世系谱》，第四编《地理志》。其中以第一编《蒙古史》最有价值，因为它所依据的第一手史料，现在大部分已经散失。汉译的《史集》就是这一编。

《史集》的这一编可以分为三卷：第一卷包含《部族志》和《成吉思汗及其祖先》两部分，第二卷为《成吉思汗的继承者》，第三卷为《波斯伊利诸汗》。

十九世纪末，洪钧(1839—1893)的《元史译文证补》问世后，我国治蒙元史者才知道有波斯文《史集》这部重要著作；本世纪三十年代，冯承钧(1887—1946)翻译的《多桑蒙古史》出版后，我们才有可能片段地、间接地知道《史集》的一些内容。现在有了汉译本，我们便可以看到它的全貌。

汉译本是从1946年至1960年间陆续出版的俄译本转译过来的。俄译本从目前说来是较全、较好的译本，但我们一定要努力创造条件，进一步把汉译与波斯原文进行对勘，使译文更加完善。同

引领时代思想，为本土原创学术的发展提供丰富的文化滋养，为推动中国现代学术和现代化进程做出了突出的贡献。

为纪念商务印书馆成立120周年，我们整体推出“汉译世界学术名著丛书”120年纪念版的珍藏本，寄望既利于文化积累，又便于研读查考，同时向长期支持丛书出版的译者、编者和读者致以敬意。

两甲子后的今天，商务印书馆又站在了一个新的历史时间节点上。我们不仅要铭记先辈的身影和足迹，更须让我们的步伐充满新的时代精神。这是商务人代代相传的事业，更是与国家和民族的命运始终紧密相连的事业。我们责无旁贷，必须做好我们这代人的传承与创造，让我们的努力和成果不仅凝聚成民族文化的记忆，还能成为后来人可以接续的事业。唯此，才能不负前贤，无愧来者。

商务印书馆编辑部

2017年10月

目　　录

第一卷　第一分册

第一编

第二编

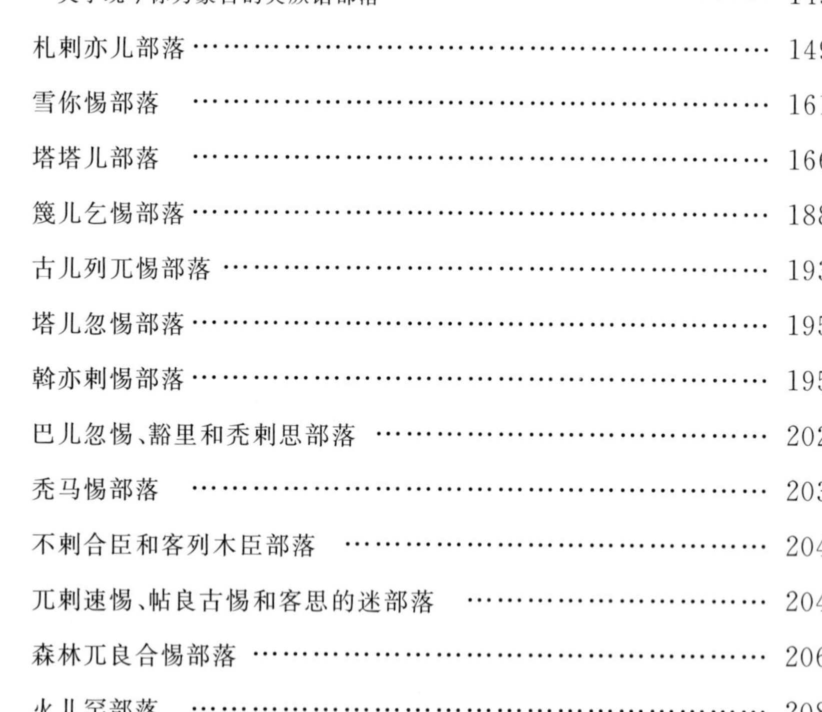

第三编

第四编

汉译者序

波斯伊利汗国宰相、大史学家拉施特·阿丁·法兹勒·阿拉赫(Rashīd al-Dīn Faḍl Allāh)在十四世纪初主编的《史集》是一部内容丰富、篇幅浩繁的历史巨著,它包含有研究中世纪各国、各民族的历史,尤其是研究蒙古史、我国古代北方少数民族史的大量有价值资料。本文想就《史集》产生的时代背景、编纂经过,主编者拉施特的生平和史学观点,《史集》作为封建史书的史料价值、各卷的内容、现存的十余种主要抄本以及一百数十年来各国学者对《史集》的整理研究、校勘、翻译、注释等情况,以及汉译本据以转译的俄译本的概况等等,作一简略的介绍,供读者研究、利用本书时参考。

一

十三世纪是以成吉思汗及其后裔为首的蒙古贵族统治阶级震撼世界的时代。十三世纪初,成吉思汗统一了蒙古草原上的各部落,建立了蒙古汗国后,发动了一系列远征。经过大半个世纪的征战,以成吉思汗及其后裔为首的蒙古贵族,摧毁了许多腐朽的封建王国,征服了亚洲的绝大部分地区和半个欧洲。于是,在欧亚大陆上形成了一个空前庞大的蒙古帝国。

十三世纪五十年代初,在以成吉思汗黄金家族成员为主的蒙古贵族代表们召开了忽里勒台(最高国事大会)以后,成吉思汗的孙子旭烈兀率领大军远征西亚,攻占了伊朗厄尔布尔士山脉一带的伊斯兰教亦思马因派木剌夷国诸堡,于1256年灭掉了木剌夷国,征服了伊朗全境。接着,又于1258年攻陷巴格达,灭掉了伊斯兰教哈里发阿拔思朝(黑衣大食)。这样,他在以伊朗为主的西亚地区建立了蒙古大帝国版图内的四大汗国之一——伊利汗国。

二

在伊利汗国建立后将近半个世纪时,旭烈兀的曾孙、第七代伊利汗合赞(公元1295年11月—1304年5月在位),为了让以成吉思汗家族为首的蒙古统治阶级历史传诸后世,于伊斯兰教历700年(公元1300年9月15日—1301年9月5日)下诏让他的宰相拉施特编纂一部详细的蒙古史。在拉施特编完这部蒙古史之前,合赞汗于1304年5月去世了。同年7月嗣位的其弟完者都汗(1304年7月—1316年12月在位),在举行了即位庆典后,询及此书的编纂情况,他披览了已编写出的草稿和部分誊清稿后,下诏让拉施特将此书进行修改、继续编完①。这部蒙古史编成后,于1307年进呈完者都汗。完者都汗披览后,下诏将这部蒙古史题献于其兄合赞汗,定名为《合赞汗御修史》②;接着,他又命令拉施特编写以世界各民族史、尤其是信仰伊斯兰教的各民族史为内容的另一部史书,并编写以世界各地区地理情况为内容的第三部书;包括这三

① 拉施特写的《史集》全书总序,本书汉译本第一卷第一分册,第89页。

② 同上,第89页。

部书的全书定名为《史集》[①]。伊斯兰教历 710 年(1310—1311 年),《史集》全部编成,进呈完者都汗御览,完者都大加赞赏[②]。

按照现存的《史集》各种波斯文抄本来看,《史集》只包含第一部——蒙古史和第二部——世界史以及《五民族世系谱》。原拟编写的第三部——世界各地区地志,在现存的《史集》各种波斯文抄本中都没有这一部分;很有可能这一部分当时并未编写成,也有可能在拉施特死后不久它就被毁掉了,总之,没有留传下来。

三

这部历史巨著《史集》的主编者拉施特于公元 1247 年出生于伊朗哈马丹。根据西欧学者斯普勒等的看法,拉施特的祖先是犹太人,他的父亲是一个犹太药剂师,拉施特 30 岁开始为第二代伊利汗阿八哈效劳时皈依了伊斯兰教。苏联学者彼特鲁舍夫斯基则认为,拉施特的祖父就是学者兼医师木瓦法忽忒-倒剌·阿里,他在旭烈兀攻打木剌夷国京城阿剌模忒好几年前就连同家属一起住到了阿剌模忒。旭烈兀占领阿剌模忒后,他归顺了旭烈兀,从此以后,木瓦法忽忒-倒剌·阿里及其子孙们就一直为蒙古伊利汗宫廷效劳[③]。拉施特从阿八哈汗在位时(1265—1282 年)起,担任御医,

① 拉施特写的《史集》全书总序,本书汉译本第一卷第一分册,第 90—91 页。根据西欧学者卡尔·雅恩的看法,包括以上三部书的《史集》全书早在 1307 年即已编成,1310—1311 年又编成了《史集》全书第二次增编本,在《史集》第二次增编本中除包含以上三部书外,又增编了另一部书:《阿拉伯、犹太、蒙古、富浪、中华五民族世系谱》。

② 拉施特写的《史集》全书总序,本书汉译本第一卷第一分册,第 95 页。

③ 见本书汉译本第一卷第一分册,第 47 页,以及本书第三卷俄译本,1946 年版,第 31 页。

声望颇高。但到公元1295年合赞汗即位后,他的多方面的才能才被汗所赏识,1298年,他被合赞汗选任为宰相①。与侍奉蒙古汗的许多伊朗文官一样,他是个速菲派伊斯兰教教徒。合赞汗在位时,他曾促使合赞汗依靠伊朗本地政教两界封建贵族对倾向于分裂割据、代表落后政治经济关系的蒙古军事游牧贵族势力进行了斗争,他协助合赞汗在改革赋税制度、兴修水利、恢复发展城乡经济等方面实行了一系列措施,从而加强了伊利汗的中央集权,暂时缓和了社会矛盾和经济危机。在《史集》中和拉施特的书信中,多处反映了作为地主阶级改革家的拉施特的政治改革观点②。

拉施特本人既是个权势隆盛的封建统治阶级政治代表,又是个拥有大量土地财产的大封建主。

完者都汗在位时,拉施特享有合赞汗在位时同样高的地位,获得了新汗的特殊宠遇,屡受厚赐。他的十四个儿子中的十个儿子以及他的侄儿、亲信们分布于伊利汗国各地掌握政权,分别担任了巴格达、格鲁吉亚、亦思法杭、法儿思、起儿漫等地的长官。依靠汗的多次厚赐和他的隆盛权势,他为自己积累了大量财产。他在新京孙丹尼牙近郊建造了一座华丽的小镇,由他命名为拉施特镇,镇上建有富丽堂皇的清真寺、学院、医院及其他屋宇数千幢。在旧京帖必力思,他占有庞大的坊区,其中有许多店铺、手工作坊、磨坊、果园等。此外,从他的书信中可知,他还在毛夕里、起儿漫、小亚细

① 布朗:《波斯文学史》,第3卷,剑桥大学1956年版,第69页。

② 彼特鲁舍夫斯基:《拉施特及其历史著作》,本书汉译本第一卷第一分册,第37—55页。

亚等许多地区广置地产[1]。

1316年冬，完者都汗患病。拉施特主持了完者都汗的治疗工作，不久因治疗无效，完者都汗于此年12月16日病殁。

1317年4月，完者都汗的儿子12岁的不赛因即位。同年10月，由于拉施特的政敌、另一宰相阿里-沙等进谗于不赛因汗，拉施特被黜去位。1318年春，阿里-沙等又控告他曾进毒于完者都，于是拉施特被逮捕审讯，同年7月18日，71岁的拉施特以毒死完者都汗的罪名与其幼子一起被腰斩处死[2]。

除《史集》外，拉施特还主编过一部有关中国医学的百科全书，名为《伊利汗的中国科学宝藏》，该书中包含有脉学、解剖学、胚胎学、妇科学、药物学等多方面丰富内容，并附有从中国医书复制的插图。该书迄今尚存，1939年由土耳其学者絮海尔·因韦尔译成了土耳其文，出版于伊斯坦布尔。[3] 此外，他还写过一部《古兰经》的注释和另一些速非派伊斯兰教著作[4]。

四

由于拉施特是封建统治阶级的政治代表、大封建主和伊斯兰

① 彼特鲁舍夫斯基:《拉施特及其历史著作》，本书汉译本第一卷第一分册，第53—54页；布朗:《波斯文学史》第3卷，第70页。

② 彼特鲁舍夫斯基:《拉施特及其历史著作》，本书汉译本第一卷第一分册，第56页；布朗《波斯文学史》第3卷第70—71页；多桑《蒙古史》第7卷第2、3章。

③ 见李约瑟《中国科学技术史》第1卷汉译本，科学出版社1975年版，第488、490、491、653页。

④ 彼特鲁舍夫斯基:《拉施特及其历史著作》，本书汉译本第一卷第一分册，第56—57页。

教徒，他主编的《史集》又是奉诏编纂、编成后进呈御览深受完者都汗赞赏的钦定史书，因此，在《史集》中深深地打上了封建统治阶级的思想烙印。他在《史集》中许多处堆砌了大量华丽辞藻，不厌其烦地为成吉思汗等帝王贵族大唱宗教颂歌，宣扬唯心主义天命论和英雄史观。

伟大革命导师马克思、恩格斯指出："在唯心主义者看来，任何改造世界的运动只存在于某个上帝特选的人的头脑中。""一切唯心主义者……都相信灵感、启示、救世主、奇迹创造者……"①

拉施特正是这样的唯心主义者。他在《史集》中把历史的发展原因归结为"天命"或神的意志，把成吉思汗等帝王贵族当作"天命"或神的意志的体现者和历史的创造者。

在《史集》全书总序中，拉施特开宗明义地说，全书的所有纪传以及由这些纪传所载所应得出的总结，归根到底"只能是赞美、称颂和誉扬创世主的神性"②。

在《史集》第一部（蒙古史）序言中，拉施特大讲特讲由于亚伯拉罕遵照安拉在梦中的启示，决心要将爱子杀掉献祭于安拉，安拉为嘉奖亚伯拉罕的诚心，便降福于他，使他的后裔繁衍成众多民族和部落，让他的后裔中产生出许许多多先知、圣贤和君主，以此来说明人们应该毫不动摇地信仰神③，只有这样，子孙后代才能兴旺发达，才能成为体现神的意志的伟人，成为获得神佑的创造历史的圣贤。

---

① 《马克思恩格斯全集》汉译本第 3 卷，第 630 页。

② 本书汉译本第一卷第一分册，第 80 页。

③ 同上，第 104—108 页。

拉施特认为伟大人物体现了神的威力和奇迹，伟大人物在神的恩佑下创造历史。他说：“主为了显示其威力的形迹，经常……创造某种非凡的奇迹，……奇迹在高贵人物身上获得表现……”①“造物主预先注定要让一个福星高照的威武君主出现在世上，让他征服世界一切国家。”②

在论述成吉思汗战胜泰亦赤兀惕等部落时，拉施特说：“尽管成吉思汗年幼、只拥有少量军队，但因为……上帝的预定和造化的宗旨，是成吉思汗崇高地位和帝国的出现，因此一千勇夫如何能与一个有福之人匹敌？……他借伟大的主的力量征服并打倒了全部泰亦赤兀惕人及其君主以及与他们联合的其他部落。”③

拉施特认为，神通过成吉思汗这样的伟人使国家和民族由衰败重新振兴起来。伟人体现着神的意志，创造历史伟业，推动社会发展。他说：“随着时代的迁移，支配世事的规律逐渐失却它的力量……国家与民族的状况便衰败动摇起来，这时为了消灭这个缺陷，便出现了一个福星高照的辉煌人物……此人表现出无限的努力与非凡的魄力，他清扫了成为毁灭的灾祸的逐鹿场所的国土，清除了凶徒们的秽行劣迹及魔鬼所造下的罪孽。”④

五

作为封建时代的宰相兼宫廷史家的拉施特奉诏编纂的钦定史

① 本书第一卷第二分册，俄译本第 11 页。

② 同上，俄译本第 12—13 页。

③ 同上，俄译本第 22 页。

④ 同上，俄译本第 60 页。

书《史集》,无疑包含有不少糟粕和毒素。但它同时又包含有大量有价值的史料,只要我们正确地进行分析批判,我们就能弃其糟粕、取其精华,利用其中有价值的史料。

《史集》是由拉施特担任主编和主要执笔者,在他的领导下,由许多人参加编纂工作编写而成的。拉施特亲自编写了《史集》第一部蒙古史中的《部族志》、《成吉思汗先祖纪》、《成吉思汗纪》等部分。在编写时,他利用了当时已有的波斯、阿拉伯文著作如十一世纪可失哈儿(喀什噶尔)人马赫穆德(马合木)写的著作、十三世纪波斯史学家志费尼写的《世界征服者史》、十三世纪阿拉伯史学家伊宾·阿昔儿写的《全史》等,还利用了秘藏于伊利汗宫廷金匮中的《阿勒坛-帖卜迭儿(金册)》等宫廷档案资料。

除文献资料外,他还直接请教各民族的学者和其他熟悉各民族历史的人物。在《史集》第一部序言中,他写道:"至于在这些记载中,或详或略均未有记述者,他就分别请教中国、印度、畏兀儿、钦察等民族的学者、贤人及贵人,因为各民族各种等级的[人],现在侍奉于陛下左右,尤其要请教统率伊朗、土兰军旅的大异密、世界各国的领导者孛罗丞相……他在……熟悉突厥诸部起源及其历史、尤其是蒙古[史]方面,是举世无双的。"①

据波斯诗人苫思丁·卡沙尼在其用诗体写成的一部蒙古史中说,蒙古朵儿边氏"孛罗丞相和火者·拉施特,相处如同师生,怡然自得的异密[指孛罗]所讲述的一切,学识渊博的宰相[指拉施特]

① 本书汉译本第一卷第一分册,第116页。

都悉意聆听。”[①]

在编写《史集》时，拉施特认为必须对各民族历史事实进行如实的记载。他在全书总序中说：“史学家的职责在于将各民族的记载传闻，按照他们在书籍中所载和口头所述的原意，从该民族通行的书籍和[各民族]显贵人物的言辞中采取出来，加以转述……作者受命编纂本书《史集》时，[在本书中]所述，均未作任何变更、改写和妄自修改，而为各民族著名书籍中所见的记载。这些记载出自各民族家喻户晓的口头传说，出自各民族的权威学者、贤人按自己观点所述的[一切中]。”[②]

由于拉施特修史时广泛地采用了原始资料、各民族的口头传说，并对熟悉本民族历史者的口述进行较客观的记述，对各民族的历史“从各民族所有典籍中摘取精华，聘请各民族学者参加纂修”[③]，因此《史集》这部历史巨著，尤其是它的第一部（蒙古史），具有很高史料价值，是我们研究中世纪史，尤其是研究蒙古史、元史和我国古代北方少数民族史，以及研究古代游牧民族社会制度、族源、民族学的重要资料。

从研究蒙古史、元史的角度来看，《史集》上对十三世纪以前我国北方各游牧部落及其重要人物的记载，对成吉思汗及其先世的记载，对窝阔台、忽必烈等各代大汗的记载，对四大汗国历史的记载，都包含有不少为《蒙古秘史》和汉籍上所没有的重要资料或不同记载。

① 伯劳舍：《拉施特蒙古史序论》，莱顿-伦敦 1910 年版，第 95 页。

② 本书汉译本第一卷第一分册，第 92—93 页。

③ 同上，第 100 页。

从研究十三世纪以前蒙古诸部以及我国北方其他游牧部落的族源和各部落的亲属关系问题来看，《史集》上详细记载了许多游牧部落的起源和分支情况，往往有《秘史》和汉籍上没有或缺乏详细记载的资料。例如，据《史集》所载，十三世纪初以前的所有蒙古各部落都起源于古代逃到额儿古涅昆（额尔古纳河畔山岭）的两男两女，由这两家人繁衍而成[①]，这一记载是《秘史》和元代汉籍上所没有的，但它与新旧《唐书》上关于蒙古（蒙兀室韦）部住在额尔古纳河（望建河）东南岸的记载相一致。由此我们确定了蒙古族的发源地是在我国黑龙江省额尔古纳河东南岸一带。又如，据《史集》上所载，蒙古诸部分为尼伦蒙古和迭儿列勤蒙古两大群，迭儿列勤蒙古诸部里的弘吉剌惕、亦乞剌思、斡勒忽讷惕、豁罗剌思、额勒只斤五部落出自同一祖先，斡罗纳兀惕、晃豁坛、阿鲁剌惕、嫩真四部落也出自同一祖先，这些都是《秘史》和汉籍上所没有记载的情况。《史集》上详载了札剌亦儿部十个分支、客列亦惕部六个分支的名称，《秘史》和汉籍上都没有记载得那么详细。《史集》上所载的塔塔儿部六个分支、篾儿乞惕四个分支的名称也与《秘史》所载有很大的不同。由此可见，《史集》上包含有不少有关蒙古地区诸部落的起源、分支和亲属关系的重要资料。

从研究蒙古等我国古代北方游牧部落的民族学角度来看，《史集》上包含有不少有关蒙古等我国古代北方游牧部落的狩猎、游牧、衣食住行、家庭日常生活、风俗习惯、婚姻、财产继承习惯、图

① 本书汉译本第一卷第一分册，第128、257页，第二分册俄译本第9页。

腾、宗教、口头文学、语言、医学等等的宝贵资料。

从研究古代蒙古社会制度以及一般而言研究古代游牧民族社会制度的角度来看,《史集》上包含有许多有关蒙古诸部和其他游牧部落生产发展情况、游牧方式、牧场占有使用情况、氏族部落组织、阶级和阶级关系、军事制度、政治制度、习惯法和成文法等的宝贵资料。三十年代初,苏联符拉基米尔佐夫所写出的《蒙古社会制度》一书就曾大量利用了《史集》上的资料。

《史集》上还包含有不少关于畏兀儿、乞儿吉思、哈剌鲁等我国古代北方少数民族以及十二至十三世纪中亚、西亚等地区历史的重要资料,对研究我国古代北方少数民族史和一些国家、民族的中世纪史也有很大价值。例如,冯家升先生等编写的《维吾尔族史料简编》一书中就曾采用过《史集》上的资料。欧洲许多学者的著作如拉德洛夫的《关于维吾尔人问题》,巴托尔德、布列什奈德等有关中亚史的许多著作,都曾大量利用《史集》上的资料。

六

《史集》这部历史著作内容十分丰富。写有四大卷《波斯文学史》的英国学者布朗曾于英国《皇家亚洲学会杂志》1908 年 1 月号上根据波斯原文抄本对《史集》的内容作了详细分析,鉴于原书的编排、分卷详略失当,他提出将全书分为七卷出版。布朗并未能履行他的出版计划,但他对全书的分卷比较合理,各国学者对《史集》进行整理时基本上与他所提出的分卷方式一致。现基本上按布朗的分卷将《史集》各卷的内容简述如下:

第一部　蒙古史。包括全书总序、目录,第一部序言以及第

一、二、三卷。

第一卷上　突厥蒙古部族志

第一编　乌古思的生平事迹。起源于与乌古思联合的族人们的后裔的六个部落的起源简述。起源于乌古思子孙的二十四个氏族。

第二编　札剌亦儿、塔塔儿、篾儿乞惕、斡亦剌惕、森林兀良合惕等19个部落[主要是蒙古语族部落]志。

第三编　各有君主的九个较大的部落、民族[主要是突厥语族部落、民族]志:客列亦惕、乃蛮、汪古惕、唐兀惕、畏兀儿、别克邻、乞儿吉思、哈剌鲁、钦察。

第四编　自古以来就称为蒙古的诸部落志。

第一章　迭儿列勤蒙古诸部:兀良合惕、弘吉剌惕、许慎、斡罗纳兀惕、速勒都思、巴牙兀惕,等等。

第二章　尼伦蒙古诸部:合塔斤、撒勒只兀惕、泰亦赤兀惕、那牙勤、兀鲁惕、忙忽惕、八邻、八鲁剌思等19个部落。

第一卷下　成吉思汗先世及成吉思汗纪

第一编　成吉思汗先世纪及系谱表

包括朵奔伯颜、阿阑-豁阿、孛端察儿汗、土敦-篾年、海都汗、伯升豁儿、屯必乃汗、合不勒汗、把儿坛把阿秃儿、也速该把阿秃儿等成吉思汗历代祖先纪共十篇,每篇都附有系谱表。

第二编　成吉思汗纪

一、1155—1167年的成吉思汗纪(从诞生到十三岁失去父亲)。

1155—1167年的南北中国、突厥斯坦、河中、巴格达、呼罗珊、花剌子模、伊拉克·阿札木、小亚细亚、古耳、叙利亚、埃及、马格里卜(在非洲西北部)等国君主传。

二、1167—1194 年的成吉思汗纪(主要内容为:与札木合进行十三翼之战,与禹儿勤部分裂并消灭之,与王汗一起帮助金朝击溃塔塔儿部,等等。)

1167—1194 年的上述亚洲、北非各国君主传。

三、1195—1203 年的成吉思汗纪(主要内容为:与王汗一起同篾儿乞惕、乃蛮等部多次作战,击溃以札木合为首的诸部联盟,与王汗分裂,击灭王汗,称汗,等等。)

1195—1203 年的亚洲、北非各国君主传。

四、1204—1210 年的成吉思汗纪(主要内容为:击溃、杀死乃蛮王太阳汗,击溃篾儿乞惕部,征讨西夏,被尊为成吉思汗,乞儿吉思部、畏兀儿亦都护之归顺,等等。)

1204—1210 年的亚洲、北非各国君主传。

五、1211—1218 年的成吉思汗纪(征金,派遣速不合追灭篾儿乞惕残余,镇压秃马惕部起义,杀死古失鲁克(屈出律)、尽有西辽之地,等等。)

1211—1218 年的亚洲、北非各国君主传。

六、1219—1227 年的成吉思汗纪(西征花剌子模、灭西夏以迄成吉思汗之死。)

1219—1227 年的亚洲、北非各国君主传。

七、成吉思汗编年大事记　1153—1194 年不分年,只作简略概述;1195—1227 年进行逐年记述。

八、成吉思汗训言。

九、成吉思汗的十二万九千军队及组成情况。

第二卷　波斯蒙古诸汗以外的成吉思汗后裔史

一、窝阔台合罕纪

1. 窝阔台合罕的后妃、子孙的事迹及窝阔台后裔世系表。2. 1229—1234 年的窝阔台合罕纪。1229—1234 年的亚洲、北非各国君主传。3. 1235—1241 年的窝阔台合罕纪。1235—1241 年的亚洲、北非各国君主传。4. 有关窝阔台合罕"嘉言懿行"的故事四十八则。

二、术赤汗及其后继诸汗传

1. 术赤汗的子孙后裔事迹、系谱简述，2. 术赤汗传，3. 拔都汗传，4. 别儿哥汗传，5. 忙哥-帖木儿汗传，6. 脱脱蒙哥汗传，7. 脱脱汗传。

三、察合台及其后继诸汗传

1. 察合台的子孙后裔事迹、系谱简述，2. 察合台汗传，3. 其后继诸汗传，4. 察合台的两位大臣：维即儿和哈巴失-阿迷忒传。

四、拖雷汗传

1. 拖雷的子孙后裔事迹、系谱简述，2. 拖雷汗传，3. 拖雷之妻唆儿鲁忽黑塔尼-别吉传。

五、贵由汗纪

1. 贵由的子孙后裔事迹、系谱简述，2. 贵由汗纪，3. 1242—1246 年的亚洲、北非各国君主传。

六、蒙哥合罕纪

1. 蒙哥的后妃及子孙后裔事迹、系谱简述，2. 蒙哥合罕纪，

3.1251—1257年的亚洲、北非各国君主传。

七、忽必烈合罕纪

1.忽必烈的后妃及子孙后裔事迹、系谱简述，并附有世系表，2.忽必烈合罕纪，3.1260—1294年亚洲、北非各国君主传，4.阿里-不哥死后其妻妾、子孙及其诸将的情况。

八、铁穆耳合罕纪

1.铁穆耳的后妃、子孙简述，2.铁穆耳合罕纪。

第三卷　波斯伊利汗国史

一、旭烈兀汗传

二、阿八哈汗传

三、帖古迭儿(算端阿合马)汗传

四、阿鲁浑汗传

五、乞合都汗传

六、合赞汗传

第二部　世界史。包括第四至七卷。

第四卷　序论。波斯古代诸王史以迄萨珊王朝的衰亡。先知穆罕默德传。

第五卷　阿布·伯克尔以迄穆斯塔辛之哈里发史。

第六卷　波斯的后期伊斯兰教诸王朝史(哥疾宁王朝、塞尔柱王朝、花剌子模沙王朝、撒勒哈耳王朝史以及亦思马因教派史)。

第七卷　突厥人、中国人、犹太人、富浪人、印度人等的历史。

七

保存到现今的《史集》波斯文抄本散见于世界各国，现将各国学者所使用的主要抄本简述如下：

1. S本，即伊斯坦布尔1317年抄本。此本收藏于土耳其伊斯坦布尔市托普卡庇·萨莱图书馆，编号1518。此本上写明：它于伊斯兰教历717年8月末（公元1317年11月初）抄写于巴格达，这就说明，这是拉施特还在世时就已抄写成的一个抄本。此本抄写得很工整、清晰，其内容包括《史集》第一部的全部，在现存的包含有《史集》第一部（蒙古史）的各种波斯抄本中，这是最古老、最好的一个抄本①。

2. A本，即塔什干抄本。此本收藏于苏联乌兹别克加盟共和国科学院东方抄本部，编号1620。此本抄写得颇工整，但没有署明抄写年代，俄国学者巴托尔德在本世纪初见到这个抄本时认为它的抄写年代不晚于十五世纪，苏联学者罗马斯凯维奇和阿里札德则认为它的抄写年代为十四世纪。这个抄本的特点是，蒙古诸汗、王的名字不仅用阿拉伯字母波斯文写出，而且用畏兀儿字母蒙文写出。据罗马斯凯维奇、阿里札德等认为，此本与伊斯坦布尔1317年抄本非常相似，可能出自同一祖本②。

此本也只包含《史集》的第一部，并且它短缺了有关合赞汗四

---

① 《史集》第三卷，波斯文集校本和俄译文合刊本，巴库，1957年版，罗马斯凯维奇所写的前言，俄文第9—13页；《史集》第一卷第一分册波斯文集校本，莫斯科1965年版，阿里札德写的前言，俄文第4—6页。

② 同上。

十则故事的最后这一部分，并有10张（约占整个抄本的4%）是后来（约十七世纪时）补抄的。①

3.L本，即伦敦抄本，即伦敦大英博物馆藏Add.7628号抄本。此本包含《史集》的第一、二部，即现存的《史集》全部内容。此本抄写得欠工整，有许多处音点脱漏，但也是一个较古老的抄本。其所署抄写年代为837年（公元1433年）。②

4.C本，即列宁格勒萨尔蒂科夫—谢德林公共图书馆藏V,3,I号抄本，其内容包含《史集》第一、二部。此本已破损得很厉害，缺失了许多张，甚至整章短缺，但这也是个较古老的抄本，其所署抄写年月日为810年1月15日（公元1407年6月22日）。③

5.I本，即伊朗德黑兰博物馆藏抄本。此本抄写得很漂亮，并仔细地加上了音点。但此本抄写年代较晚，为后出的抄本。所署抄写日期为1004年9月27日星期六（公元1596年5月25日）。④

6.P本，即巴黎国立图书馆藏抄本，编号254。此本包含《史集》第一、二部，但残缺得很多，首尾和中间均有短缺。唯伊利汗国史部分相当完整，抄写得也较工整。此本无抄写年月。法国学者伯劳舍认为它是十四世纪时的抄本。但据罗马斯凯维奇、阿里札德认为，此本和早期诸抄本歧异甚多，它可能是个十六世纪时的抄本。此本即伯劳舍《史集》蒙古史第二卷波斯原文校勘本以及卡特

① 《史集》第三卷，波斯文集校本和俄译文合刊本，巴库1957年版，罗马斯凯维奇所写的前言，俄文第9—13页；《史集》第一卷第一分册波斯文集校本，莫斯科1965年版，阿里札德写的前言，俄文第4—6页。

② 同上。

③ 同上。

④ 同上。

麦尔《史集·旭烈兀传》波斯原文校勘及法文译注本所根据的底本①。多桑《蒙古史》引用的《史集》资料也出自这个抄本。

7. B本，即苏联科学院东方学研究所列宁格勒分所藏抄本，编号Д66（旧编号a566）。此本抄写得极草率，其抄写质量低于以上所有各本。所署抄写日期为984年7月4日（公元1576年9月27日）。此本即俄国学者贝勒津的《史集》第一卷波斯文校勘本及俄文译注本所根据的底本②。其内容包括《史集》第一部各卷。

8. 奥地利维也纳图书馆抄本。此本为欧洲学者卡尔·雅恩《史集·合赞汗传》波斯文合校本所曾利用的抄本之一，也是他的《史集·从阿八哈到乞合都为止的伊利汗传》波斯文校本所根据的底本。

9. 大英帝国印度事务部图书馆所藏抄本（编号2828）。

10. 西德慕尼黑市巴威利亚州国家图书馆所藏抄本（编号208）。

第9、10两个抄本为卡尔·雅恩的《史集·富浪史》波斯文合校本所根据的底本。

11. 伊斯坦布尔托普卡庇·萨莱图书馆1653号抄本。此本抄写于伊斯兰教历714年6月（公元1314年9月），其内容包含有《史集》第二部。此本为伊朗学者达涅什·帕朱等刊布的《史集·亦思马因派史》波斯文合校本所根据的底本。

---

① 《史集》第三卷，波斯文集校本和俄译文合刊本，巴库1957年版，罗马斯凯维奇所写的前言，俄文第9—13页；《史集》第一卷第一分册波斯文集校本，莫斯科1965年版，阿里札德写的前言，俄文第4—6页。

② 同上。

八

由于《史集》中包含有大量宝贵史料，一百几十年来世界各国学者一再对《史集》的各卷、各部分进行整理研究、校勘、翻译和注释。

1836 年，法国学者卡特麦尔刊布了有关《史集·旭烈兀汗传》的研究著作①，该书包含有以巴黎抄本为底本经过校勘的《史集·旭烈兀汗传》波斯原文、法文译文、详细的语言学注释和对名词术语的注释，并有一篇相当长的论述拉施特生平事业的导言。各国学者对此书有较高的评价。

1841 年，出版了哀忒蛮翻译的《史集·部族志》德译本。

1858—1888 年，俄国学者贝勒津将《史集》第一卷即《部族志》、《成吉思汗先世及成吉思汗纪》的波斯原文进行校勘后，连同俄译文和注释刊印在圣彼得堡出版的《帝俄考古学会东方部丛刊》第 5、7、13、15 分册上。其第 5 分册为《部族志》的俄文译注本，1858 年出版；第 7 分册为《部族志》的波斯原文校注本，1861 年出版；第 13 分册为成吉思汗先世纪、即位以前的成吉思汗纪的波斯原文校注、俄文译注合刊本，1868 年出版；第 15 分册为即位以后的成吉思汗纪的波斯原文校注、俄文译注合刊本，1888 年出版。

我国清末学者洪钧曾于十九世纪八十年代末至九十年代初（约 1889—1891 年）根据贝勒津的俄译文，将《史集》成吉思汗先世纪和成吉思汗纪转译成汉文，收在他的《元史译文证补》中（见《证

① 卡特麦尔：拉施特用波斯文写的《波斯蒙古史》第 1 卷，巴黎 1836 年版。

补》第一卷上、下）。

本世纪初，伯劳舍写出了一部《拉施特蒙古史导论》（收于《吉布纪念丛书》第 12 卷，莱顿、伦敦，1910 年版）。由于他的东方语言学修养不足，此书错误很多，曾受到巴托尔德的严肃批评①。伯劳舍还根据巴黎抄本完成了《史集》第二卷，即除波斯蒙古汗以外的成吉思汗后裔史的波斯文校订本②。这个校本由于所据底本并非善本，伯劳舍的东方语言学水平又不高，因此学术界对它的评价不高。但在《史集》第二卷波斯原文本迄今没有更好的新本出版的情况下，过去不少学者如法国的伯希和等研究蒙古史、元史时都曾使用了这个校本。我国学者邵循正先生 1947 年发表的《剌失德集史忽必烈汗纪译释（上）》（载《清华学报》第 14 卷第 1 期）一文所根据的就是这个校本。1971 年出版的英国学者波伊勒的《史集》第二卷英译本所据的底本也是这个校本。

多年研究蒙古史和波斯学，曾把十三世纪波斯史学家志费尼的《世界征服者史》从波斯文译成英文的英国学者波伊勒，于七十年代初完成了《史集》蒙古史第二卷的英译，题作《成吉思汗的继承者们》，1971 年由美国哥伦比亚大学出版部出版（纽约、伦敦出版）。这个英译本以伯劳舍《史集》第二卷波斯文校勘本作为底本译成，其缺点是所据底本不佳，但译者参考利用了《史集》第二卷苏联科学院俄译本，在注释中对伯劳舍本的脱漏、讹误进行了校补，

① 巴托尔德：评伯劳舍《拉施特蒙古史导论》，载《伊斯兰世界》第 1 卷，圣彼得堡版，第 56—107 页。

② 《史集·合赞汗史即蒙古史》，伯劳舍校订，第二卷，莱顿-伦敦 1911 年版，《吉布纪念丛书》第 18 卷。

在一定程度上弥补了底本不佳的缺陷。这个译本还广泛汲取了伯希和等欧美学者研究蒙古史的成就,对蒙古突厥专名及其他名词术语的译写和注释有较高的水平。

欧洲学者卡尔·雅恩四十年来对《史集》的整理研究、校勘和译注也做了不少工作。1940 年,他刊布了《史集》合赞汗传的波斯文集校本,这个校本用伊斯坦布尔 1317 年抄本为底本,与前述维也纳、伦敦、巴黎三抄本合校而成(收于《吉布纪念丛书》新集第 14 卷,伦敦出版)。1941 年,他刊布了《史集》从阿八哈到乞合都的伊利汗史的波斯文校本,此本以维也纳本为底本进行校勘,附有用德文写的导言、内容大意译述和索引(布拉格 1941 年初版,1957 年作为《中亚学刊》第 2 种再版于海牙)。1951 年,他刊布了《史集》第二部(世界史)中的《富浪人史》的波斯文校本,这个校本用前述慕尼黑本、大英帝国印度事务部图书馆藏抄本为底本,并用包含有《史集·富浪人史》资料的巴纳卡第书的一个十六世纪抄本和马丁·奥帕文的编年史进行校勘,附有法文译文和译注(莱顿出版)。1965 年,他刊布了《史集》第二部(世界史)中的《印度史》波斯原文影印本(与几篇有关的论文合刊,为海牙出版的《中亚学刊》第 10 种)。1969 年,他刊布了《史集》第二部(世界史)中的《乌古思史》(维也纳出版)。1971 年,他又刊布了《史集》第二部中的《中国史》译文(维也纳出版)。

伊朗学者达涅什·帕朱和莫达列西于 1960 年刊布了《史集》第二部(世界史)中的《亦思马因派史》的波斯文合校本(德黑兰出版),其内容包括北非亦思马因派法提马王朝史和阿剌模忒亦思马因派史两部分。这个校本用前述伊斯坦布尔托普卡庇·萨莱图书

馆 1653 号《史集》抄本为底本，与另两种《史集》抄本以及包含有《史集》上亦思马因派史资料的《算端史集》等书的三个抄本合校而成。

九

从 1946 年起，苏联科学院东方学研究所（后来曾改称亚洲民族研究所）分卷出版了《史集》第一部即蒙古史部分的俄译本和波斯原文集校本。1946 年，先出版了第三卷（波斯蒙古史）的俄文译注本（阿伦德斯译）。1952 年，分两个分册出版了第一卷的俄文译注本（第一分册为《部族志》，赫塔古罗夫译；第二分册为《成吉思汗先世及成吉思汗纪》，斯米尔诺娃译）。1960 年出版了第二卷的俄文译注本（内容为除波斯蒙古汗以外的成吉思汗后裔史，维尔霍夫斯基译）。上列俄文译注本均系根据该研究所用前述第 1—7 种即伊斯坦布尔 1317 年抄本等七种抄本集校的波斯原文稿译出。其脚注列出了人名、地名、部族名等较重要的原文异文，并有对人名、地名等名词术语的注释。

1957 年，该研究所出版了《史集》第三卷的波斯文集校本和俄译本的合刊本（在巴库出版）。波斯原文集校本以塔什干本和伊斯坦布尔 1317 年抄本作为底本，与前述第 3—7 种抄本集校而成，此外还参照了卡特麦尔的波斯文校本，校勘者为阿里札德。1965 年，该研究所又出版了《史集》第一卷第一分册即《部族志》的波斯文集校本，校勘时仍用塔、伊两本作为底本，与前述第 3—7 种抄本集校，此外还利用了贝勒津的波斯文校本。校勘者为罗马斯凯维奇、赫塔古罗夫、阿里札德。这两册波斯文集校本都在脚注中详细列出了波斯原文每个词的各种抄本上的不同异文。

苏联科学院东方学研究所的《史集》俄译本由于所根据的波斯文集校稿利用了前述七种波斯文抄本，因此使它大大超过了以往的贝勒津《史集》俄译本、哀忒蛮《史集》德译本以及多桑《蒙古史》中引用的《史集》资料的译文。

但是苏联译本仍有其不足之处。首先，它所根据的波斯文集校稿尽管利用了七种抄本，但由于校勘者语言学修养不足（尤其是汉文程度不高，不能充分利用汉文资料进行校勘），未能充分利用七种抄本择善而从，因此在校勘上有不少失误和不当之处，这就给俄译文带来了一些讹误和不确切之处。其次，在翻译过程中，俄译文又有不少误译和疏忽之处。再次，俄译文对突厥蒙古人名、地名、部族名及其他名词术语的译写不够精确，例如：波斯文中的 q、k，它都用俄文 к 来译写，混淆不清；又如：它忽略了突厥蒙古语的元音和谐律，转写突厥蒙古语阳性元音的 a 和转写阴性元音的 e 并存于同一译名中。

尽管俄文译本还有缺点，但就目前说来仍是较好较全的译本，我们先从俄译本将《史集》最重要部分，即第一部（蒙古史部分）全部转译过来，以供国内史学界、尤其是蒙古史研究工作者研究、利用，还是很有必要的。

十

我们这个汉译本就是根据苏联科学院东方学研究所的俄译本各卷转译的。

汉译本第一卷第一分册由余大钧于 1974 至 1978 年据六十年

代初周建奇的译稿改译定稿(其中彼特鲁舍夫斯基的《拉施特及其历史著作》一文系周建奇、周清澍合译)。这次改译时,除一般性的校改和文字加工工作外,对译名的改定作了较多的工作,在改定突厥蒙古人名、地名、部族名及其他名词术语时查阅了苏联 1965 年出版的波斯文集校本波斯原文以及蒙古史、元史方面的大量原始资料和参考书。这次改译时,还初步根据波斯原文及有关文献改正了俄译本的若干讹误。

汉译本第一卷第二分册为余大钧等于 1960 至 1962 年所译,1976 至 1980 年重新进行了改译。第二卷为周建奇、余大钧译。第三卷系余大钧等所译。

汉译本正文及脚注中带 * 号的方括号[　]* 内的文字及正文圆括号(　)内的波斯原文(据苏联出版的波斯文集校本正文用拉丁字母转写),均系余大钧所加;正文中无 * 号的方括号[　]内的文字为俄译者所加。

为减少排印困难,俄译本脚注中用俄文字母转写的波斯文或蒙文专名,汉译本中概用拉丁字母转写。

本书汉译本承中国社会科学院民族研究所副所长翁独健先生作序,并对全书进行专业审校,敬致谢意。

汉译者

1980 年 11 月

俄译本编辑部说明

苏联科学院东方学研究所着手出版十四世纪最大的史学家拉 5
施特的著作四卷本《史集》。前三卷为俄译文，第四卷为注释。波斯原文本，正要整理完成，也将在俄译本之后出版。

苏联科学院东方学研究所的科学工作者们，早在 1936 年，就已开始准备这项具有重大学术意义的出版工作。伟大卫国战争开始以前，已完成了第三卷波斯原文校勘本的校订工作和第三卷的翻译工作。伟大卫国战争中断了出版工作。早在 1939 年就由 A. K. 阿伦德斯译出、经过已故的苏联卓越的伊朗语文学家 A. A. 罗马斯凯维奇教授和苏联科学院通讯院士 E. Э. 别尔捷利斯、A. Ю. 雅库博夫斯基校订的第三卷俄译本，直到 1946 年才得以出版。现在准备出版《史集》俄译本第一、二两卷。第一卷由 A. A. 赫塔古罗夫（已故）和 O. И. 斯米尔诺娃译出，由塔吉克加盟共和国科学院院士 A. A. 谢麦诺夫为第一分册作注释，潘克福和 O. И. 斯米尔诺娃为第二分册作注释。第一卷校订者为 A. A. 谢麦诺夫教授。第二卷译者为 Ю. П. 维尔霍夫斯基，并由他和潘克福加了注释。

在准备出版的第四卷中，将收入从古文献学、历史地理学和词汇学方面对全书所作的注释，全部三卷的综合索引，以及全书的附录——历史地图。在该卷中还将收入一些论述拉施特著作及其史料来源的论文。И. П. 彼特鲁舍夫斯基的导论《拉施特及其历史著作》，因为考虑到它有助于读者从大体上了解拉施特及其著作在中近东各国和蒙古地区的史学史上的意义和地位，编辑部认为应当置于第一卷中。

俄译本的任务，是要为广大俄语读者，特别是非东方学专家的
学者们，提供拉施特著作的一个最便于阅读和接近原著的学术性
俄译本，使《史集》最大限度地适应于不可能利用原文文献的读者
6 的需要。为此目的，决定在译本中附以若干相应的脚注（绝非以此
代替第四卷中的注释），以帮助非东方学者的历史学家和其他专家
们更好地理解拉施特著作，并使有兴趣者能对翻译过程中对原文
所作的辨读及辨读所依据的资料有所了解。

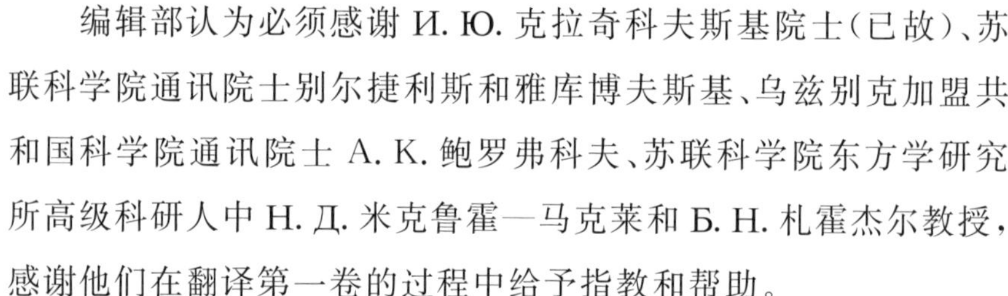

编辑部认为必须感谢 И. Ю. 克拉奇科夫斯基院士（已故）、苏联科学院通讯院士别尔捷利斯和雅库博夫斯基、乌兹别克加盟共和国科学院通讯院士 А. К. 鲍罗弗科夫、苏联科学院东方学研究所高级科研人中 Н. Д. 米克鲁霍—马克莱和 Б. Н. 札霍杰尔教授，感谢他们在翻译第一卷的过程中给予指教和帮助。

编辑部还要对 И. П. 彼特鲁舍夫斯基教授致谢，感谢他审阅了准备付印的第一卷的最后定稿。

译者按：

因为拉施特著作的原文中，充满了我们还不知道的与突厥、蒙古诸部的原始居地及其后来四散居住有关的地名，蒙古语和其他各种语言的人名和术语，故确定它们的正确读法和字音转写有很大的困难。问题在于：我们出版拉施特著作原文校刊本所用的底本，是一个最古老的抄本（塔什干本），大概属于 14 世纪初即作者

在世之时，原文只用阿拉伯字母，而无波斯文和塔吉克文中所采用的四个补充字母。

因此，凡是应当读作 č的地方，在抄本中都被代之以字母 ǰ；应读作浊 g 之处，都被转写成阿拉伯字母软 k；p 被代之以 b 或 f；ž 被转写成 z。读者常常完全不知道，在所著录的人名或地名中，究竟应读作 b 还是 p，č 还是 ǰ，g 还是 k，u 还是 o，更不用说突厥语所特有的元音 ü 和 ö 了，它们都用一个长 u 来转写，鼻音 ng 用 n 和阿拉伯字母的软 k 或硬 q 合起来表示，有时则和两个并列的软 k（例如在“成吉思”一词中）来表示。因此，用像阿拉伯字母这样一种不完善的字母来音译蒙古语、突厥语、汉语以及其他语言的名词、词汇和术语，是很不确切的。例如，附加在某些人名之后的蒙语薛禅 sečen（贤者）一词，就被转写成为 sāǰān；gurgen ‖ yurgen（女婿）被转写成为 kūrkān；部落名称 manggǔt、dürben 被写成 mankkūt、durbān；蒙古人名 Oelun 被转写成 Ualun，等等。此外，按照阿拉伯字母的特点，短元音 a，i，u 在词中被省略了，抄写者在同一页上对同一个词便可有几种不同的写法（例如，他时而写作 $t_{?}r_{?}$kī—nuyān，时而写作 $t_{?}r_{?}$kāī—nūyān；时而写作 ūrīānkkūt，时而写作 ūrīānkkt，等等），而根据现代蒙古语资料又不能确定某些蒙古语词汇的正确读音，所以，突厥、蒙古词汇的俄文正确音译转写，其困难是十分明显的。

因此，有必要处处把我们所利用的拉施特此书所有各种抄本中的某些人名、地名、部落名称或术语的不同写法，在脚注中列出来。

各种异文，按早已出版的俄译本第三卷序言中的转写表加以转写。地理、历史、社会词汇和人名，在俄译正文中用俄文字母转写时，不加音符，以免普通读者阅读困难。在不能确定某个词属于何种语言(蒙古语、突厥语或其他语言)时，即按转写原则据主要抄本(A本和S本)加以转写。

每卷之末，附有人名、地名和其他名词的按字母顺序排列的索引，并在必要时，根据汉文叶德辉本《元朝秘史》(1908年版)和该书蒙文原文的柯津院士俄译本(苏联科学院东方学研究所1940年版)，在圆括号中顺便列出该名词在当时的蒙语读音。

在脚注中，除异读和读音之外，一般只提供对于了解正文所最必需的解释，以适应俄语读者和非东方学者的历史家、语文学家、民族学家的需要。对译文所加的脚注，并非代替考释。在本书第四卷中，将另有包括历史地理学、词汇学和古文字学方面的详尽注释。

俄译本页边上未曾标出伊斯坦布尔本(S本)从S12至S27的页码，因S本的这些张照片已于列宁格勒围城期间遗失。此外，在赫塔古罗夫的译文中，遗失了前20页。这20页是由谢麦诺夫翻译的。

俄译本中所用简称表

《秘史》，即《元朝秘史》，1908年叶氏观古堂本；柯津俄译本，莫斯科、列宁格勒1941年版。

《亲征录》，即《圣武亲征录校注》，校注者王国维，清华学校研究院《蒙古史料四种校注五卷》本，1926年；帕拉基教长译自汉文，《东方文集》第一卷，圣彼得堡1877年版。

波斯原文转写表

波斯文字母	俄译本所用俄文字母	汉译本第1卷	所用拉丁字母第2、3卷	波斯文字母	俄译本所用俄文字母	汉译本第1卷	所用拉丁字母第2、3卷
ب	б	b	B	ع	’	’	’
پ	п	p	P	غ	г̣	ğ	Γ
ت	т	t	T	ف	ф	f	F
ث	c̱	t̲h̲	Ť	ق	к̣	q	Q̣
ج	дж	ǰ	J̌	ک	к	k	K
چ	ч	č	Č	گ	г	g	G
ح	х̣	ḥ	Ḥ	ل	л	l	L
خ	х̮	k̲h̲	X	م	м	m	M
د	д	d	D	ن	н	n	N
ذ	д̱	d̲h̲	Ď	ه	х	h 或 e̲h̲	H
ر	р	r	R	و	ӯ或в	ū或w	W
ز	з	z	Z	آ	ā	ā	Ā
ژ	ж	z̲h̲	Ž	ا	ā̤	ā	A
س	с	s	S	ـَ	a	a	a
ش	ш	š	Š	ـَه	э	e	e
ص	c̣	ṣ	Ṣ	ی	ӣ 或 й	ī 或 y	Y̆
ض	з̣	d̲z̲	Ḍ	ـِ	и	i	i
ط	т̣	ṭ	Ṭ	ـُ	у	u	u
ظ	з̤	ẓ	Ẓ				

《元史》，即商务印书馆百衲本《元史》。

《纲目》，即《通鉴纲目续编》，1702 年版。

［汉译本中所用简称表］*

［贝书，即拉施特《史集》第一卷（包括突厥蒙古诸部传和成吉思汗纪）的 И. Н. 贝勒津校刊的波斯原文及其俄译文，《帝俄考古协会东方部丛刊》第 5、7、13、15 卷，圣彼得堡，1858、1861、1868、1888 年出版。

贝译，即上书中的贝勒津俄译文。

符书，即 Б. Я. 符拉基米尔佐夫的《蒙古社会制度　蒙古的游牧封建主义》，列宁格勒 1934 年版。

集校本，即苏联 1965 年版《史集》第一卷第一分册波斯文集校本正文。］*

拉施特及其历史著作

〔苏〕И. П. 彼特鲁舍夫斯基

7 十三世纪后半期至十四世纪前半期，是中古波斯语历史著作①繁荣昌盛、取得巨大成就的时代，这类著作的一些最杰出的文献都是当时创作的。本时期的波斯语历史著作中，哈马丹人法兹勒阿拉赫·拉施特-丁的《史集》②就其构思和写作而言为同类著作中的仅见之作。尽管这部著作，作为伊朗、阿塞拜疆、中亚各国、蒙古的历史，以及其他各国、各民族一部分历史的史料，其重大意义早已为学者们所公认，然而迄今为止，我们既没有经过科学校勘的《史集》的完善的波斯文本，又没有全文的翻译和注释，也没有全面地对拉施特的这部著作，在古文献学和历史语文学方面作过概括性的研究。

百余年来，在俄国和国外，对拉施特这部巨著只刊布过个别部

---

① 我们此处所指，并非中古晚期（十一世纪以后）中近东各国（小亚、阿塞拜疆、中亚诸国、阿富汗、印度各伊斯兰教国家）所创造的全部庞多的波斯语历史著作。在上列诸国中，近代波斯语（法儿思语）为统治阶级所用的一种文语，但使用这种语言的作品是在各地方文化发展中创造出来的。因而谈不上有统一的波斯语历史学，所以我们此处所谈的实质上只是伊朗的历史著作。

② 《纪年汇编》是我国历史著作中对该书通用的译名。译为《史集》，则更为正确，因为拉施特的这部书，较之其以前已有的传统纪年著作体裁，乃一重大进步。

分:1836 年法国人卡特麦尔刊本(《旭烈兀汗传》,波斯原文、法文
译文、详尽的语言学和专门名词的注释,以及一篇作为导言的拉
施特传略)①,1858—1888 年俄国东方学家贝勒津刊本(《蒙古部
族志》和《成吉思汗纪》,波斯原文、俄文译文和注释)②,1911 年
法国人伯劳舍刊本(《蒙古和中国的成吉思汗继承者史》,波斯原 8
文及注释,现已甚为陈旧)③。早在 1905 年,英国的东方学家布
朗就已宣布他打算刊行《史集》的一种全文本,不仅包括这部书
的第一部(《合赞汗[御修]* 史》)[蒙古史]*,而且包括连摘要
也从未发表过、未为科学研究注意到的《史集》第二部(世界
史)④。

布朗的这项诺言,一如他所承担的另一项责任⑤——刊布拉

① 《波斯蒙古史》,拉施特用波斯文写成,M. 卡特麦尔刊布、译为法文,并附以注释及有关作者传记和著作的论文,第 1 卷,巴黎,1836 年。(Histoire des Mongols de la Perse, écrite en Persan par Raschid-Eldin, publiée, traduite en français, accompagnée de notes et d'un mémoire sur la vie et les ouvrages de l'auteur par M. Quatremère, t. I, Paris, 1836。)已提议发表的第二卷并未问世。卡特麦尔的刊行本现已成为目录学中的珍本。

② 《俄国考古学会东方部丛刊》(TBOPAO),第五、七、八、十五卷,圣彼得堡,1858、1861、1868、1888 年版。

③ 《史集·合赞汗御修史即蒙古史》,伯劳舍校订,第 2 卷,内容为成吉思汗继承者蒙古诸帝史,伦敦,1911 年,《吉布纪念丛书》第 18 卷第 2 分册。(Djami et-tevarikh... Tarikh-i moubarek-i Ghazani, éditée par E. Blochet, t. II, Conténant l'histoire des l'émpereurs Mongols successeurs de Tchinkiz-Khagan, London, 1911(Gibb memorial series—GMS, vol. XVIII/2)。)

④ 《英国皇家亚洲学会学报》,1908 年 1 月,第 17—37 页;布朗:《鞑靼统治时期(公元 1265—1502 年)的波斯文学史》,剑桥,1920 年,第 74 页。(JRAS, January 1908, pp. 17—37; id., History of Persian Literature under Tartar dominion(A. D. 1265—1502) by E. G. Browne, Cambridge, 1920, p. 74.)

⑤ 布朗:《鞑靼统治时期的波斯文学史》,第 86 页。

施特书信集①，从来未曾实现。这部书信集对于伊朗社会经济史研究者有极大价值，并在某种程度上对于伊朗邻近地区的社会经济史研究者也有价值，书信集中包含着有关拉施特政治思想及其封建产业的资料②。

准备刊印《合赞汗[御修]* 史》全文本的艰巨而责任重大的任务，首先为苏联东方学家所完成。1936 年，苏联科学院东方学研究所科研人员着手进行出版波斯原文集校本和俄译本的准备工作。最重要的当然是《合赞汗[御修]* 史》从未刊布过的部分(第三卷)，其中包括直到合赞汗及其改革为止，统治伊朗、阿塞拜疆和毗邻诸国的旭烈兀朝诸伊利汗历史，以及合赞汗四十条诏敕的原件抄录或摘要，这些都是十三与十四世纪之交伊朗和阿塞拜疆社会经济史方

① 此书信集的三个著名抄本之一存于苏联即科学院东方学研究所抄本№B938(属卢梭藏书)，伊斯兰教历 1088 年[公元 1677 年]本，纳斯塔利克字体，共 74 个双页，有缺陷(有几页显然还在抄本进行登录和编页之前即已被撕掉)。不久以前，在印度出了一个完整的波斯原文校勘本：拉施特书信集，罕巴哈都尔·穆罕默德·萨费版，拉合尔，1947 年。

② 东方学家们并不怀疑此项史料的真实性。不久之前，外国学者李维(《拉施特书信集》，《东方学和非洲学学院学报》，伦敦大学，第 1—2 编，第 74—78 页。Reuben Levy, The Letters of Raschid-ad-Din Fadl-Allah, Bulletin of the School of Oriental and African Studies, University of London, part 1—2, pp. 74—78.)，发表一种主张，认为拉施特的书信集是在印度伪造出来的，并不得早于十五世纪。我们不承认李维这项论断具有说服力，而且认为这个书信集是真实的，虽然我们推想其中有并不太多的补入文字，但不是十五世纪时在印度(李维的这个结论没有事实根据)，而是在伊朗，在恢复了拉施特家族政治权利和拉施特的名誉之后，很可能是在其子吉雅撒丁·穆罕默德·拉施特宰相任期内(1327—1336 年)所添加进去的。关于这个问题，详见：彼特鲁舍夫斯基《论拉施特书信集真实性问题》。《列宁格勒大学学报》，1948 年第九期。

面极其珍贵的史料①。第三卷原文集校稿和译稿已经准备好；但在付印之前，国外已有卡尔·雅恩的刊本于1940年问世，它包括《合赞汗［御修］*史》的部分原文，即从阿八哈汗至合赞汗时期的原 9
文②，所根据的抄本数（四种）较苏联东方学研究所人员完成的原文集校稿所依据者为少。直到1946年，早已准备好的《合赞汗［御修］*史》第三卷俄译本才出版。③ 现在（1951年），苏联科学院东方学研究所已完成了准备出版这部书的第一、二卷波斯原文和俄译本的工作④。

自从卡特麦尔首次刊布了《史集》的一部分，即《合赞汗［御修］*史》的部分原文（1836年）（该书连同一长篇拉施特传和注

① 这个波斯原文集校本，根据七种最老的手抄本或其摄影本（其中最老而且最好的抄本为塔什干本和伊斯坦布尔本）。

② 《拉施特合赞汗［御修］*史中之合赞汗传》，卡尔·雅恩编订，《吉布纪念丛书》新集，第14卷，1940年。Geschichte des Gazan-hans aus dem Tarih-i mubarek-i Gazani des Rashid-ad-din… herausgegeben… von Karl Jahn, GMS, New series, vol, VIV, 1940。又，《拉施特……阿八哈汗至乞合都汗传》，卡尔·雅恩校订，布拉格，1941年。Rashid-aldin Fadl Allah… Geschit der Khane Abaga bis Gaihatu, Kritische Ausgabe… von Karl Jahn, Prag, 1941。

③ 拉施特，《史集》，第三卷，俄文本，译自波斯文，译者A. K. 阿伦德斯，校订者A. A. 罗马斯凯维奇，E. Э. 别尔捷利斯和A. Ю. 雅库博夫斯基，科学院东方学研究所版，莫斯科-列宁格勒，1946年。

④ 波斯原文集校本第一卷，校勘者A. A. 阿里扎德，Ю. П. 维尔霍夫斯基，E. M. 彼谢列娃，O. И. 斯米尔诺娃。原文集校本第二卷，校勘者，A. A. 阿里扎德，Ю. П. 维尔霍夫斯基。俄译本第一卷译者，A. A. 赫塔古罗夫，A. A. 谢麦诺夫，O. И. 斯米尔诺娃。第一卷注释者，Б. И. 潘克福，A. A. 谢麦诺夫，O. И. 斯米尔诺娃，第二卷注释者为Ю. П. 维尔霍夫斯基。A. A. 谢麦诺夫和苏联科学院通讯院士A. Ю. 雅库博夫斯基参加了校订工作。

释，迄今仍有价值)[①]以来，已过去了一百多年。然而，百余年来，这部如此重要的史料，一直没有全文出版过，并且在此期间，除了伯劳舍的一本很不成功的《拉施特蒙古史序论》[②]和已故俄国东方学家 B. B. 巴托尔德院士对此书所作的一篇详尽的评论[③]外，既没有出现过对《史集》古文献学的全面研究[④]，也没有出过专题著作。上述巴托尔德院士的那篇书评，在本质上给了伯劳舍的书以体无完肤的批判，指出了他的语言学修养之不足，以及由此而产生的很多乃至有时是极其草率的错误。伯劳舍整理的刊行本和他的研究性著作，所根据的是巴黎的一种不完善的《史集》抄本，这就使得缺点更为加深了。

巴托尔德对伯劳舍的书作了尖刻而又公正批判的那篇评论，虽然仍有很大价值，但这篇书评，也和卡特麦尔所写的拉施特传记一样，今天已经有些陈旧了，因为无论是卡特麦尔或是巴托尔德，都不知道有拉施特的书信集，出版界最早报道此书是在 1917 年。由此可见，百余年之间，国外和革命前俄国，专门研究《史集》的著

① 卡特麦尔：《波斯蒙古史》，第 1 卷，巴黎，1836 年，《拉施特传》。Vie de Raschid-Eldin，Histoire des Mongols de la Perse… par M. Quatremère，t I，Paris，1836。

② 伯劳舍：《拉施特蒙古史序论》，莱顿-伦敦，1910 年。E. Blochet. Introduction à l'histoire des Mongols de Raschid-ed-din. Leyden-London，1910。

③ 《伊斯兰世界》，第一卷，圣彼得堡，第 56—107 页(评伯劳舍《拉施特蒙古史序论》)。

④ 各种抄本介绍，参看 B. B. 罗真院士的著作(《外交部东语研究所学术集刊》，第 3 集，波斯抄本，圣彼得堡，1886 年。Collections scientifiques de l'Institut des langues orientales du Ministère des affairès étrangères，III，Manuscrits persans，SPb .，1886)。并请参看，介绍各种抄本之书目——斯托雷：《波斯文献》，第 2 编，第 1 分册，伦敦，1935 年。Storey. Persian Literature，section II，fasc. 1. London，1935；A. A. 罗马斯凯维奇给《史集》第三卷俄译本所写的序言，第 9—13 页。

述仍然相当贫乏，并且没有对这部卓越的历史文献作出充分的评价。甚至于连已刊行的《史集》部分，更不用提未刊部分了，都只在 10
不大的程度上为研究者们所利用。

这种现象绝不能看作是偶然的。它只能部分地以语文方面的困难作为解释。为了校勘拉施特著作的原文，尤其是为了确定一些专有名词和术语的正确读法，为了研究它的词汇、语言和文体，除了要有波斯语，当然还要有阿拉伯语的知识外，还必须通晓蒙古语和突厥语。最后，对于各蒙古国家历史的研究者说来，除了需用波斯、阿拉伯、蒙古、汉文史料而外，也还需要引用俄罗斯、亚美尼亚、格鲁吉亚、叙利亚、拜占庭和西欧各国的史料。简而言之，研究者如非通晓多种语言之人，就难免要感到自己能力有限。例如，巴托尔德就已经指出过在多种多样原文引语掩盖下的伯劳舍语文修养之不足："在伯劳舍的著作中，书中连篇累牍，都是形形色色的学术引文；又是拉丁字母，又是俄文字母，又是阿拉伯文字母，又是汉文方块字和蒙古字母文字。"[①]但问题远不止此而已。西欧资产阶级历史家，在不同的程度上，已习惯于以轻蔑的态度对待"落后的东方"。他们的观点大致可以归结为："东方民族从未有过欧洲人所谓的历史，因此，欧洲历史学者所制定的历史研究方法，不适用于东方的历史。"[②]西欧资产阶级史学中，对此观点有所修正之处，也不过在于承认上古，希腊化时代，也许还有中古早期（哈里发帝国时代）这些时代近东的高度文化水平而已。但在中古晚期和近代东

① B. B. 巴托尔德，前引书评，《伊斯兰世界》，第一卷，第 62 页。

② 关于此点，参看 B. B. 巴托尔德，《欧洲和俄国的东方学史》，圣彼得堡，1911 年版，第 23 页。

方各国的历史中，受到阶级局限的帝国主义国家历史学者的思想，和从前一样，除了一片文化逐渐衰退的景象外，再也不愿更有所见，并且认定单调和亘古不变的陈腐习气，是这些国家社会制度固有的特点。对中古晚期历史研究的轻蔑态度也可由此得到说明。

正因为如此，在十九世纪三十年代，亦即资产阶级史学犹处于上升时期，卡特麦尔为他所刊行的《史集》部分原文写下了至今仍未丧失学术价值的珍贵注释遗留给我们之后，在西方历史家中就再也没有找到后继者。到了帝国主义时代，民族主义、种族主义和其他反动思想占统治的时代，这种后继者就更无法找到了，这个时代资产阶级史学的大多数代表人物，或多或少都秉受了这些思想，就我们感兴趣的问题领域而言，从现代德国伊朗学家斯普勒的一部著作中就可以看出国外东方史学的没落[①]，它甚至远不如百余年前出现的多桑关于蒙古史的著作[②]；在斯普勒的这一部以及其
11 他著作中，研究史料的技巧，无论如何也比不上卡特麦尔的研究方法，并且掺杂着对所研究之时代历史的种族主义捏造。

帝国主义时代资产阶级史学退化的显著标志是，多桑的著作无可比拟地高出于后来霍渥斯[③]、列昂·卡恩[④]等人充满种族主

---

① 斯普勒：《伊朗蒙古史》，1936 年。Spuler. Mongolengeschichte Irans. 1936。

② 多桑：《从成吉思汗到帖木儿别时之蒙古史》，第 1—4 卷，海牙，1834—1835 年。C. d'Ohsson. Histoire des Mongols depuis Tchinguiz-Khan jusqu'a Timourbey, tt. I-IV. La Haye, 1834—1835。

③ 霍渥斯：《蒙古史》，第 1—4 卷，伦敦，1876—1888 年。Howorth. History of the Mongols, vol. I-IV, London, 1876—1888。

④ 卡恩：《亚洲史序论：从最初直到 1405 年的突厥人和蒙古人》，巴黎，1896 年。Leon Cahun. Introduction à l'histoire de l'Asie: turcs et mongols à l'origine jusqu'a 1405, Paris, 1896。

义,备受泛突厥主义者称赞的蒙古史著作,而且更具有学术良心;泛突厥主义者竭力美化突厥和蒙古游牧人的国家,尤其是成吉思汗的帝国,硬说游牧人具有神话般的"种族新血液","治国雄才"之类,重复着卡恩的"见解"。

俄国革命前的东方史学,虽然 B. P. 罗真、B. B. 巴托尔德等学者的著作在个别部门取得了重大成就,并且一般达到高度研究水平,但是仍然不能克服资产阶级历史学思想所固有的局限性、形式主义和方法论上的弱点。以最先进的马克思列宁主义的科学方法论武装起来的苏联东方学者,不仅能够完成《史集》全部原文的校勘、刊行和翻译的任务,同时也能完成对这部无与伦比的史料进行全面研究的任务。

作为蒙古伊利汗国旭烈兀朝官方史家的拉施特,很难与作为政治家出仕伊利汗的拉施特分别开来,这种分别,纯粹是人为的;因为无论在《史集》或拉施特的书信集中,都贯穿着渗透于合赞汗全部改革的那种政治倾向。因此,只有与当时居于统治地位的政治思想联系起来,才能充分明了《史集》作者的历史观点。

伊朗以及列入旭烈兀朝(1256—1353 年)版图之毗邻各国(美索不达米亚、阿塞拜疆、亚美尼亚)历史上的十三至十四世纪时期,直到不久以前,虽然有 B. B. 巴托尔德院士和革命前其他作者们内容丰富的一些著作,仍然很少被研究过。根据斯大林所下的深刻定义,旭烈兀朝国家,也是那种"奴隶时代和中世纪时代的帝国"之一,"不曾有自己的经济基础,而是暂时的不巩固的军事行政的联合"①;

① 斯大林:《马克思主义与语言学问题》,人民出版社,北京,1953 年版,第 9 页。

它"是偶然凑合起来的，内部缺少联系的集团的混合物，其分合是依某一征服者的胜败为转移的"①。

曾经一度列入蒙古国家版图之今日苏联东方（南高加索，中亚）各国中，直到二十世纪初以前，都还有（带着宗法结构的）封建
12 主义存在，这首先在科学中为斯大林精确地肯定下来②，而且这一结论，对于上述国家历史的科学研究工作有着巨大的指导意义。这个结论完全可以推广到中古时代的伊朗。苏联东方史学家的著作，在研究十三至十四世纪时期中近东各国社会经济史和政治史方面作出了很多新贡献，如：探讨这些国家封建主义发展的一般问题，研究这些国家的军事采邑制度，农民的贡赋，城市的内部结构，阶级斗争的形式，建立这些国家历史的科学分期等等。

在十三世纪，一定程度上，也包括稍晚一些的时期在内，从旭烈兀兀鲁思和察合台兀鲁思的蒙古征服者上层中可以看出有两种如 B. B. 巴托尔德院士已经指出过的基本倾向；不过他是从非常一般的特征着眼，并且只是片面地从风俗文化倾向的斗争背景上去理解的③，巴托尔德并不明了这些倾向的社会性质。苏联的东方史学者 A. Ю. 雅库博夫斯基，在阐明察合台兀鲁思（中亚）中这两

① 斯大林：《马克思主义和民族问题》，《斯大林全集》第二卷，人民出版社，北京，1953 年版，第 292 页。

② 参看斯大林著作：《戴着社会主义假面具的南高加索反革命分子》，《斯大林全集》第四卷，人民出版社，北京，1956 年；《党在民族问题方面的当前任务》，《斯大林全集》第五卷，人民出版社，北京，1957 年；以及《马克思主义与民族殖民地问题》文集，俄文版，1937 年，第 78、80 页。

③ B. B. 巴托尔德：《突厥斯坦史》，第 39—41 页；《突厥斯坦文化生活史》，第 89—92 页。

种倾向的斗争方面，向前迈进了一大步①。C. П. 托尔斯托夫也在这个问题上作出过一些有趣的结论②。

大部分蒙古和部分突厥军事游牧贵族支持第一种倾向。这些半封建半家长制度下的蒙古旧习和游牧传统的崇拜者，用 C. П. 托尔斯托夫恰当的话来说，这个“草原封建部落的贵族阶级，亦即最落后的经济政治关系形态的体现者”③之成员们，他们敌视定居生活，农业和城市，拥护无限制地残酷剥削定居农民和城市下层。他们将自己看作是在敌国中的一座军营，对于屈服和不屈服的定居民族不太区别：无论是谁，这些征服者们都要劫掠，只不过方式不同而已，对屈服者施以重税压榨，对不屈服者加以军事掠夺。这种政策的拥护者并不介意定居农民阶级是否终于会被毁灭，他们对于保存农民阶级没有兴趣。这条路线最鲜明地表现于中国北部被征服之时，当时游牧贵族曾要求成吉思汗下令杀尽定居人民，变
土地为牧场，以供游牧（但他未敢采取这种极端措施）④。在谢米 13
列契（七河）地区，根据巴托尔德的考证⑤，大批蒙古和突厥游牧人

① A. Ю. 雅库博夫斯基：《试略论帖木儿》，《历史问题》，1946 年第 8—9 期；第 48—52 页；同作者，《中亚封建社会》（乌兹别克、塔吉克、土库曼苏维埃社会主义共和国历史资料），第一卷，第 52、53 页。

② C. П. 托尔斯托夫：《古代花剌子模》，莫斯科-列宁格勒，1948 年，第 344、345 页；同作者，《古代花剌子模文化遗迹》，莫斯科-列宁格勒，1948 年，第 290 页及其后。

③ C. П. 托尔斯托夫：《古代花剌子模文化遗迹》，莫斯科-列宁格勒，第 319 页。

④ 《成吉思家族最初四汗史》，教长雅金甫 · 彼丘林俄译本，圣彼得堡，1829 年，第 153 页。（《元史》卷一百四十六，《耶律楚材传》，近臣别迭等言：“汉人无补于国，可悉空其人以为牧地。”——汉译者注）

⑤ B. B. 巴托尔德：《谢米列契史概要》，第二版，伏龙芝市，1941 年，第 58—60 页。

的迁入，实际上已使得这个地区的城市生活与定居农业村落在十三世纪中几乎完全消失。在旭烈兀兀鲁思中，蒙古军事游牧贵族要求肆无忌惮，无情掠夺定居农民的这种倾向，在一篇言论中有着很好的描述，有几种波斯文史料将这篇言论归之于合赞汗名下。在这篇言论中，第一种倾向，受到了从第二种倾向代表人物立场上发出的谴责。对于这篇言论，我们后面再作详论。成吉思汗本人以及他后裔之中的大汗贵由和兀鲁思汗察合台，都是第一种倾向的代表人物。旭烈兀朝最初的几位伊利汗（帖古迭儿·阿合马除外）尽管政策摇摆不定，基本上是倒在第一种倾向这面，虽然并不首尾一贯，而且形式上也较为温和。

第二种倾向的目标是要建立一个强大汗权统治下的巩固的中央集权国家，因此，就要抑制蒙古和突厥的封建化军事游牧贵族的离心倾向。为了达到这个目标，显然需要汗政权与被征服国家的封建上层相接近，需要保护城市生活、商人和贸易，需要恢复被蒙古入侵所破坏的生产力，尤其是被征服国家的农业，并且需要固定农民和市民的赋税徭役，①因为生产力不恢复到足以保证中央（汗）政府的府库有正规税入的水平，即使在个别的兀鲁思中，也不可能存在强有力的汗政权。

上述的第二种倾向，依靠一群为数不多、与汗室家族有紧密联系、供职于汗庭和汗室家族专有领地（媵哲）上的大游牧贵族，而主要还是依靠于一部分仕奉于汗的波斯、塔吉克、阿塞拜疆的文职官

① 这种倾向反映在试图限制农民和市民徭役及赋税数目的大汗蒙哥合罕的一道著名法令中。参看：拉施特书，伯劳舍编，波斯原文本，第308—314页。

员和一部分伊斯兰教教会人员。这种倾向所依靠的被征服国家内封建主阶级中那些集团，他们关心旭烈兀兀鲁思和察合台兀鲁思境内的中央集权政策、中央国家机构和国家财政的保持和增强；这种倾向，也依靠于大部分商人阶级。第一种倾向的拥护者，上面已经谈过，包括大部分蒙古突厥军事游牧贵族，离心倾向和封建割据倾向的体现者。依附于他们的，有波斯及其他地方行政官员中极端自私自利，毫无原则的代表人物，以及从这些官吏，当地外省的（定居）封建主和享有特权的斡脱商人中出身的国税承包人，他们见到在第一种倾向拥护者所支持的普遍掠夺定居纳税居民剌亦牙惕（即农民和城市中的下层人民）的这种制度下，个人可以大发横财。这两种倾向之间暗中进行着斗争。据术兹札尼的记载，成吉思汗的长子术赤曾经责备过他父亲大肆屠戮和蹂躏被征服国家的这种政策[1]。蒙古军事游牧贵族反过恢复被破坏的城市，反对向 14
定居人口，特别是在窝阔台合罕时期，反对向大食人作任何让步[2]。窝阔台合罕（1227—1242 年）和蒙哥合罕（1251—1259 年），这两位大汗都是第二种倾向的拥护者。

第二种倾向先在合赞汗时的旭烈兀国家中，接着又在怯伯汗时（1318—1326 年）的察合台国家中占了上风。但这并不是最后的胜利，封建主阶级内部这两种倾向和两个集团之间的斗争还继续到以后的十四和十五世纪，也就是说，直到伊朗和中亚的蒙古人

① Джузджани，Табакат-и насири.，Nassau Lees 编，波斯原文本，第 379 页。

② Исфизари. Раузат ал-дженнат. 乌兹别克苏维埃社会主义共和国东方抄本研究所（塔什干）抄本№787，第 220a—221 张。Сейф ал-Хереви. тарихнамз-ихерат，波斯原文版。加尔各答，1944 年，第 94—109 页。

国家已经崩溃之后，因为代之而起的国家，是由军事游牧贵族所领导的，并且继承了成吉思族国家的政治传统。后来，上述两种倾向发生了演变，演变经过，我们在这里将不去谈它，因为它已越出我们所考察的时期的范围。上述两种倾向之间斗争的结果，决不是象巴托尔德所想象那样，成为无法解决的疑案：蒙古人会继续游牧呢，或是过渡到定居呢。有时候，并未放弃游牧生活方式的军事贵族的代表人物，也归附到了第二种政治倾向之下。两种倾向之间争论的实质乃在于剥削定居农民的方法问题（此点在前面已谈过），以及连带而来的如何对待被征服国家封建主上层，如何对待他们的政治文化传统的态度问题。

我们所指的两种倾向的斗争，同时也是两大封建主集团[1]在上述的兀鲁思中争夺权力和领导地位的斗争，在十四世纪初以前，有时是在宗教思想意识的外衣掩盖下进行的。成吉思汗以及最初几个大汗时代的蒙古人，基本上（除少数景教派基督徒和佛教徒外）都是原始的多神教的珊蛮教徒，所处的文化阶段，尚不知宗教的排他性为何物。但这种状况不会继续太久。正在逐渐封建化的蒙古游牧贵族难免要接受封建社会的某种宗教。第一种政治倾向拥护者对定居穆斯林居民的仇视，演变而为对伊斯兰教、穆斯林法、“穆斯林”国家制度和文化的仇视。这种对伊斯兰教的仇视，特别明显地表现在察合台和贵由等汗的活动上[2]。然而，第一种倾

① 参看 C. П. 托尔斯托夫关于十四世纪中亚封建主阶级两个类似集团的结论（C. П. 托尔斯托夫：《古代花剌子模文化遗迹》，莫斯科-列宁格勒，1948 年版，第 318、319 页）。

② 可参看：术兹扎尼书，诺索·勒斯编，波斯原文版，第 397—405 页。

向的拥护者却自愿接受了半游牧的畏兀儿人的文化，以及流行于他们之中的佛教和景教派基督教；其实，还在十一世纪之初，景教即已在蒙古族的客列亦惕部中生了根。在旭烈兀朝时，一部分客列亦惕人移居到了南阿塞拜疆。还在十四世纪初期，他们的异密，例如亦领真，已经成了反对伊斯兰教的基督教热诚卫士[①]。佛教 15
和基督教，两者内容如此不同，但都适应了蒙古和畏兀儿人的文化风俗环境。

在最初几位伊利汗时期，尽管在对内政策上，特别是在赋税政策方面有些摇摆不定，第一条政治路线，亦即蒙古游牧古风拥护者的路线，仍然占有优势。这种优势，也在最初几个伊利汗——旭烈兀汗（1256—1265 年）和阿八哈汗（1265—1282 年）保护佛教，尤其是基督教的这件思想意识外衣下透露出来[②]。经过伊利汗帖古迭儿·阿合马时期（1282—1284 年）伊斯兰教与第二种政治倾向的短暂统治之后，阿鲁浑汗时候（1284—1291 年），采取反穆斯林运动形式的第一种倾向又大获全胜。阿鲁浑汗对佛教徒，基督徒和犹太人都同时加以保护。阿鲁浑汗通过自己的首席丞相犹太商人撒都倒剌，制定了一个消灭穆斯林影响，亦即伊朗和突厥文职官员影响的计划[③]。穆斯林官僚阶级，察觉到自己的势力和影响受到威胁，竭力煽动起城市穆斯林居民的宗教狂热以反对撒都倒剌，说

① 可参看：《马尔-雅八剌哈三世史》，沙博译自叙利亚文，巴黎，1895 年，第 148、178、179 页。

② 参看亚美尼亚历史家所记之详情：马加基亚僧正书，K. П. 帕特卡诺夫译本，第 33—40 页；大瓦尔丹书，K. П. 帕特卡诺夫译本，第 17—22 页。

③ 瓦撒夫书，孟买石印版，波斯原文本，第 238—243 页。

他制定了一个远征麦加的侵略计划，目的是要把天房变成“偶像崇拜的庙堂”。在惊恐万状的穆斯林市民脑海里，出现了一幕犹太人、基督徒和“偶像崇拜者”（佛教徒）的大阴谋，似乎穆斯林宗教的存在都已受到威胁①。撒都倒剌显然无力与强大的穆斯林官僚阶级进行斗争，何况他的财政改革方案又触犯了蒙古军事贵族的利益。撒都倒剌的垮台，在一些城市里引起了一场穆斯林官吏和宗教贵族所策划的屠杀犹太人的浪潮②（1291 年）。后来，伊斯兰教在合赞汗治下获得最后胜利之时，又引起了两次屠杀基督徒和犹太人的新浪潮（1295 和 1297 年）③，佛教则被认为非法④。

十三世纪八十至九十年代，伊利汗国经历了一次大规模的经济危机，拉施特曾颇为生动细致地描绘了这次危机的全貌⑤。蒙古入侵时期（1220—1258 年）进行破坏的后果，人口（换言之，即纳税人）的普遍锐减，耕地面积的缩小，在有些地方达到了十分之九⑥，游
16 牧部落的抢劫，尤其是伊利汗政府的征税制度，再加上曾经带来过丰富战利品的对外侵略的停止（在叙利亚与马木鲁克王朝的战争以

① 基督教（亚美尼亚的，也许还有格鲁吉亚的）封建主支持撒都倒剌之事，可以根据斯帖潘诺斯·奥尔别利安对他的好评加以判断（修尼亚史，M. 布罗斯法文译本，圣彼得堡，1864 年，第 259 页）。译者 M. 布罗斯院士将“Джхут”（“犹太人”）理解成了人名。

② 瓦撒夫书，前引版本，第 274 页及其后文。

③ 《马尔-雅八剌哈三世史》，前引沙博译本，第 106—114、119—121 页；斯帖潘诺斯·奥尔别利安书，前引布罗斯译本，第 260—263 页。

④ 《史集》，伊斯坦布尔抄本，第 551、553 页；A. K. 阿伦德斯俄译本第三卷，第 163、165 页。

⑤ 同上，伊斯坦布尔抄本，第 621—628、673—678 页；A. K. 阿伦德斯译本第三卷，第 247—256、308、309 页。并请参看 A. A. 阿里扎德，《试论十三至十四世纪阿塞拜疆封建关系史》，《阿塞拜疆历史论文集》，第一分册，巴库，1949 年。

⑥ 《史集》，伊斯坦布尔抄本，第 673 页；A. K. 阿伦德斯译本第三卷，第 309 页。

及在高加索与术赤系各金帐汗的斗争均失败)，所有这些因素加在一起，使得八十年代中央国家机关的收入急剧降低了。中央国家机关收入的降低，又刺激了十三世纪中对农民封建剥削的大肆增加，在八十年代，格外加强了对农民的封建剥削。农民已处于赤贫的境地，他们的处境已不可忍耐，农业区到处是农民起义的队伍[①]。

从这场严重经济危机中寻找出路的要求，促使合赞汗(1295—1304 年)去接近穆斯林教的(伊朗和阿塞拜疆的)官教两界贵族，订伊斯兰教为国教，实行一系列大致相当于我们所称之为第二条政治路线的改革。拉施特之被邀请出任副丞相，亦与此有关；他实际上成了主要大臣，合赞汗改革的发起人和鼓吹者。这些改革——废止包税，废止给地方钱粮司签发增加农民额外负担的拨款单清偿国家钱债的制度[②]，废止文武官吏住宿民(剌亦牙惕)家[③]，农民税赋负担的某些减轻，使用硬银币的正常货币流通之恢复，使部分灌溉系统得以重建，农村经济有了一定的提高(但远未达到蒙古入侵之前的水平)。这种复兴的景象，不仅有拉施特的证明，他作为合赞汗改革的推行人，可能有所偏向；但也还有另外的史料——哈姆杜耳拉赫·卡兹维尼[④]，哈菲兹伊·阿勃鲁[⑤]，穆罕

① 《史集》，伊斯坦布尔抄本，第 639、644 页，A. K. 阿伦德斯译本第三卷，第 268、270 页。

② 《史集》，伊斯坦布尔抄本，第 626、623 页；阿伦德斯译本第三卷，第 249—251 页。

③ 《史集》，伊斯坦布尔抄本，第 681、677 页；阿伦德斯译本第三卷，第 312—314 页。

④ 努兹哈特·阿耳库卢勃，吉布丛书版，波斯原文本，各页；特别参看所记下列诸地之农业地区：亦思法杭(第 50、51 页)，可疾云(第 59 页)，哈马丹(第 71、72 页)。帖必力思(第 79、80 页)，以及忽即思丹(第 109—112 页)和呼罗珊(第 147—159 页)两州。

⑤ 哈菲兹伊·阿勃鲁，乌兹别克苏维埃社会主义共和国科学院东方抄本研究所(塔什干)抄本，№5361(波斯文)，222б—251a 页(记呼罗珊)，125б 页(记法儿思)。

默德·伊宾·欣杜沙赫·纳赫切瓦尼[①]的地理著作以及其他一些史料[②]可以证明。合赞汗的改革是以严格规定租税数量这个原则为其基础的，是为封建主的利益，而不是为农民的利益而进行的。但是，较之于旧制度下肆无忌惮的掠夺来，新制度对于农民的为害毕竟要小一些。

如上所述，合赞汗的改革，将拉施特推上了国家的领导职位，
17 给了这位历史家以展示自己政治抱负的机会。关于他在 1298 年被任命为丞相以前的经历，我们知道得极少。就我们所知，拉施特·法兹勒阿拉赫·伊宾·阿不勒海儿·阿里·哈马达尼，于 1247 年诞生于哈马丹城，并且出身于一个不著名的学者家庭。传统的意见认为拉施特出身于犹太，这个意见受到卡特麦尔的反对，但为巴托尔德[③]和伯洛舍[④]所接受，它所根据的全是拉施特敌人阵营中的说法。撒都倒剌垮台以后，指控为出身犹太，几乎已成为打倒乃至葬送一个政治活动家的有效手段。因此，拉施特的出身问题，仍然不够清楚。从拉施特的书信集[⑤]中可以看出，我们的这位

① 达斯士尔·阿耳卡提布，苏联科学院东方学研究所抄本，无号，原属蒂曾豪曾藏书(维也纳抄本照相复制 F-185)，第 34a—35a 页。

② 《马尔雅八剌哈三世史》(前引译本，第 145 页)书中说，合赞汗之死，使全体臣民，无分宗教信仰，均深感哀痛。并请参看：马哈辛伊·亦思法杭，波斯原文本，德黑兰版，回历 1328 年(公元 1949 年)，第 47、49、50、55、64、65 页。关于合赞汗的改革，参看前引阿里扎德的论文。

③ 巴托尔德，前引的书评，《伊斯兰世界》第一卷，第 78—81 页。

④ 伯劳舍，前引书，第 29—30 页。

⑤ 拉施特书信集，前引抄本，特别是 22a—26б 页(№16，此据布朗的编号，参看《鞑靼统治时期的波斯文学史》，剑桥版，1920 年，第 80—86 页)；拉合尔版，第 43—52 页。

历史家曾经是，或者曾经表示过自己是热诚的速菲派的素尼教徒穆斯林。出仕蒙古汗的高级穆斯林教官员通常多半采取这种立场，因为速菲派的伊斯兰教是当地文职官僚阶级思想意识的统治形态。所以拉施特表示自己是这种思想意识的信徒，不是偶然的。这是发自本人的信仰，抑或别有政治打算，其实并不重要。应当注意的是，拉施特所代表的这条政治路线，无论在他之前，或在他之后，都是与当地官教两界贵族阶级的利益联系在一起的，自然也是与其伊斯兰教思想意识外衣联系在一起的。

《史集》中含含糊糊地谈到，从伊斯兰教历 654 年（公元 1256 年）以后，拉施特的祖父、父亲，以及他自己，不断出仕蒙古伊利汗[①]。因此，拉施特大概经历过一条漫长的仕途，很可能还是在财政部门，但是，如同对于当时的许多其他文职官员一样，这并不妨碍他做一个学者和御医；否则倒很难想象，他是怎样取得为担任丞相所必需之职务经验的。《史集》中所载合赞汗之前财政部门活动的详细情形，不禁使我们想到拉施特当时已经供职于这个部门，并且对其活动的细节及内幕方面都很清楚。

1912 年，拉施特书信集犹未为学者们所知的时候，巴托尔德曾写道："我们从拉施特的著作中还很难找到对以下这个问题的答案；他讲得如此详细的合赞汗在位时期所进行的财政以及其他改革，究竟有多少是由这位历史家亲手做的事情。"[②]现在，我们已经能够见到拉施特的书信集，我们就可以满有把握地说，合赞汗改革

① 《史集》，伊斯坦布尔抄本，第 452 页；阿伦德斯译本第三卷，第 31 页。

② 巴托尔德，前引书评。《伊斯兰世界》第一期，第 86 页。

的全盘计划及其执行，都是出自这位拉施特之手。的确，在《史集》中，作者将自己和其他文武官员，都描写成不过是那位青年蒙古君主英明划策的被动执行者，这不外乎是官场中的一种奉承，它是渴慕权势、冀图保持自己在伊利汗宫廷中地位和影响的官员所完全
18 不可少的。从拉施特的书信集中，会使我们相信，正是这位历史家的下述政治思想构成了合赞汗改革的基础：蒙古人的统治必须与波斯人和阿塞拜疆人的封建上层相接近并接受“伊朗”的政治传统，必需复兴为先前的赋税制度所破坏的农业，并为此目的，减轻农民的纳税负担，保护他们免受蒙古突厥军事游牧贵族的迫害，健全财政官吏机构①；我们的这位作者写道：“必须从殷实富裕的人中挑选‘阿米利’（财政官吏），俾便他们不致侵犯剌亦牙惕的财产②；阿米利就是支撑国家大帐（黑迈哀达乌列特）的绳钉，如果钉子结实，大帐就能在地上支撑住，如果钉子不结实，就支撑不住。”

书信作者认为必需在一定水平上维持主要纳税者农民的康宁生活的这种思想③，已不禁使我们想起合赞汗指示蒙古军事游牧贵族的那篇言论来：掠夺农民剌亦牙惕是可以的，只要遵守开明中庸之道，不要弄到农民铤而走险④。如果我们承认书信的作者与合赞汗改革的鼓吹者兼执行者是同一个人，那么，这种吻合就是理

---

① 拉施特书信集，前引抄本 49б—50a 页；拉合尔版本，第 118 页（№22）。

② 拉施特书信集（此注所引的一句波斯原文从略。——译者）；拉合尔版本第 12、13、17、83、84、114、119 页。

③ 拉施特书信集，前引抄本，7a—7б（№5），10a（№7），35a—35б（№21），48a，50б（№22）页。

④ 《史集》，伊斯坦布尔抄本，第 638 页；阿伦德斯译本，第三卷，第 363 页；参照合赞汗的类似陈述，伊斯坦布尔抄本第 581、625 页；前引译本，第三卷，第 213、253 页。

所当然了。

如果合赞汗这篇言论不是由拉施特自己编写了，把它归于他的君主的话，也很可能就是拉施特怂恿他而作的。形式上略有不同的同一篇言论，被收入在十四世纪中叶的一部官方文献集《达斯土尔·阿勒卡提布》中[①]，同时，我们在十六世纪初的一篇论农业的波斯语匿名论文《伊尔沙德阿兹扎腊阿特》[②]中，也发现了这同一篇言论，形式又稍有变化，而且被归诸合赞汗之弟兼继承人完者都汗名下。

由于《史集》第三卷俄译本已经问世，像拉施特录载的那篇所谓合赞汗的言论，广大的读者已经能够见到了，因此，我们不在此引录它的原文。但为了表明拉施特的政治思想究竟比他多活了多久，我们在这里，从那篇犹未刊行过的关于农业的论文《伊尔沙德阿兹扎腊阿特》中，转引一下被归诸完者都汗名下同一篇言论的另一种（较晚的一种）记载：相传在穆罕默德·忽带班荅算端（完者都汗）时代，异密[③]和军人（列什克里扬）对剌亦牙惕做得太过分了，以没收（木萨达列）的方式夺走了他们的财产。有一次，算端对异密们说道："在此以前，我保护剌亦牙惕，今后我不再对此操心了。
如果真是那样，你们就去抢光他们的一切，一点东西也不要给他 19
们留下吧，但有一个条件，你们再也不要来索取草秣（乌卢费）和俸饷（马苏姆）。并且在此之后，如果有人向我提出这种要求，我

① 前引抄本，34a 页。

② E. M. 彼舍烈娃的未刊抄本 28 页；彼舍烈娃正在进行刊印抄本的准备工作。引用此抄本时，曾得彼舍烈娃的同意。

③ 即那颜，军事游牧贵族中上层人物。

就要立即惩罚他。”王公和军人们说道：“我们没有草秣（乌卢费）怎么办呢，怎么履行职责呢？”于是，算端表示赞许地说：“秩序，收[入]以及我们和你们的全部事业乃至幸福，都来自剌亦牙惕的辛勤劳动，农业和商业。如果我们抢劫了他们（剌亦牙惕），那时，能够去向谁要呢？你们不妨想一想，如果我们拿走了剌亦牙惕的耕牛，吃光了他们的种子和粮食，他们就被迫不得不抛弃[经营]农业，他们不再经营农业之后，就不会有收成，那时，你们又怎么办呢？”①

同样的一种思想，也表现在拉施特书信集内给他的儿子忽即思丹地方长官失哈巴丁的一封信中：“衣食之仓被称为国家的支出库（哈集纳伊・哈尔兹），而国家的收入库（哈集纳伊・达赫勒）（实质上）就是剌亦牙惕，因为这座（收入）国库，是以他们（剌亦牙惕）的勤俭美德来填满的。如果他们被摧残了，国王就丝毫得不到收入……据说国君的收入来自军队（即战利品，——彼特鲁舍夫斯基按语），除来自军队外，算端国家别无收入，然而军队之能征集，乃因有税赋（马勒），无税赋即无军队，而税赋又来自剌亦牙惕，除征自剌亦牙惕外，税赋更无从出。”②

拉施特所推行的合赞汗改革，反映了仇视蒙古军事游牧贵族的当地政教两界贵族的政治思想，其目的是要改善农民的处境；然仅以达到为复兴农村经济、增加国税收入和防止农民起义所必需

① 上引抄本，第 28 页。

② 拉施特书信集，前引抄本，506 页№22（此处之一段波斯原文，从略）。拉合尔版本，第 119 页。

的程度而止[①]。正是为了这种目的,拉施特才在给他儿子,起儿漫地方的长官,王公马赫穆德的信中斥责他将巴某地区的农民压榨得破产,并且命令分发给他们以种子、牛、一千哈尔瓦尔(驴驮)的谷物和一千哈尔瓦尔的枣子[②]。

尽管如此,合赞汗的法律仍然保留并且肯定了十三世纪已经存在的农民所受的土地束缚,禁止他们迁移,强迫农民返还原籍[③]。赋税虽经严格规定并有所减轻,但仍然相当重。根据拉施特的证明,此时国有土地上的税赋总额仍高于或相当总收成的百分之六十,而剌亦牙惕所得为百分之四十[④]。拉施特认为平定农 20
民起义运动是合赞汗的一件特殊功绩。[⑤]

拉施特拥护中央集权和强大的汗权,并且依靠当地政教两界贵族的支持,对倾向于封建割据和变汗政权为军事封建寡头统治工具的蒙古突厥军事游牧贵族势力进行了斗争。无论是《史集》的叙述或是拉施特的书信集,都贯穿着这个意图。这种中央集权政策,在封建社会发展的趋势中没有找到坚强的支柱,而且遇到来自

① 合赞汗的言辞中特地提到此点(参看:《史集》,伊斯坦布尔抄本,第 638 页;阿伦德斯译本第三卷,第 263 页)。

② 拉施特书信集,前引抄本 7a—8б 页(№5),11б—12б(№9);拉合尔版本,第 12—14 页。

③ 《史集》,伊斯坦布尔抄本,第 653、656、681 页;阿伦德斯译本,第三卷,第 283—284、312 页;拉施特书信集,6б(№5),58б(№27);拉合尔版本,第 12、146 页;参照《达斯土尔·阿勒卡提布》,前引抄本 119б,167a,182a—183б,198a—199б,200a,229a,232б—233a 页。

④ 拉施特书信集,51a 页(№22);拉合尔版本,第 121 页。

⑤ 《史集》,伊斯坦布尔抄本,第 639—644 页;阿伦德斯译本,第三卷,第 268—270 页。

蒙古突厥军事游牧贵族方面，以及来自与中央政权机关没有联系的部分各省地方贵族方面的顽强抗拒，因此也就不能贯彻（例如不得不大肆增加分配军事采邑。——亦克塔），而且终于难免失败。

与拉施特的政治路线有连带关系的，还有他对蒙古统治之前“伊朗”国情的偏爱和他的地方爱国主义（仅就封建社会中的那种爱国主义而言）。在他为蒙古伊利汗所编写的官方史学著作《史集》中，这种倾向只在某些地方有所显露，而且甚为隐蔽。然而，在他的半官方性质的书信中，拉施特就比较坦率了。他在其中露骨地将“突厥人”（即蒙古人）说成俨如压迫者和暴君①。他经常称旭烈兀朝的国家为“伊朗帝国”（马马利克伊·伊朗）②。他在一封给小亚细亚恺撒里亚地方教会人士的信中，称蒙古伊利汗为“陛下，哈里发之福荫，伊朗之王（霍斯罗弗），客亦颜朝国家的继承者”。③

拉施特的社会面貌不会引起疑问。他是封建主阶级集团之一的当地文官阶层代表人物。他与穆斯林宗教界和教会首脑人士（“得尔维什·舍伊赫”）有着多方面的紧密联系④。跟许多大封建主一样，他也与国外的批发商业有联系。⑤

拉施特不像旭烈兀汗和阿八哈汗的那位曾经显赫一时的丞相

---

① 拉施特书信集，9б(№7)，19a(№13)页，拉合尔版本，第17、33页。

② 同上，57б—58a(№26)页，拉合尔版本，第144页。

③ 同上，56a(№26)页；（此处所引波斯原文从略）；拉合尔版本，第141页。

④ 参看，拉施特书信集，4б(№2)，4б—5a(№3)，15б—16б(№11)，16б—19a(№12)，22a—26б(№16)，51б—53б(№23)，53б—55б(№24)等页。关于此点还可参看卡特麦尔书中的拉施特传（Histoire des Mongols de la Perse, t. I, Introduction, pp. CXI—CXII）。

⑤ 拉施特书信集，拉合尔版，第183—207页，№34（苏联科学院东方学研究所抄本中无此信）。

苫思丁·穆罕默德·志费尼那样毫无原则,一味追求势力和财富;他有明确的政治路线。但他谋取庄园和财富的热心也并不比旭烈兀朝伊利汗的其他丞相更差一些。他在担任丞相职务年代里 21
(1298—1317 年)所积累的财富也不下于苫思丁·志费尼①。拉施特的财富之取得,首先要归因于他曾经一度掌握了旭烈兀国家的全部行政和财务机构。他的十四个儿子中有十个儿子是巴格达、肯涅思林、东部小亚细亚(鲁木)、格鲁吉亚、阿尔答比勒、亦思法杭、法儿思、忽希斯坦、起儿漫和达木干的长官;在某些州里有他的侄子(在拉赫布和哈底斯)和释奴(在巴士拉)当权。拉施特的财富首先在于他的地产。他的书信中没有开列出他的全部地产,但提到了他在巴士拉、毛夕里、起儿漫、巴某、帖必力思、忽希斯坦、小亚细亚等地区用自己的钱购置的地产(木勒基)②。在迪亚巴克尔地方,拉施特开凿了一条名为拉施特的河渠,灌溉他在此创设并移去居民的十二个村落;这些村落都以拉施特儿子之名命名。③

在帖必力思,整个“拉施特镇”,或者更确切些说,四分之一座城(鲁勃伊·拉施底)都属于拉施特个人所有,其中,根据拉施特给他儿子萨德丁的信,共计约有三万户(即达十三万五千居民)、24 家队商旅馆、一千五百家店铺、很多造纸之类的手工

① 此点详见:И. П. 彼特鲁舍夫斯基,《拉施特的封建产业》,载《历史问题》,1951 年第 4 期,第 87—104 页。

② 拉施特书信集,前引抄本,第 6б(№5),8a(№6),12б(№9),15a(№10)页;拉合尔版本,第 12、14、21、26 页。

③ 拉施特书信集,拉合尔版本,第 244—246 页,№38;苏联科学院东方学研究所抄本中无此文件。

作坊、磨坊、果园①。在孙丹尼牙，也有一个五百户人家的拉施特镇为他所有。

在拉施特私人的产业内部，也和那个时代其他一些封建主的产业内部一样②，对农奴的剥削是和剥削园圃、手工业及商业中奴隶的劳动交织在一起的。我们知道，在帖必力思附近，拉施特重建了五个荒废的村子，每个村子中安置了二十名年轻的男奴和二十名女奴，各出身于下列民族：格鲁吉亚人（谷儿只伊扬）、库尔德人（库尔德伊扬?）、阿比西尼亚人（哈别删人）、黑人（桑给伊扬）和希腊人（鲁米伊扬）；托付他们照料他所经营的大园圃。同时，这些希腊奴隶，还是按照拉施特的要求，由他的儿子，小亚细亚（东部小亚）地方长官哲剌勒丁买了送到他这里来的。这些村子都被称以居于其中的奴隶所属族籍之名，谷儿只亚、库尔德亚、哈别删、桑给亚和鲁米亚③。在给其释奴巴士拉长官升豁儿·巴味儿乞的信中，拉施特托他向商人购买阿比西尼亚、库尔德、印度或其他族籍的二百个男奴和二百个女奴，送到他这里来④。拉施特的奴隶中有二百个，大
22 概是从事于商业活动的，每人每年带给他以一万底纳尔的收入。⑤

---

① 拉施特书信集，拉合尔版本，第 315—322 页，№ 51；苏联科学院东方学研究所抄本该信中无此部分；“三万”户这个数字，可能为“三千”之误写。

② 此点参看：托尔斯托夫，《古代花剌子模文化遗迹》，莫斯科-列宁格勒，1948 年版，第 259、260 页。

③ 拉施特书信集，前引抄本，第 27a 页；拉合尔版本，第 53 页（№ 17）；阿里扎德使我注意到此处：著作中不常见的一种（波斯文）复数形《库尔德伊杨》，代替了常用的阿拉伯化形《阿克拉德》，引起了对读法正确性的怀疑。

④ 拉施特书信集，前引抄本，第 8a 页；拉合尔版本，第 14 页（№ 6）。

⑤ 根据阿布杜勒拉赫·卡沙尼的《完者都汗史》（巴黎抄本）；参看伯劳舍书的大段插文（波斯原文）（前引书，第 37 页，注；法文译文，第 44、45 页）。

和近东所有的大官员一样，拉施特仕途的腾达和他本人财富的增加是齐头并进的[①]。担任蒙古伊利汗宫廷的高级文官职务，不仅艰难而且危险：必须经常不断与各封建主派系的阴谋，与职位竞争者的妒忌和告密进行斗争，必须运用许多手腕，使自己的敌人无所施其诡计，并保持主君伊利汗对自己的宠信，然而，所有的伊利汗，连贤明而又有文化教养的合赞汗都算在内，他们的性格，都是以脾气暴躁，喜怒不定，变化无常，疑心重重著名的。蒙古伊利汗的所有枢要丞相都死于刑场，只有塔札丁·阿里沙·吉良一个人除外，而他之能逃脱这种命运也仅以暴卒，这并不是偶然的。拉施特本人能够维持十九年首辅职位而不坠，只因为他在与敌人和竞争者的斗争中不惜一切手段。他总是先发制人，排挤甚至干掉竞争者，而不等他们坐大之后打击到他头上来。他就是这样从宫廷中除掉了火者喜别秃勒剌赫；罗织罪名杀害了他的前任丞相撒德剌丁·哈利底，和正要谋害他的同事正丞相撒德丁·撒味只[②]。

最后，拉施特本人也终于维免成为这种宫廷倾轧的牺牲品，这是很自然的。拉施特经历了伊利汗国合赞汗与完者都汗两朝，在年幼的不赛因·把都儿汗治下，拉施特先获得辞职(1317 年)，接着，因为他曾担任主治御医，治疗过完者都的病，于是被他的敌人控以毒死完者都的罪名，服罪后，于伊斯兰教历 718 年 5 月 18 日

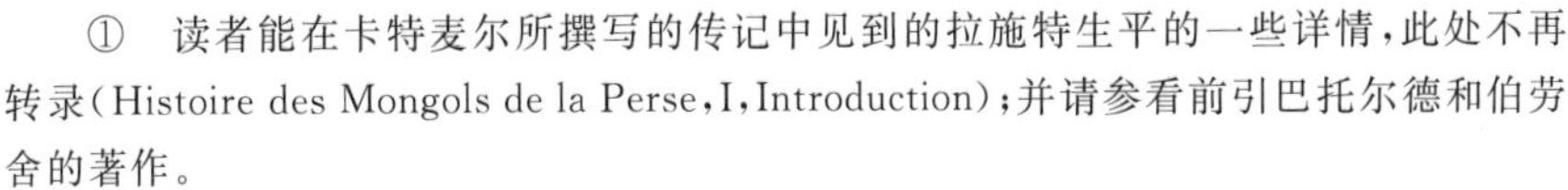

① 读者能在卡特麦尔所撰写的传记中见到的拉施特生平的一些详情，此处不再转录(Histoire des Mongols de la Perse，I，Introduction)；并请参看前引巴托尔德和伯劳舍的著作。

② 此事详见：前引巴托尔德对伯劳舍书的评论《伊斯兰世界》，第一卷，第 62—85、101—113 页；伯劳舍，前引书，第 8—17 页。

（公元 1318 年 7 月 18 日），连同他的一个儿子一起被处死（用剑挥为两段）；享年 71 岁（伊斯兰教历太阴年 73 岁）。他的财产被没收和掠夺一空，但在 1327 年王公出班失宠处死之后，他的庄园，包括鲁布伊·拉施底在内，被发还于他的儿子，他的名誉也被恢复了。

拉施特的悲惨结局并不是一个偶然事件。他的失宠和处死，是由一群联合反对他的无耻官员集团的阴谋所造成的。这个集团的首脑是拉施特丞相任内的同事塔札丁·阿里沙·吉良，他们还把炙手可热的宠臣王公出班，这位蒙古游牧部落速勒都思部的世袭首领，突厥蒙古军事游牧贵族集团中最有势力的领袖也拉了过去。这个强大的封建主集团对拉施特及其政治路线的仇恨，曾在他的悲剧性结局中起了自己的作用，恐怕是不能怀疑的。

拉施特是他那个时代中杰出的多方面的学者。不严格划定专业，倾向于无所不知，是中古时代中近东地区学术活动中一种司空

23 见惯的现象。他的主要特长是医学，然而医学在那个时代并未与其他自然科学相分离。我们知道，他曾编过一部百科全书式的著作《乞塔布阿勒阿喜牙·瓦勒阿撒尔》。自然科学和数学，连同炼金术和占星术，都深为漠视穆斯林神学和波斯阿拉伯诗篇的最初几位蒙古伊利汗所珍重。一位博学医生和植物学者的声誉，不会无助于提高拉施特的威信。根据他对炼金术的轻蔑评论看来，显然，我们的这位作家在这个领域内，对于自己时代的先进思想并非格格不入的[①]。拉施特还写过一部《古兰经》注释《米福塔赫·阿特塔法喜尔》和另外三部译成阿拉伯语，并以《马只穆阿伊·拉施

① 《史集》，伊斯坦布尔抄本，第 478 页；阿伦德斯俄译本，第三卷，第 61 页。

迪伊亚》(《拉施特著作集》)之总名著闻于世的关于速菲派神学方面的著作。①

但带给拉施特以真正荣誉的,还是他所经营的这部历史巨著《史集》。这种荣誉完全是应得的。这部著作十分独特的设计和它作为历史资料的巨大价值已经用不着说了,它是中古时代全部波斯散文著作的优秀典范之一。它是用一种漂亮的波斯语言写出来的,大体上朴实无华,而且生动如绘,虽然并非全书各部分都是如此,但绝无瓦撒夫等人那种铺张扬厉的色彩。我们这位作家的同时代人瓦撒夫以及更晚一些的大多数波斯语历史作品的作者们,他们追求一种骈体文式的精雅语言,极尽能事地玩弄譬喻、稀奇古怪的花样、文字游戏、诗谜以及形形色色的语言伎俩,将历史事件和事实的叙述摆到无足轻重的地位。这些作家们的书里,内容服从于文学的形式,在这种华丽的风格中,生动具体的讲述为公式化的描绘所代替,最后变成一种刻板文章。在《史集》中,富有诗意的形象和譬喻运用得很恰当,形式服从于内容,任何一处的行文都无损于具体事实,都没有变成关于战争、君王嘉言懿行等等公式化的刻板叙述。虽然《史集》中也常常照抄这部著作所据原始资料的记载,整个说来,《史集》仍然是典雅的近代波斯文语的优秀楷模之一。

已如上述,《史集》在中古波斯语史料中占有一个十分特殊的

① 不久前,苏联科学院东方学研究所科学工作人员 Д. М. 穆吉诺夫,在研究所的抄本部中发现了一部署年伊斯兰教历 715 年(公元 1315—1316 年)的波斯原文拉施特文集抄本。该抄本几乎是与著名的巴黎所藏伊斯兰教历 710 年(公元 1310—1311 年)的阿拉伯文抄本《马只穆阿》同时。这个抄本的发现,有很大的学术意义。

地位。已往中古时代穆斯林史家中，只有拉施特一人克服了他们思想上传统的狭隘性。伊斯兰教以前时代从亚当到穆罕默德的世界历史，仅仅被看作伊斯兰教的前史，即伊斯兰教之前的国王和伊斯兰教之前的先知，穆罕默德的先行者（亚伯拉罕、摩西、耶稣等
24 人）的历史；伊斯兰教纪元后世界的历史则仅仅被看作伊斯兰世界各国的历史，非穆斯林民族的历史被忽略了①。同时，伊斯兰教以前的世界历史，也是完全按照穆斯林的传统来加以解释。在哈里发统治时期，曾经主动地将哲学、逻辑、数学和自然科学方面希腊、叙利亚及其他语言的著作译成阿拉伯语，但无论在当时或以后，都看不到有翻译这些语言历史著作的愿望，更不用说当作史料来加以研究和利用了。拉施特也打破了穆斯林史学这个因循守旧的传统。

《史集》编写计划的指导思想所根据的是这样一条原则：伊斯兰教各族人民——阿拉伯人、波斯人和突厥人的历史，只不过是注入全世界历史海洋的一条河流；世界史应当是全世界的历史，包括当时已知的各族人民，从极西的“富浪人”（即西欧各族人）到极东的中国人的历史在内。作为史学革新者的拉施特，也表现于他承认必须根据他们的史料和按照他们的传统来研究非穆斯林各族人民的历史。准此原则，《史集》的计划由两个主要部分组成；其中第一部包括蒙古人以及由蒙古人所建立的各个国家（从成吉思汗帝国分离出来的各个国家）的历史；第二部则为世界史，即包括伊斯

① 就个别非伊斯兰国家而言，还可以举出少数例外，例如十一世纪操阿拉伯语的花剌子模的大学者比鲁尼关于印度的著作，其中有一些历史插话，但就世界史方面著作而言，我们找不出例外。

兰教以前的世界史(按照伊斯兰教传统)、哈里发时代及其以后直至蒙古入侵前穆斯林各国(哥疾宁朝、塞尔柱朝、花剌子模沙朝、撒勒古耳朝、阿剌模忒的亦思马因朝等各个国家)的历史、非穆斯林各族人民和国家(中国、古犹太人、富浪人、罗马教皇、“罗马”——日耳曼诸帝以及印度)的历史(按其各自的传统)。除此而外,还拟编此书第三部,其中当包括世界“七大洲”的地志。此部分或者未写成,或者毁于拉施特1318年被处死后其藏书遭受洗劫之时。

编写这样一部历史巨著的计划,以前从来未有过,也只能出现于十三至十四世纪初这个时代。当时,由于十字军的远征、大蒙古帝国的建立、地中海亚细亚水陆贸易的巨大增长(在西南亚,外高加索和伊朗的城市中出现了热那亚和威尼斯的商人和领事以及天主教传道团体),伊利汗与十字军分子以及西欧各国的来往,扩大了伊朗、阿塞拜疆、中亚等地与中国、蒙古、印度、地中海各国乃至于俄罗斯[①]的联系。伊朗[②]、阿塞拜疆、亚美明尼亚[③]的封建贵族
和官吏研究了蒙古语和畏兀儿语;在伊利汗的宫廷中,有些人除通 25
晓波斯、阿拉伯、阿塞拜疆语外,更兼通汉、藏、印(梵文)、克什米尔、古犹太、叙利亚、法兰克(古法语)诸种语言。同时宫廷中也有这些民族中的代表人士;在城市商人中也找得到擅长这些语言的人。已经进行过将阿拉伯和波斯文学作品译为畏兀儿语和蒙古语

① 在公元1225年之下,提到在帖必力思有俄罗斯人(商人?)(参看伊宾·阿昔儿,托恩贝格,十二卷,第272页)。十四世纪中叶,俄罗斯麻织品,大概经过花剌子模和金帐汗国商人,传入伊朗(达斯土尔·阿勒卡提布,前引抄本,第108a—109a页)。

② 此点参看:志费尼:《世界征服者史》,吉布丛书,波斯原文本,第一卷,第4页。

③ 斯帖潘诺斯·奥尔别利安,修尼亚史,前引法文译本,第228页。

的工作[①]。除此之外，还有一个因素也应当估计在内：从十一世纪起，突厥族诸王朝已经鼓励历史著作，只要其中是根据他们的传统来考虑突厥各部历史的都支持。这一切条件，都使得有可能出现类似《史集》这样的著作。但即便是在这些条件之下，也还需要有具有广阔眼界的大学者，不仅敢于在史学领域中提出这样一个革新计划，而且敢于实现它。

当然，编纂这么浩瀚的一部著作，不是一人之力所能济事，加之在撰写非伊斯兰国家民族历史之时，拉施特又希望根据它们本身的史料，而这又无阿拉伯和波斯文译本。拉施特必须要有通晓各国家各民族历史的助手。于是，他不得不想到成立一个在他领导之下工作的集体。其中，根据诗人苫思丁·卡沙尼的记载[②]，首先有拉施特的两位秘书；其中一个是著名的历史家阿布杜勒拉赫·卡沙尼，曾写过自己单独的著作(《完者都汗史》)；另外一个大概是阿赫默德·布哈里，关于他的参加编写《史集》，我们是有证据的[③]。这两个人，很可能是初稿的撰写人，至少是第一部《合赞汗[御修]* 史》第三卷即旭烈兀朝伊利汗国史的撰写人。但是，正如伯劳舍所承认[④]，阿布杜勒拉赫·卡沙尼《完者都史》中的文字与《史集》中文字不相似，根据这点看来，显然，他们的作品后来是经过拉施特重加编纂的。

---

① 哈穆杜勒拉赫·卡兹维尼，塔里赫伊·哥即代(《选史》)，吉布丛书版，波斯文影印本，第 844 页。

② 伯劳舍所利用过的一个抄本，前引书，第 103 页及其后。

③ 此点请参看：巴托尔德，前引书评，《伊斯兰世界》第一卷，第 91、94 页。

④ 伯劳舍，前引书，第 154 页；参照：巴托尔德，《伊斯兰世界》第一卷，第 93 页。

拉施特亲自撰写第一部的第一卷，即成吉思汗以前突厥蒙古各部落的历史。在此之前，中近东还没有突厥蒙古史的一般性著作，因此，我们这位历史家对待本卷的写作极其谨慎。他利用的文献史料有可失哈儿（喀什噶尔）人马赫穆德的书、志费尼的书（《塔里赫伊·哲罕·古赛伊》，即《世界征服者史》，写成于公元 1260 年左右），保存于伊利汗档案中的一部分《阿勒坛·帖卜迭儿》（《金册》），亦即以蒙语写的成吉思汗及其祖先和继承者的官方历史。这部历史并不完全与流传迄今的另一部蒙古最初二汗的官方历史即《元朝秘史》相同。这还不够。拉施特还利用了孛罗丞相，这位 26
来自中国（1286 年），无比通晓蒙古古代风俗和传说的将官暂留于伊朗的这个机会。孛罗丞相为拉施特补充了文字材料。据苫思丁·卡沙尼说，他们二人有如师生，日复一日，连绵相处一起；“祥蔼的王公讲述，好学的丞相将他的话记录下来”①。拉施特又从在通晓蒙古古风方面被认为仅次于孛罗丞相的合赞汗以及其他蒙古人话语中，记录了很多必需的资料。为整理材料，拉施特设置了两名“书记”（大概指的是阿布杜勒拉赫·卡沙尼和阿赫默德·布哈里），他们后来都获得优厚的酬劳。

为了搜集材料和编写其他非穆斯林民族的历史，拉施特还有蒙古人之外的其他助手；中国史方面是两名中国的学者，印度史方面是来自克什米尔的一位佛僧。正如巴托尔德所指出，《史集》中西欧历史知识的性质表明，法国天主教僧侣曾经对该书这几章做

① 伯劳舍，前引书，第 103 页及其后。

过工作[①];这类人在当时伊朗西部的城市中已经有了。

由此可见,《史集》是拉施特领导之下产生的一部集体著作。他在这方面显然也是一位革新家,类似的集体著作在他之前的伊朗还未曾有过。拉施特处死以后,阿布杜勒拉赫·卡沙尼曾声明他对《合赞汗史》有著作权。伯劳舍认为这项声明是有充分根据的,以此不承认拉施特的著作权[②]。巴托尔德反对伯劳舍的这种意见[③]。我们不必停留在上列两位学者已详加讨论过的这段插曲上,我们认为,承认拉施特为该书的主要作者和全书的主编比以上两种意见较为恰当些。这种承认,不致缩小拉施特的功绩;这部著作及其各部分的总思想、计划和结构,以及编校工作,均甚为谨严,无可争辩地属于他。他的助手,我们应当承认为合著者,但只是这部集体著作的次要合著者。没有拉施特的总领导和编辑,《史集》就不可能作为一部完整著作出现,这也是无可争辩的。拉施特的编辑工作,不仅显示于给全书各部分以划一的风格这样一种意图上,此点我们已经提到过,同时也显示于《合赞汗史》贯穿着拉施特的政治思想。除此而外,拉施特的编辑工作,在其直接撰写者可能为阿布杜勒拉赫·卡沙尼的那一部分中,也可以看得出来,其中许多事件的叙述,根据巴托尔德可靠的推断,"只有洞悉全部国家行政详情的事件参加者"[④],才能够讲得出来。

① 巴托尔德:《欧洲和俄国的东方学史》,第一版,圣彼得堡,1911年,第58、59页。

② 伯劳舍,前引书,第151页及其后。

③ 巴托尔德,前引书评,《伊斯兰世界》第一卷,第91页及其后。

④ 同上,第93页。

《史集》的编写工作，是在合赞汗之时，并且是按他在伊斯兰教
历 700 年（公元 1300—1301 年）所发的一道敕令开始进行的，这部
著作的主要部分（《合赞汗[御修]* 史》）曾于伊斯兰教历 706 年 27
（公元 1307 年）进呈完者都汗，全书完成于伊斯兰教历 710 年（公
元 1310—1311 年）。

《史集》各部分的价值并不一致。第一部（《合赞汗[御修*]史》），关于初期诸汗的蒙古帝国史和旭烈兀兀鲁思史极为完备丰赡的史料，至今仍有重大意义。专讲突厥蒙古诸部历史和蒙古地方在成吉思汗政权下统一之前他本人历史的几章，其特殊重要性在于汇集了有关中亚游牧部落历史上前封建时期的资料。游牧人的族源关系、社会生活、风尚、习惯法和传说，拉施特讲述得如此之充分和精确，是我们在有关该问题的任何其他史料中都找不到的；蒙古和中国方面的史料也不例外。类似的突厥蒙古民族史著作，在拉施特之前还未出现过。拉施特根据今已失传的《阿勒坛·帖卜迭儿》而作的叙述，有时，对成吉思汗时代事件提出了与《蒙古秘史》不同的说法，这是很可珍贵的，它使我们得以校勘《蒙古秘史》中的记载。

拉施特这部历史著作对于突厥蒙古各民族历史的重要性，当代人已有很高的评价。完者都汗见到拉施特的书后，曾指出，迄今以前，还未有过真正全世界的历史，然而对这种通史性著作的需要又是很大的。这位汗对拉施特说道："[蒙古民族的]全部事迹及其起源的解释，自成吉思汗时代口头流传迄于今日者，为本[书编纂之]总旨……。此类事迹，既未为任何他人笔之于书，亦未载入史乘……。较此史书所记更为正确，更为翔实，更为明晰者，迄今犹

未有也”①。

拉施特所著录的乌古思(突厥蛮)部落分支表(24 部落),其说法不是根据流传于今之十一世纪阿拉伯语作家可失哈儿人马赫穆德的类似之表(22 部落)②。可失哈儿人马赫穆德书中 21 部的名称与拉施特的书相符,只在拼写上微有出入,大概由于各种突厥语的发音特点所致。可失哈儿人马赫穆德著录的一个部落的名称(Джарукруг),在拉施特的书中没有,但是,拉施特所著录的乌古思人三个部落的名称(Яйырлы,Карык 和 Каркын),它们在可失哈儿人马赫穆德的时代还不存在。除此之外,拉施特还记载了一些关于其他突厥民族畏兀儿、钦察、康里、哈剌鲁、哈剌赤(哈剌扎赫)和阿合赤额里的资料,它们对于苏联的少数民族史颇为重要。拉施特按照当时流传最广的神话,认为钦察人、哈剌鲁人以及其他的突厥人均发源于 24 个乌古思部,而且将乌古思人神话传说中的
28 祖先乌古思汗的世系上溯至圣经中挪亚之子雅弗。

拉施特和他的大多数同时代人一样,将亚洲以游牧为生的民族,无论属突厥语系抑蒙古系,统称之为突厥人,而且有些民族,他又时而称为突厥,时而称为蒙古;唐兀惕(西夏)人,即东北部的藏人,也被归入了突厥。换句话说,我们这位作者书中的突厥一词,与其说是人种学上的名词,毋宁说是社会习惯上的用语。拉施特

① 见本书第一卷第一分册,第 94 页。

② 迪万·卢加特·阿特突克,伊斯坦布尔版,伊斯兰教历 1335 年(公元 1917 年),第一部,第 56—58 页。巴托尔德曾对可失哈儿人马赫穆德和拉施特二人的两份乌古思部落表作过比较分析(《土库曼民族史概要》、《土库曼志》文集,苏联科学院版,列宁格勒,1929 年,第 27 页及其后)。

给突厥和蒙古种族作的分类，所遵照的也是中古时代东方通行的世系原则，其根据是部落（更确切些说，部落的领袖汗和王公）起源于一个共同英雄祖先的无稽传说，他也引录了这些传说。作为官方史学代表人物的拉施特，也不可能采取另外的原则。但作为一个语文学者，各"突厥"民族在语言上的近似，引起了他的兴趣。因此，他将 24 部乌古思人和被认为起源于乌古思人的突厥人（畏兀儿人、钦察人等）区分为两类，同时，又按世系的标志将蒙古各部落归并为两类：迭儿列勤（"一般蒙古人"）和尼伦（其王公起源于传说中的成吉思族始祖阿兰豁阿）①；除此而外，有一些游牧部落，如拉施特所说，早先未列为蒙古人，但在这位作者的那个时代，已被称为蒙古人了，他将这些部落合并为下列两类，早先曾经有过单独政治生活和独立领袖的一类部落（扎剌亦儿、塔塔儿、斡亦剌惕等部）和当时本身曾领导着国家性质的联合体或部落联盟的一类部落②；后面这一类部落的领袖都是些强有势力的部长（客列亦惕、乃蛮、合剌鲁等部）。关于后面这两类部落，拉施特指出，他们"在外貌和语言方面"，近似于蒙古人③；这个意见，对于研究突厥蒙古部族族源问题的学者是很珍贵的。拉施特关于斡亦剌惕人语言的意见，也同样可贵，他说："他们的语言是一种蒙古语，[但]与其他蒙古部落的语言略有差异"（举有例子）。

① 根据官定蒙古诸汗的世系。

② 这是在我们看来拉施特合并一些部落为此两类的根据；在他的原书中，这两类的划分原则是说得不明显的。

③ 但是，这个意见应当谨慎对待，无论如何，它不适用于唐兀惕人，唐兀惕人的语言乃属于藏缅语系。

拉施特的著作没有阐明迄今学者们犹未解决的一些复杂问题：蒙古人名称的起源问题，塔塔儿人与蒙古人彼此间处于什么关系的问题[①]，以及十三世纪初游牧于蒙古地方的部落中，哪些是说
29 蒙古语的部落，哪些是说突厥语的部落的问题[②]。但是，拉施特书中的大量资料，与汉文及其他文献的记载相参照比较，提供了解决这些问题的材料。拉施特及当时其他作者书中的一些含混不清的用语，被外国的种族主义伪学者利用来建立一套大国主义的泛突厥主义“理论”。对拉施特的记载认真地进行科学分析，将会得出相反的结论。可以有更大的把握对塔塔儿、客列亦惕、乃蛮、扎剌亦儿、速勒都思、八鲁剌思、蔑儿乞惕、斡亦剌惕这些部，下一断言，在十三世纪时，他们说的是蒙古语而非突厥语，拉施特书中关于蒙古部落的社会制度，它们的风尚（关于帐幕、衣饰、食物、风俗的记载），它们的信仰，关于各部落政治历史的资料，特别重要。拉施特的记载，不容有对游牧人的氏族生活，例如像某些土耳其资产阶级

① 关于此问题，请参看：B. П. 瓦西里耶夫：《中亚东部的历史与古迹》，《帝俄考古学会东方部丛刊》第四卷，圣彼得堡，1857 年；帕拉基教长（卡法罗夫），《蒙古人关于成吉思汗的古老传说》，《北京俄国传道团团员著作集》第四卷，圣彼得堡，1866 年；Г. Е. 格鲁姆格尔日迈洛：《西蒙古和乌梁海地区》，第二卷，列宁格勒，1926 年；A. Ю. 雅库博夫斯基：《十一至十三世纪的蒙古》[在苏联科学院集体编写的《蒙古史》一书中（准备付印）]；亦请参看：舍特：《有关蒙古人与鞑靼人的最古老的资料》，1846 年。Schott, Alteste Nachrichten von Mongolen und Tataren, 1846 年。

② 此问题请参看：H. A. 阿里斯托夫：《略论突厥部落和部族的人种成分问题》，《生动的古代》，第三至四分册，圣彼得堡，1896 年，第 303 页及其后（并请参看其中参考书目）；巴托尔德：《蒙古入侵时代的突厥斯坦》，第二部分，圣彼得堡，1900 年，第 61 页及其后；帕拉基教长（卡法罗夫）：《马可波罗行纪注释》，《俄国地理学会通报》，第二十八卷，第一分册，1902 年，各页；Б. Я. 符拉基米尔佐夫：《蒙古社会制度》，列宁格勒，1934 年，第 2、3 页。

泛突厥主义者"历史家"所心向往的那样，加以理想化。根据拉施特的记载，显然如符拉基米尔佐夫所指出[1]，十一至十三世纪初的蒙古氏族部落社会，已经远离了原始氏族生活状态，氏族和部落均已解体分化了。

拉施特书中也记载有随其王公一同移居旭烈兀兀鲁思的蒙古部落各分支（斡亦剌惕、速勒都思、巴牙兀惕、扎剌亦儿、客列亦惕、别客里惕等部）。这些资料使学者们可以得出有大量蒙古人移居伊朗及其邻近国家的结论，而且这一点，旁的作家也提到过[2]。我们知道，在阿富汗的领土上形成了一大片蒙古人（赫扎列人）居住的地带，在十九世纪，他们都还部分地保留着自己的语言[3]；在凯塔格（西部达格斯坦）也有另一片蒙语居民地带，在十七世纪都还保存着[4]。因此，应当有保留地对待巴托尔德曾不止一次地表示的那种见解[5]："蒙古的侵略不像日耳曼人侵入罗马人的地区那样与民族迁徙结合在一起[6]。"巴托尔德的根据是拉施特所举的一件

① 符拉基米尔佐夫，前引书，第 59—70 页。

② 哈木杜勒拉赫·卡兹维尼：《努兹哈特·阿勒·库卢布》，前引版本，波斯文，第 64（关于谢扎思和苏赫拉味尔德两地区）、66（关于被称之为"莫卧里伊亚"的卡加兹库楠地区）、83（关于达拉味尔德地区）、85（关于霍伊地区）页。

③ 参看，K. 里特尔：《伊朗》，H. B. 哈内科夫增补俄译本，圣彼得堡，1874 年，第 227—235、260—312 页；兰斯铁：《莫卧儿学：论阿富汗的莫卧儿语言学》，《芬匈学会学报》，第 23 卷，第 4 册。J. F. Ramstedt, Mogholica, Beitrage zur Kenntnis der Moghol-Sprache in Afghanistan. Journal de la Sociétè Finno-Ougr. ,XXIII,4。

④ 欧利伊亚·切列比，西伊亚赫特纳美，伊斯坦布尔版，第二卷，第 291 页及其后；关于拜布尔特区的"哲特"蒙古人，参看《拉施特书信集》，№46，拉合尔版，第 273 页及其后。

⑤ 最后一次是在 1927 年（参看下注）。

⑥ 巴托尔德：《突厥斯坦文化生活史》，列宁格勒，1927 年，第 86 页。

事，成吉思汗在总数 129 000 个蒙古战士中，遗留给其幼子拖雷汗（在蒙古本土）101 000 人，而西方两个兀鲁思之汗，年长的儿子术
30 赤与察合台，每人总共各得四千人①。但这里没有注意到拉施特所说的，后来，在十三世纪五十年代，根据大汗蒙哥合罕的敕令，各兀鲁思汗以及他们的封臣均应从自己的亲兵中每十个挑出二人（按蒙古人的习惯，无疑是连同家属一起）供旭烈兀汗出征伊朗并“将他们转入旭烈兀汗的封地（‘媵哲’），俾便他们随他出征并就地服役”②。这些蒙古亲兵的大部分都在伊朗和邻近地区留了下来，这是从后文拉施特关于各部落的记载里看得出来的。

对于成吉思汗帝国的创立和蒙古民族形成的历史说来③，因为《史集》依据于我们前已提及的一些原始资料（《金册》及通晓蒙古古风和中国历史者的口述），所以它成了一种基本的历史文献，较之《秘史》，远为珍贵。让我们引用一下《秘史》俄译者兼注释者帕拉基·卡法罗夫的意见：“毫无疑问，我们著名的东方学家贝勒津译成俄文的拉施特的这部编年史，结束了早先的一切记载和史书，将它们远远抛在后面。我以为蒙古实录（《秘史》）对于理解这位波斯史家记载中某些细节不无用处，至少可以从其中借鉴和验证，另外我就再也找不出值得注意的参考资料了。”④拉施特的著

① 《史集》，伊斯坦布尔抄本，第 258 页及其后，俄译本，第一卷，第二分册，第 279 页及其后。

② 《史集》，伊斯坦布尔抄本，第 443、444 页，阿伦德斯俄译本，第三卷，第 23 页。

③ 参看，斯大林：《马克思主义与语言学问题》，中文本，人民出版社，北京，1953 年，第 44 页。

④ 《蒙古人关于成吉思汗的古老传说》，《北京俄国传道团团员著作集》第四卷，第 15 页。

作使我们得以揭露“秘史”的倾向性，其中对成吉思汗血腥行为的粉饰和对他的掠夺性远征的颂扬。

对于成吉思汗继承者窝阔台合罕、贵由合罕、蒙哥合罕、忽必烈合罕、铁穆耳合罕等大汗，以及术赤、察合台、拖雷等兀鲁思汗和他们的继承者统治时期的历史说来，《史集》也是很珍贵的史料。志费尼的历史著作只讲到公元1257年为止，拉施特的这部书却包含着蒙哥合罕与忽必烈合罕统治时期非常详细的记载。拉施特部分地引用了属于成吉思汗继承者的某些官方文件的内容，例如蒙哥合罕关于减轻庶民特别是农民(答哈臣)捐税负担以及关于贡赋数量的诏敕[①]。拉施特关于忽必烈合罕的营建活动，关于大汗兀鲁思(元帝国)中行政制度，官衔品级和政府机构的记载也饶有趣味[②]。在《史集》专讲成吉思汗继承者这一卷内的许多地方，都穿插着关于与他们同时的中近东一些国家统治者的记载。在《史集》 31
的这一部分里，还包含着关于成吉思族各分支世系以及他们驻营地的详尽资料。

至于《史集》中讲非穆斯林民族——“富浪”及其他民族历史的几章，对今天已经掌握了有关上述国家历史第一手史料的学者们说来，当然不会有特殊的史料价值。但这几章也能引起我们的兴趣，因为我们从中可以了解，例如，拉施特这些人，通过西欧出生者的途径究竟能够对西欧各国的历史获得些什么知识。应当指出，

① 《拉施特撰史集·合赞汗[御修]* 史即蒙古史》，伯劳舍校订，第2卷，《吉布纪念丛书》，莱顿-伦敦，1911年，第308—314页(波斯文)。

② 同上，第454—498页。

《史集》中关于西欧各国和拜占庭历史，特别是十二至十三世经历史的记载，是相当确切的。

蒙古人征服中亚和伊朗的历史，主要是根据志费尼，伊宾阿昔儿等人的史料加以讲述的。但这并不排除《合赞汗史》对于合赞汗之前旭烈兀国家的历史所具有的头等史料意义，并且是最有价值、最丰富的史料。讲合赞汗统治的一章，不仅是叙述性的史料，而且还收入了一批官方正式文件（合赞汗的诏敕，有的是原件抄录，有的是摘要）。

拉施特与志费尼、瓦撒夫、哈木杜勒拉赫·卡慈维尼一起，通常被列为蒙古伊利汗国官方史学的代表人物。但对于这种看法，需要有一定程度的保留。蒙古伊利汗的宫廷史家志费尼和拉施特，应当遵照自己主子的命令，在自己的著作中赞颂成吉思汗和他的继承者，而其主子也正是把自己廷臣的著作看成颂扬本朝的手段而加以重视的。上列几位史家，当然要完成授予他们的任务，要知道，不如此，他们的著作就不会得到官方的承认。但在这些赞颂中，他们并没有将自己的灵魂投入进去。举例来说，志费尼和拉施特在讲到成吉思汗和他的敌人末代花剌子模王扎兰丁时，语调就有多么的不同！在前一种场合下，是华丽的官样文章，虽然风格高雅，而且色彩缤纷地讲述“浩浩荡荡前进的君临万邦之主成吉思汗的旌旗”和他的“神勇军队”①。但是，这两位作家自己对成吉思汗的个人感情却看不出来，而且也没有讲到他本人的雄武。反之，上

① 赞美成吉思汗武功的一些描绘，大半出之于志费尼的手笔；拉施特在《史集》中经常只是随着志费尼亦步亦趋，有时几乎逐字逐句照抄他的讲述。

列史家在讲述到勇敢而不幸的扎兰丁的绝望斗争时，他们用了温馨的言辞，生动的形象（例如将扎兰丁比作伊朗史诗中受爱戴的英雄鲁思坦，而将成吉思汗比作传说中伊朗人的敌人阿福拉西阿布），同情和尊敬的语调①。值得注意的是，将作为蒙古侵略者敌人的突厥蛮人扎兰丁这样一位人物加以美化，偏偏在伊朗地方编造出来，乃是对蒙古统治的一种抗议。这位末代花剌子模王的形象被赋予了偶像画的色彩，而且甚至于像志费尼和拉施特这样身 32
为蒙古伊儿汗宫廷史官的当地历史家，也是这样描绘他。

志费尼和拉施特所处的官方史家地位，并无妨于他们几乎像敌视蒙古侵略者的一些史家（伊宾阿昔儿，揑撒维，术兹扎尼）所做的那样，露骨地描绘蒙古入侵的恐怖，人烟稠密的城市被毁灭，大规模屠戮，大片地区荒废的景象。在这些记载中，志费尼和拉施特都毫不忌讳和隐瞒。

拉施特的书，另一些史料也一样，大体上真实地描绘了成吉思汗对待沦为成吉思汗军队入侵牺牲品的乌兹别克、塔吉克、波斯、阿塞拜疆、亚美尼亚、格鲁吉亚、俄罗斯等民族的政策。成吉思汗及其将领们的远征不同于早先游牧民族的侵入中亚和西南亚文化地区。虽然那时也以残暴加诸和平居民，但那是一种自发行为，在平定了被征服国家之后就停止了；无论如何不能与成吉思汗将领们所采取的有组织地成批消灭和平居民，摧残大片大片地区的残暴方式相比拟。这已经不是一种自发的残酷性，而是自上而下实

① 参看：志费尼，前引版本，第一卷，第107页及其后；拉施特：《成吉思汗史》，贝勒津版本，波斯原文，第127页及其后，俄译文，第84页及其后。

行的一整套恐怖制度，其目的在于有组织地消灭居民中能够进行抵抗的分子，使和平居民慑服，并在被征服国家中制造一种群众性的惊惶状态。按照成吉思汗命令而实行的这个制度，并未为其周围的一切人员所赞同。我们已经说过，他的长子术赤汗就被认为是大规模屠戮摧残行为的反对者[①]。更不用说不能将这种政策归咎于蒙古人民了。

成吉思汗军队围攻任何一个城市时，只有立即投降才给以宽恕，而且这也远非经常都是如此。投降既未使巴里黑和哥疾宁居民免于逐个逐个地被杀，也未使不花剌居民免于沦为奴隶[②]。如果一座城市进行了抵抗，在它陷落之后，成吉思汗的将领首先将市民驱至郊外五至十日，以便征服者放手抢劫城市和运走珍贵财物。结束了劫城之后，征服者便来处理被驱至郊外的市民。将他们分为几类。首先分出并且逐个杀掉军人，把他们的家属转变为奴隶。然后分出手工业者和工匠，连同他们的家属一起分配与各蒙古亲王贵族为奴。1221 年大城也里第一次陷落时，优秀丝织工人沦为成吉思汗的妻忽都鲁亦失之奴隶，被迁至蒙古，负责为宫廷制造一定数量的丝织衣物[③]。少女、少妇也成为女奴，将她们分配与战士。从被占

① 术兹扎尼:《塔巴卡特伊·纳西里》，前引版本，第 379 页。

② 志费尼，《世界征服者史》，波斯文版，Gibb memorial series (GMS) 吉布丛书，第一卷，第 82 页；伊宾阿昔儿，托恩贝尔格阿拉伯文版，第十二卷，第 236—244 页；同作者：B. 蒂曾豪曾，《金帐汗国史料集》，第一卷，圣彼得堡，1884 年，俄译文，第 8—10 页。

③ 赛义福·伊宾·穆罕默德·赛义福·赫烈维，《也里州史记》，穆罕默德祖伯伊儿·西迪基教授的波斯文版本，加尔各答，1944 年，第 107—109 页；又参看：巴托尔德，《蒙古入侵时代的突厥斯坦》，第一部分原文，圣彼得堡，1899 年，第 165 页。额思菲匝儿人木哇燕丁的《天堂之园或也里州志》引文。

领的城市，特别是农村中搜括健壮青年男子编为“签军”(哈撒儿)，33
亦即供修筑繁重的围城工事及运输辎重之用，而在作战时，征服者又将此“签军”置于自己军队之前，使他们成为与蒙古人作战的他们的同胞射杀的目标。有时，被抢得一丝不剩的残余市民，也被允许回到自己残破和焚毁的家园。

但是，成吉思汗的将领们将满城乃至整个地区居民斩尽杀绝的场合是常有的事。例如在讹答剌、玉龙杰赤、你沙不儿、忒耳迷、巴里黑、也里、马鲁、徒思、列夷、篾剌合、阿耳迭必勒、纳黑彻汪、拜勒寒等城都是如此。大屠杀是这样进行的：将居民分给士兵，每个士兵将他分到的一部分人跪下，然后用弯刀砍掉他们的脑袋。

与此性质完全相同的关于成吉思汗士兵行为的记载，我们在俄罗斯、格鲁吉亚和亚美尼亚编年史家书中也可以找到。其中，干札教长乞剌可思(十三世纪)留给了我们一段关于被征服者掳去做俘虏的人所受苦难的活生生的记载，这位作者本人也在其中[①]。末代花剌子模王扎兰丁的书记穆罕默德·捏撒维的记载也是这样的一种“活人文献”，其中描写了南阿塞拜疆和南亚美尼亚遭窝阔台合罕将领们在 1231 年摧残后的状况[②]。

至于成吉思汗以自己的残暴自豪这件事，可以根据波斯语历史家术兹札尼所转述，一个目击者合儿赤斯坦伊斯兰教法官瓦希

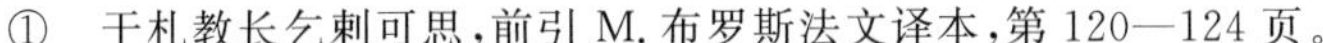

① 干札教长乞剌可思，前引 M. 布罗斯法文译本，第 120—124 页。

② 纳福撒特·阿勒马思杜尔，石印版，波斯文本，德黑兰，伊斯兰教历阳历纪元 1308 年(公元 1930 年)，第 55—100 页；并参看，彼特鲁舍夫斯基：《关于蒙古入侵史的新史料》，《纪念 C. E. 马洛夫“贝列克”(礼物)论文集》，伏龙芝市，1946 年。

特·不申只的一段奇特故事来判断[1]。这个伊斯兰教法官当也里第一次被蒙古人包围时(1221年)沦为蒙古人的俘虏。成吉思汗用他做自己的侍从,并强迫他通过译人报告他所需要的有关穆斯林各国及突厥诸部的情报。这位伊斯兰教法官的这个新职务似乎是有保障的。但是,有一次,成吉思汗正向一群廷臣得意忘形地说,他,成吉思汗,杀了这样多的人,因此他的荣名将永垂不朽了。这个伊斯兰教法官忍不住了,说道:"如果汗赐我以阿曼(宽恕),我就要对此说几句不中听的话。""说吧!"伊斯兰教法官于是说道:"如果汗和他的奴仆将所有的人都杀了,他的荣名将在什么人中间存在呢?"成吉思汗勃然大怒,一筒箭从他手中掉了下来,但抑制了自己的愤怒,仅仅说道:"我原来认为你是一个明察秋毫的聪明人,但从这几句话中我明白了,你并不真正的聪明,而且你的聪明思想很少。世界上有很多国君。凡是乌古思王马合谋(花剌子模沙)军
34 队马蹄所到之处我都进行了大屠杀和大破坏。然而其他君主的国家中剩下来的人民将编出故事来赞颂我。"这个伊斯兰教法官从此以后失宠了。

拉施特的书以及其他史料,给我们描写了成吉思汗军队入侵时期各社会阶层的动态。封建贵族阶级,无论是游牧的或是非游牧的贵族,大部分显然无能力领导和统一人民群众的抵抗行动,即便在孤立的局部地点上也是如此,虽然根据巴托尔德的看法,突厥蛮军事贵族在英勇和刚毅方面,超过了在与花剌子模作战时期毫

[1] 术兹扎尼,塔巴卡特伊·纳西里,前引波斯文版,第352—354页。此同一故事在米尔洪德之书中有另一种记载(《成吉思汗史》,东方现代语学校,波斯文,巴黎,第184、158、160页);我们在此转述之故事,系根据这两种记载。

未表现出个人英雄气概的成吉思汗的战士[①]。

拉施特以及其他史书中的资料使我们相信，在中亚各国、伊朗、阿塞拜疆、亚美尼亚以及邻近各国，无论何处，反抗成吉思汗大军最积极主动的斗士都是人民群众，特别是城市居民的下层，手工业者和城市贫民。市民们常常不顾自己封建领主和长官的意志，顽强地捍卫城市，抗击侵略者；甚至被征服的城市，市民们也常常掀起暴动。如乌兹别克斯坦的昔格纳黑、沙失（塔什干）[②]等城，呼罗珊的马鲁[③]和也里[④]城，阿塞拜疆的篾剌合、拜勒寒[⑤]、干扎[⑥]诸城，亚美尼亚的阿尼城[⑦]以及其他地方的城市，这些城镇的市民在抗蒙保城中的作用是众所周知的。这并非偶然。我们要解释人民群众特别是市民的这种积极作用，那是很容易的，因为蒙古人的侵入有别于早先一些游牧人的征服运动，它不仅仅是与中亚及西南亚封建当权者的一场战争。蒙古的入侵，以严重的灾难威胁着广大人民群众。等待着他们的或是遭受大规模屠杀和肉体消灭，或者被俘为奴隶，再好一些也不过是被掠夺和受“最残暴反动的半奴

① 巴托尔德，《蒙古入侵时代的突厥斯坦》，第二部分，第 451 页。

② 志费尼，前引版本，第一卷，第 67 页；拉施特，贝勒津本，波斯文，第 69、70 页；俄译文，第 45、46 页。

③ 志费尼，第一卷，第 119—133 页。并参看：B. 茹科夫斯基：《马鲁旧城遗址》，第 52 页。

④ 术兹扎尼，前引版本，第 350、351 页；赛义福，前引版本，第 72—80 页。

⑤ 伊宾阿昔儿，托恩贝格本，阿拉伯文，第十二卷，第 224、225 页及其后；俄译文，蒂曾豪曾，第 39、40 页；米尔洪德：《成吉思汗史》，前引版本，波斯文，第 171 页。

⑥ 干扎教长乞剌可思，前引布罗斯法文译本，第 116、117 页。

⑦ 同上，第 127、128 页。

隶式封建剥削”①。成吉思汗的继承者蒙古诸汗所规定的苛捐杂税沉重的徭役，全部重担正是落在纳税阶层剌亦牙惕即定居农民和中下层市民身上，然而，封建贵族和大商人阶层，特别是大批发商斡脱商人，他们归降于蒙古征服者，获得了各种优待和特权。

另外还有一个关于拉施特美化合赞汗这个人物及其改革的问题。当然，在这一部按照合赞汗本人诏敕开始编写，并完成于其弟兼继承者完者都统治时期的著作中，这种美化是难以避免的。但是拉施特本人的向往之情和私人偏爱，在赞颂合赞汗时流露得很
35 多，而在讲述早先蒙古诸汗活动时显示得很少。这也是可以理解的，因为我们这位历史家要在这里捍卫自己的切身事业——合赞汗改革，而且他本人的利益以及政治观点的相近已经把他与合赞汗联结在一起了。当然合赞汗的形象在我们这位史家的笔下要带上偶像化的特色②。当然拉施特要故意竭力赋予自己的英雄合赞汗以一种理想君主形象的特色，以适应于大约还在十世纪布伊朝治下的伊朗士大夫阶级中就已形成的那种观念。这种观念反映在一种名为“穆瓦达阿特”的特殊体裁作品中，后来它更演变为一整套我们在《治道篇》(西伊雅赛特纳麦)中所见到的那种政治理论，相传该书为塞尔柱朝名相尼扎姆阿勒穆勒克所著③。

这种“穆瓦达阿特”的部分特征(君主治国方略的陈述和理想君

① 托尔斯托夫：《古代花剌子模文化遗迹》，第 318 页。

② 参看《史集》中专讲合赞汗本人的一章全部(伊斯坦布尔抄本，第 585—606 页；阿伦德斯俄译本，第三卷，第 204—228 页)。

③ 对于“穆瓦达阿特”的评价，参看 Б. Н. 扎霍迭尔所刊行的《治道篇》译本附录(莫斯科-列宁格勒，1949 年，第 305—308 页，文献研究概论)。

主的形象），我们在《合赞汗史》专讲合赞汗统治的一章中也会发现。不能同意巴托尔德所说，与瓦撒夫不同，拉施特任何时候也未将他所编的言论加之于蒙古诸汗之口，而且在记载诸汗的言论和书信时也没有羼入一句自己的话[①]。我们在前面已经讲过，被归诸合赞汗名下的一篇言论的内容与拉施特书信集中他本人见解是相符合的。

毫无疑问，拉施特描绘合赞汗前任执政时期经济崩溃，农民和市民破产，赋税制度混乱这些景象时，是在故意渲染[②]，以便烘托出合赞汗改革的德政，而这位历史家在描绘合赞汗的改革，谈到由改革带来的经济复兴的时候，当然又流于夸大[③]。尽管如此，在这些地方仍未过于歪曲真相；如果抛开细节和琐事中的某些夸张成分，拉施特大致上对合赞汗改革前后伊朗的社会经济生活作出了正确的估价。这些改革激起了生产力的一定增长，这件事我们在前面已经讲过，还有其他史料可以证实。应当打一个折扣的，仅在于拉施特对这种经济增长的速度和限度的论断。最后，不要忘记了，在描绘合赞汗改革时，这位作者是作为封建主阶级中一定集团和一定政治路线能干的代表人物出现的，这一点，我们在前面已经谈过了。

有几章，拉施特不是作为独立的讲述者，当代人和目击者，而是作为编纂者从事于写作的时候，一般说来是精确地，而且常常不顾他本人的见解，逐字逐句地转述自己所依据的原始资料。他在 36

① 巴托尔德，前引书评，《伊斯兰世界》，第一卷，第92、93页。

② 很难相信，例如有些地方，长官每年向剌亦牙惕征收一种叫作忽卜出儿的收入税，不是一年一次，而是一年三十次！（《史集》，伊斯坦布尔抄本，第621页；阿伦德斯译本，第三卷，第248页。）每年这样的苛敛，任何地方的农业都不可能受得了。

③ 很难想象，经济的复兴的速度有如拉施特在《史集》中所描绘的那么快（伊斯坦布尔抄本，第681、677页；阿伦德斯俄译本，第三卷，第312、314页）。

讲述基督教、犹太教、佛教和珊蛮教的传说时，按照它们各自传统说法，而不根据敌视这些宗教的穆斯林教传统中的说法。在这一点上，拉施特类似于另外一个写过一部论宗教和教派著作的穆斯林（阿拉伯语）作家（十二世纪的沙赫里思塔尼），相当客观，绝无宗教狂热。在拉施特的意识里，正统的穆斯林教与真正先进的科学思想结合在一起，这是一个内在矛盾，然而是一个可以用时代历史条件和拉施特本人的社会立场来加以解释的矛盾。并且在《史集》作者的身上，无所偏袒的学者态度大体上对宗教局限性居于优势。总的说来，凡是当拉施特毋需乎评价蒙古诸汗的功绩和捍卫他自己的政治路线的时候，我们看不出他有特别的偏见，而且在这种场合下，他经常都显出是一个确切的历史家。

较之先前的一些波斯历史家的著作（也许十一世纪阿布法思勒·拜哈乞的著作在某些部分上可以除外），《史集》的一个突出的特点在于，虽然就整体而论，这是一部国家和王朝的历史（在那个时代，官方史书就只是这样来理解历史的），但这部著作仍然包含着不少有关各民族的人种、文化以及生活习惯的资料，并且夹杂着一些描写旭烈兀朝经济生活、伊利汗的社会经济政策、下层人民社会运动的插话和零星事实（例如十三世纪八十至九十年代的农民起义运动）；对待下层人民运动，虽然作者也记载了有关这个运动的很多珍贵详情，但作者所持的是一种有偏见的阶级敌视的观点①。我们这位历史家对国内和下层人民生活的注意，使《史集》

① 《史集》伊斯坦布尔抄本，第639、642、644页；阿伦德斯俄译本，第三卷，第268、270页。

成为了苏联历史家所珍视的史料。

拉施特的这部巨著，搜集了大量有关历史地理，有关蒙古和突厥民族、伊朗及其四邻国家，以及中亚和高加索各民族历史的资料。拉施特的著作，对苏联各民族的历史说来，是公认的头等史料。研究这部珍贵的头等史料，迫切需要各种专业方面苏联历史家的共同努力。

以上所说的这一切，已足以说明苏联科学院东方学研究所为准备头一次出版《史集》全部原文和译本所付出的劳动的重大意义了。

拉施特《史集》全部译为俄文，是进一步研究这部著作的史料、它的内容和原文所必需的首要前提。在翻译中，也正由于对十一至十四世纪蒙古和突厥游牧人社会经济关系研究不足以及对这个时代特有的很多社会用语和概念不够清楚而产生了困难。

拉施特《史集》俄译本的出版，无疑会加速对这部史料进行更
为全面的研究，同时它也为苏联历史家在苏联民族史方面提供出 37
大量的新材料。

《史集》全书总序

41 为了宽厚、仁慈的安拉！……

纪传册籍的目录和记叙的总结，[只]①能是赞美、称颂和誉扬创世主的神性，传说集的题页与记载的笔法，也[只]能是祈佑和祝福先知形迹的净冢②、他的贤明继承者③、[他的]战友和门徒。

“光荣归于你的主，[超越于]他们所加于他的一切之上的威严的主！愿他的众使徒平安！赞美安拉，普世之主！”④

其次，安排这篇序言、撰写此导论的目的如下。在此之前，已按福君合赞汗——愿安拉光耀其陵墓！——的诏敕，依据零散卷册、各种册籍和口述，将这部包括世界征服者成吉思汗君王、其伟大祖先和光荣后裔、氏族的历史在内的吉祥史书草稿撰成，并厘定[相应]次序。在此为大流士、阿尔迭汪、阿甫里敦、努失尔汪时代⑤所欣

---

① [正文及脚注中带＊号的方括号内的文字，均系汉译者所加；正文中无＊号的方括号内的文字为俄译者所加。]＊

② 即穆罕默德之墓，如所周知，在阿拉伯半岛麦地纳城。

③ 即穆罕默德的最初四个称为哈里发的继承者：阿布-别克尔、奥马尔、奥斯曼和阿里。

④ 《古兰经》，第 37 章第 180—182 节。

⑤ 即几个最驰名的波斯帝王的时代：大流士大帝（公元前 521—485 年）；阿尔迭汪（阿尔塔班），为出自大流士一世所属的维斯塔斯普（吉失塔斯普）氏族的一个波斯君主；阿甫里敦或费里敦，为神话中的古伊朗帝王，曾从妖魔咱赫哈克-阿拉伯的千年暴政下解放了本国；努失罗汪-萨珊，有“贤君”的称号（公元 531—579 年）。

羡莫及的幸福时代，[上述]草稿已部分缮清。[但]在本书的开头部分[编写]完成并缮写完毕之前，704 年 10 月 11 日[1305 年 5 月 7 日]①，在可疾云②城内，在这些乐园的大门内，这位贤明君主灵
魂的雄鹰，听得一个声音："确信[自己命运]的灵魂啊，心满意足地 42
返回到自己的主处去吧！"他答称："遵命！"③，便飞向高空，离开高贵的躯壳，营巢于天国殿堂崇峻天墙上，"那永恒的住所、全能的主宰者处"。④

因为他的品德高于普世，
所以至高无上神圣的处所供他栖身；
每一瞬间都有祝福千万，
来自神灵，向着他的灵魂！

当时，[已故君王]在后妃、异密、全体大臣和王室显贵的一次聚会上，[保持着]睿智和明断，制定了并以流畅的语言和清晰的声调、亲口重申和确认了五六年前他所定下的嗣位诏；[同时]他表现出特殊的热忱，敦促全体一丝不苟地遵从[他的旨意]，因为它们确系纯粹的真理；按照这道措辞完美、英明仁慈溢于言表的遗命，他的继位者为其伟大的兄弟、最伟大的算端、崇高无比的合罕、伊斯兰众王之王、人类的主宰、最贤明的伊利汗、最完美的寰宇卫士、幸

① 此处显讹，因合赞汗死于伊斯兰教历 703 年 10 月 11 日(1304 年 5 月 17 日)，参阅巴托尔德：《合赞·马合木》，载《伊斯兰百科辞典》第 2 卷，莱顿-伦敦，1927 年版，第 149—150 页，该文下列有有关合赞汗的参考书目。B 本页 la 作"703"年。

② 可疾云——伊朗的城市，迄今犹存，位于里海南面约 100 公里，在德黑兰西北。

③ 《古兰经》，第 39 章第 27、28 节。

④ 《古兰经》，第 54 章第 55 页。

福之邦的统治者、涓滴之功的汇聚处、卫教疆场上的娴熟骑士、普及法制的诸国的君主、巩固征服诸国之本、奠定统治的基础者、征服寰宇四方的中心、王业的中心、卓越造物的精华、各种各样事物[存在]目的、其基本内容的本质、安宁之毡的铺展者、伊斯兰教基础的巩固者、显示出先知《伊斯兰教法典》特征的处所、圣人[即穆罕默德]的教规之振兴者、亘古长存仁慈甘露的源泉、为主的佑助之眼所拂照、显有神明佑护之征的[至高无上]威严之主的慈恩新月初升之处、君主——信仰之殿堂、神灵之福荫——马合木·忽答班答汗算端①,愿他与[他的]时代永远结合在一起;愿他[飘扬着]旌旗永远胜利,愿[他的]荫护降于全人类,因为这位君王的高贵存在,正体现了成吉思汗帝国肇兴的目的与消除伊斯兰教混乱时代的诺言!

诗

他威武强大如命运,发号施令如劫运,
他思虑高深如昊天,
他的容貌如天神,
从他的王国的大地和河川上,
星宿和苍穹[一作苍穹上的星宿]升起,
尘雾弥漫,闪烁着光辉。

这位福君在吉星照耀下降生,因为有土星在天秤星座中为他
43 的王国的殿堂建立华柱;正直的木星布尔吉思使他那统辖普世各

① A本所缺到此处为止的开头几段原文,系据伦敦本(L本)页405a和伊朗本(I本)页1补入。A本有残缺。

国的庄严名字载入卷册；火星尼赫兰从复仇之鞘中拔出类似大剑的弯刀，准备与他的粗鲁的敌人厮杀；照耀宇宙的太阳在装饰自己辉煌的面容，使他的脸上放射出使普世生辉的智慧之光；灿烂的金星祖赫拉抱起琵琶，为他的帝王节庆弹奏着涅瓦曲调；有先见之明的水星蒂尔深切地注意到细枝末节，管理着他的朝堂；光轮环绕的月亮将出自他的美德所做的好事传遍世界各邦。[现在，]他按照嗣位制度，作了王位的继承者，作了王冠和统治世界的带印章的镶宝石戒指的主人。

王国因他而生辉，宗教因他而加强。

王位由他继承，幸福因他而益增……

福君侍从中的使者和传信人抵达之后，他在神的佑助下，下令从其常胜军和无数士卒驻营的呼罗珊地区启程奔赴伊拉克和阿塞拜疆，那国家大位和旌旗恒在之所。

幸福在他前面[开道]，其后[紧跟着]胜利！

[他的]中军安然无恙，他的[军队左右]* 两翼有[神明]佑助！

[由于]君王的恩德浩荡，他在途中络绎不绝地派遣使臣，传告[关于他的]讯息，以慰仆从之心，使他们将[其]顺利启行、幸福莅临的喜讯广为传播，在[其莅临的]喜讯下，将受创伤的心包扎上仁慈的纱布，使所有的人增强了对君王佑助的指望。他们这些幸福而毫不惊慌的人，按照应有的仪式，成群结队来迎接他，有幸俯吻[其足]尘并诣[其]福荫之宫殿觐见。

是年 12 月朔日[1304 年 7 月 5 日]星期一，他带着大斡耳朵抵达“伊斯兰之城”①乌章②境内。

那国家的福荫，那众王的太阳，
幸福如意地登上皇穹。

［国君的］全体后妃和宗王，一致以效忠陛下为荣。从阴世之幕后响起了幸福的感叹声：

44 命运啊！［真是］喜讯！从王国的天际，
信仰的太阳又在庄严的地平线上升起！
嫉视伊斯兰教者的暴力显得徒劳无益，
出现了国君——世界征服者的正义！
寰宇有了柱石，信仰有了荫护，国家有了好友；
不义之举行将自毙，叛乱必定被扑灭。
自从降下了［君王的］正义甘霖，
凋零的幸福日子的蔷薇丛，又重新开放花蕾。

在若干天内，［国君］深思了一切重大之事，周密考虑了一切有关国家福利事宜，显示了他的果断和机敏，并兼有必要的谨慎和细心。

接着，在 703 年 12 月望日③星期一黎明，大吉大利的时辰，举行了大聚会（大忽里勒台）。

逢佳兆，戴吉星，

---

①　俄译本中原作 Шахр-и ислам，为减少排印困难及通行起见，俄译本中用俄文字母转写之波斯文或蒙文，汉译本中概用拉丁字母转写。——汉译者

②　乌章，距帖必力思［今大不里士］＊约八程（60 公里左右）处的一座小城；合赞曾加以重建，称之为“伊斯兰城”（šahr-i islām）。该城及其附近村庄之收入，归于合赞汗的慈善机构。（参阅巴托尔德：《伊朗历史地理概述》，圣彼得堡，1903 年，第 148 页。）

③　相当于公元 1304 年 7 月 20 日。

吉运和恒福[相伴而行]，
就像那哲木失德①，国君登上宝座。
众人和仙女，束上腰带，
侍奉他，或立或坐，[排列]成行；
[这里有]练达的众异密、幸福的诸王。
皇天将天道循环交给他掌管，
后土将自己职责托付他主持。

确实从人类出现以来，在宇宙的[天地]* 两界中，任何时代，王国宝座上从未能有幸而有如此伟大的统治者。

须知，设若君王们借鲜血淋漓的剑、棒槌、破城器之力而征服宇内之国，又设若[其中]若干人继位而得[国]，他们也不能占有它而不在他们身边出现竞争者和对手，尤其是在蒙古人时代，人人都从父祖口中生动直观地确知，——每逢[君主]更迭时，发生过怎样的纷争内乱，在叛火焚烧中，在青锋下有多少鲜血洒在地上，有多少头颅被砍落，活跃的劫掠场上[怎样]使各种货物遭到[无法计算的]损失，许多尊贵人物的家庭和财产[怎样]经过杀掠完全被毁、荡然无存，一直要到某位君主登上宝座，[这一切]才会停止。然而，[国]事之根基[仍然]长期动荡不宁；每天都要发生一些事件，
成为内乱纷争的原因，在稳定的境域内，也并不平静。 45

及至国家到了[完者都陛下之]盛世和日益幸福之时代，永恒仁慈先例的创造者、导向无限幸福的营造师②已预先赋予了这座

① 哲木失德，神话中的伊朗帝王，据民间传说，他统治之时为一“黄金时代”。

② 即安拉可与用金子和颜料在豪华的抄本的序言上作出横眉装饰的艺术家相比美。

[与完者都时代相联系的]吉祥露台以独特[无双]的建筑设计形式,并赋予这座巍峨宫殿正门上的圆顶楼以独特的外形,以使天车之马[驰骋之时],不致从无常的尘世扬起灰尘,时间的无情之手,不致在尘雾中向地上抛洒一滴鲜血。强大的君王所辖的辽阔疆土将为完美无瑕的法律所治理,免于[一切]忧患的干扰。漂亮的笔锋故意与利剑为难,在[本]时代的篇章上,写下了如下诗句:

公正的裁判者啊,在你[主持]* 公道的日子里,
任何人都不曾公然从鞘中拔出宝剑!
在你的治下,寰宇才有今日,
它将[继续到]最后审判之日,
除"列迪甫"①外,在对你的颂词中不宜有剑字出现。

根据这些显明的证据和无可争辩的理由,无疑可以断定:陛下这些特殊帝王品德,是由于神的宠佑,是天生固有的。而且完者都陛下的这种特质[的根基]非常牢固。当代的一位大学者、当世最擅长辞令之士,推敲了[构成国君]嘉名的字母,按照[阿拉伯成语]"天降名号",②写出如下一篇对他的赞美诗,[其中包含有他的名称的]含义:

昨夜,我推敲国君合儿班答的名字,
整整一个时辰:

① 跟在一句诗的韵脚之后,以及在与其押韵的另一诗句的另一韵脚后面再度出现的一个词,叫做"列迪甫"。此处作者意谓,"剑"这个词,除在赞歌的"列迪甫"中,即诗的末尾外,不宜用于对国君的赞歌中。

② 此成语由通常用的"名号"一词与出自《古兰经》的二词组成。(参阅《古兰经》第 62 章第 4 节及第 34 章第 2 节。)

“莫非这个名字中有某种含义，
只因为读者对它粗心大意……”
我突然听得：
“啊，福君的拥护者，
这个词的各个字母中有其含义，
它以异常绚丽赋予国君。
你将[构成国君称号]合儿答班·沙的所有字母，
逐个点数加以汇总，
你就会看出[其中]有“造物主的殊荫”，
这样一种含义，
前者有九个字母，后者为十五； 46
两者的数字意义完全相同！”……①
于是你说：“此九字母之名乃一珠母贝壳，
包含有十五颗珍珠。”
神圣的名字啊，这是投于主的门前的护符。
我认识了这个名字的秘密，
我的整个心思宁静了。

① 为了解这些诗句的含义，需要说明一下。在阿拉伯字母中，每个字母都有数字意义，因此，“合儿班答·沙”这两个词在阿拉伯字母中是用九个字母（短元音不计）来表示的，也即 šah khrbndeh，这两个词的数字总和为 1167。在数字意义上，有另一短语“造物主的殊荫”（sāyeh-yi khāṣṣ-i āfrīnandeh，在阿拉伯字母中是用十五个字母来表示）与此二词相同。因此，伊利汗完者都的波斯文名字“合儿班答·沙”的含义（按此赞歌）即为“造物主的殊荫”。此外，补充一下，如所周知，这位君主还有许多不同的名字。他的基督教徒母亲兀鲁克哈敦在他受洗礼时，曾给他命名为尼古莱；后来，我们又见到他的合儿班答“驴之仆”这个名字；他在改宗伊斯兰教时，又自己改名为忽答班答“神之仆”。

我理解了[它的]含义说道：
“合儿班答国君万岁！
他的庄严、君临天下的太阳，
永远照耀在空中！”……

简而言之，在举行了[登位]庆典、铺展了欢乐和无限权力之毡后，他[完者都]询问了其兄福君合赞汗——愿安拉使他增辉！——[在世时的]法令（yāsaq）、规章（yūsūn）、习俗（‘ādat）、税收（rusūm）情况，并想了解他所颁发的诏令的详细内容及执行情况。由于对[自己]兄长的忠诚和爱戴，他以对他的深厚感激心情，以及[自己的]真正高尚的禀性，认为应使他的所有异密、大臣们，根据成规和旧俗拥有权力，并受到尊敬；巩固和保障他们每人[履行]职责之途，使国事和[各]地利益均按同样方式方法处理，并避免一切造成灾祸的更迭、变动和增减；对于一切完全恪守这种[在各方面]都已十分普遍的制度，是有真正的好处的。

诗

只有维持[既定]制度，
国事才能[顺利]进展，
因为[那时]谁也不会在其中发现任何纷乱，
除了[他的]面如满月的美人的发卷。

现在来讲本题。本书各部分，或曾以原稿，或曾以缮本进呈御
览，[国君]以其帝王之聪明睿智、明察秋毫、博学多识、高瞻远瞩，
下令[将此书进行]彻底修改整理。际此幸福与日俱增的至圣时
47 代，此书全部缮正之后，认为[题献于]他[合赞汗]的嘉名之下较为
适当，在本书序言中亦当提及国家之福荫、合赞汗陛下之尊号以增

光彩。

由于可嘉的品格和高贵的禀赋，[国君]并未阻挠这种想法[的实现]，他下诏：[全书]确定以福君合赞汗——愿安拉增其光辉！——的名义完成。同时，"呼特巴"也要用他的尊号以增光彩①。

奉此普世遵从之诏令，[本书]即如此缮清②。

由于伊斯兰国君智慧绝伦，经常留心各种学问，爱读各方面的记述和历史，以其大部分宝贵时间消磨于获致各类学术和美德，所以他于阅读并订正本书后，降旨如下："迄今为止，过去任何时代均未创作过一部包括世界各族人民事迹和传说，并[记载]人类[直译作：亚当的子孙。]各阶层(sinf)的历史；而我国也无册籍记载其他国家和城市；加之过去的任何君主均未[在这方面]显示探究[的愿望]；现在，——赞美安拉并感激他！——世界各国及人烟稠密地区的各隅，均已为成吉思汗氏族所统辖，[属于]各种信仰和民族的贤人、占星家、学者和史家，如华北和华南[乞台和摩至那]③人、印度和客失米儿人、吐蕃和畏兀儿人，以及其他民族如突厥、阿拉伯、

① 即作者想说明，不仅本书，而且每星期五和每逢节日在清真寺中为哈的卜所念诵，并在其中祈祷当代君主的一种伊斯兰教祷告，也冠以故君合赞汗之名。因此，从今以后，其故兄与完者都之名一并为人怀念。与当代君主并列纪念已故伊斯兰统治者，类此之事极为罕见，仅用于纪念这些人物的伟大功勋，例如曾规定在"呼特巴"中将已故昔班朝乌拜都剌汗(1533—1539年)作为伊斯兰教徒的贤君加以纪念。

② 用我们今天的话来说，也就是："刊行本书，谨以纪念故君合赞汗。"

③ 乞台，在当时系指中国的北方边境地区(马可·波罗书作 Cataya，据他说：那里有许多基督教徒、偶像教徒和伊斯兰教徒)；摩至那(又作蛮子)系指华南。参阅《马可波罗行纪》(巴托尔德编订的伊·普·马列英俄译本，圣彼得堡版[无出版年月]第158、159页)，弗兰顿(J. Framton)译并作序的英译本(彭策[N. M. Penzer]注并加上附录)，伦敦，1929年版，第58、59、88页及其后；又见布列什奈德：《根据东亚史料所作的中世纪研究》第2卷，伦敦，1910年，第280、281页。

富浪人等，[全都]群集侍奉于如天[般威严崇高]* 的陛下，其中每个民族都有本民族的历史、传说和信仰；我们的辉耀普世的智慧，得以获悉其中之一二，并得出如下结论——必须根据各民族历史
48 和传说的详情，以我们神圣的名义，编写一部将事情的要点概括无遗的简明[通史]纲要，分为两卷，并以《速瓦儿・阿喀里木》和《马撒里克・马马里克》①作为附录，如此编成的书是无与伦比的。鉴于各[民族]* 历史的汇集有此良机，编写一部为任何国君统治时所未曾有过的典籍已属可能，应无所迟延地加以完成，以使[我们的]声名因此而长存”。

为奉行[圣]旨，对上述各民族的所有学者和权威人士进行了周咨博询，并从古籍中作了摘录，还写成了关于世界各国历史的另一卷，附录于其后的又一卷则专载世界各国舆图及通往各国的道路，作为这部吉祥史书的补编。全书定名为《史集》。[本书]所分篇、章、纪、传及如此编纂的要旨，均见于紧接本[序]文后的目录中。

可以证实，有些记述事变和纪传的历史学家，他所笔载口述

① 这两部书的头一部[《大地诸带图》]和伊斯兰教历 320 年[公元 932 年]阿布-哲义德・巴勒希所编、可惜今已失传的一部阿拉伯文地理书同名；阿拉伯地理学家伊思塔赫里的著作即以它为根据。第二部书(《通往各国之路》)和上述阿布-伊思哈克・法里昔・伊思塔赫里所编的一部书同名，该书已由荷兰学者代・古埃(De Goeje)刊行(阿拉伯文本)，收于他的《地理学丛书》第 1 卷。但是，哈只・哈里发在他的《喀失甫・宗农》第 2 卷(君士坦丁堡，1310 年)第 422、423 页上所录的一些早期波斯文著作，也用过这样的阿拉伯语名称。上述伊思塔赫里的阿拉伯文著作也有波斯文译本，但仅为抄本(参阅：伯劳舍编《巴黎国民图书馆波斯抄本目录》第 1 卷，1905 年，第 380、382 页；利欧编：《不列颠博物馆波斯抄本目录》第 1 卷，1879 年，第 415—417 页)。此处，伊利汗完者都并非指重刊已成书的此类著作，而是要以这类通用的名称在卷末附以当时的世界地图和通往各国的道路手册。

者，无一为其亲眼目睹，也有些历史学家，他们是事变和事件的参与者[和见证人]，因此他们所写的事变历史，是根据亲身观察写出的，并非根据传闻写出。历史学家根据讲述者的转述进行记述，是其中的例外。转述有两种：一种是，情况经口口相传而成为学术的依据；这种传述的情况没有丝毫可疑之处，正如我们根据家喻户晓的传说[而不致怀疑]以往世纪中的先知、帝王、著名人物的实有其人，以及像麦加、开罗这样一些远方城市和其他遥远的著名地方的存在。尽管我们并未见到，但我们知道，对这些都是无可怀疑的。一切神律和宗教的根基，均系依据彼此相传的知识。这类口口次第相传的说法，有时在[广大]人民中受到信赖，有时则仅为人民中 49
某个特殊集团所相信。另一种转述不曾被传来传去，只有个别人谈到它；在此情况下可能有真有假，有矛盾纷纭之处。人民所相信的历史和故事，大部分[就是]这样创造出来的，在流传中没有严格的继承性。由于以经验和直觉为根据，可以承认这样一个真理：[甚至]由目睹者或参与者所传述的昨天才发生的一件事，其真实情况也完全没被他所获知，以致在各次集会上他加以复述时，在他的言辞中总有些变更，因此，尽管在神律中十分谨慎[地防止曲解]，但其中仍存在着许多矛盾。以至于连先知们的某些训言(ḥadī th)，由于讲述者们的矛盾，也被认为可疑。古代伊斯兰教的大师们(imām)[对这些训言]进行了许多研究，他们鉴别出来了一些，称之为真言(ṣaḥīḥ)，而对其余的训言则难以判断，经常感到犹豫不决。尽管如此，[但完全]不应当摒弃分歧之点，因为这种摒弃会在摒弃者的宗教观中产生损害。由此，显然可见，民族如此繁多、时间如此漫长的历史，绝不可能[完全]可信，而且其中现有和

将有的叙事，并不都有同等价值，也并不完全一致。无论如何，每人所述，不是承袭来的，便是通过[某些]传闻的途径听得的。记述者在其叙述中随心所欲地加以增减，[这种情况]也很多。如果他还说了一些纯粹的谎言，在叙述中作许多夸张和[伪]证，以致[他所述的]事情的内容[与真实]相异，那他在履行上述这一切神律和万物所禀赋的那种人性时，就是在随心所欲，与此[全部]意义相违背，[一切]均将为杜撰而非真实。

既然如此，[所以]假如一个史学家想到他在写一件[已]被认为真实而尚未[确切]表达出来的事，那么，他也完全不能引用任何一说[以证实他的这种假设]，因为他无论作何引证，都[不外乎]或为[某]些身经其事的大人物们的讲述，或依据旁人的转述，或自古籍中所读得者。但在一切情况下，如上所述，这都是分歧之源。如果由此之故，[史学家们]想到："可别让人们有所非议和不满，"而不再著述[史事]，那么，一切历史、掌故和世界[上发生过的]情况，
50 全将被委弃，所有的人们都将失掉[由此导致的]利益。

由此可见，史学家的职责在于将各民族的记载传闻，按照他们在书籍中所载和口头所述的原意，从该民族通行的书籍和[该民族]显贵人物的言辞中采取出来，加以转述。[所述正确与否，正如阿拉伯语所说]责任"在于转述者"。

如上所述，人类社会各种族、各民族，都从自己的信念出发，传述[有关自己的各种事]迹的传闻和故事，在任何情况下都偏爱自己的信念胜于其他方面，对于[自己观点的]正确，过于夸大，所以各民族在对待一切事件上不可能全都一致。这一点的含义，对任何人都是显而易见的。史学家[根据]不同民族的[记述]进行著述时，在他的言辞中无疑会出现分歧；某些人在某些地方和某些记叙

中[自相]矛盾，但善恶荣辱都与史学家无关，如上所述，他只是[按照本来面目]记述各民族的传说和历史，无力对它们的真实性进行评价，同时也因为按照大多数人一致的见解，[对某件事]口口相传的传说是[最]可信赖的。尽管伊斯兰教徒中的许多传述者对某些传闻的说法，较之其他人更有权威，但自相歧异的一些故事，还是不能以他们所述作为根据。因此，各民族口头传说和故事中所保存的一切，必须予以尊重，因为口头传说，正如我们所说，或为所有的人信赖，或为某些人所相信，[尽管其中]真伪掺杂；如前所述，史学家的职责[只]能是将引自权威人士和名人的话或[摘自]通行可靠书籍中的东西进行记述。如果他在记述时，随心所欲地作了某些更改，那么，[他的记载]就是绝对无根据和不正确的。

这番议论，旨在说明，不才[作者]受命编纂本书《史集》时，[在本书中]所述，均未作任何变更、改写和妄自修改，而为各民族著名书籍中所见的记载。这些记载出自各民族家喻户晓的口头传说，出自各民族的权威学者、贤人按自己观点所述的[一切]中。

可能由于编者才智有限，或由于[某些]传述者的不慎，[上述的]一切，不免有所疏漏，尽管如此，编者衷心希望竭尽全力[探究本书]记述的确实性。但他在这方面的努力未能实现，因为我们知道，从事这项事业，必须具有卓越才能和渊博的学识，而这正是编
者所不具备的。原因很清楚，有较长的时间，时当壮年，又有余暇， 51
[这一切]可以做得较完善，[而编者的]从事此事乃在暮年，从事此事的原因如下。臣以不才，侍奉陛下，擢居辅弼之列，受委[国家]重事之苑，尽管既无负此大任之才能，又乏应有之智慧。[但]既奉[圣]旨，自当遵行，对此勉力以赴。[编者]在[国]事中的智力既已

不足，又何能堪当汇集史乘的重任?!

根据这些原因，编者致歉如上，希望读到本书的博雅君子海涵，宽宏大量地包容一切错误、缺点和谬误之处，将所认为应当修改、补充之处赐告，并对不才忝任总裁给予原谅。

尽管某些邪教和偶像教民族的史书，[由于]凭空捏造和令人迷误的记述，不与理性相合，[但]也被引用于[本书中]，这是想使明察之士得借以了解[历史全貌]，而伊斯兰教正宗教徒读了这些记述后，可了解背离真理的异端，并于背离真理时能不断履行赞颂安拉之职责，赞颂安拉在真教之途上指引之恩，并由于信奉真教的光明而赞颂安拉，对真教的信奉“在神的全部恩惠之后，而至高无上的安拉就是那被求助者、被信赖和被期望者”①。

威武[君王]之鄙臣，在本书《史集》序文中援引了一些涉及本书缺陷、表明歉意的言辞和其他记入[这部]历史中的言辞后，曾将本书进呈御览。本书承[国君]赐读后，[国君]极仁慈地颁降了圣旨:“迄今的各种口头传说和记载中，可能有所夸大或缩小，他们[作者们]的辩解正与尔所言者相同，无论如何，尔亦当以此见谅。[蒙古民族的]全部事迹及其起源的解释，自成吉思汗时代口头流传迄于今日者，为本[书编纂之]总旨，此于吾人大有裨益;凡[此]一切均属正确无疑，任何人皆无可非议，此类事迹，既未为任何他人笔之于书，亦未载入史乘。熟悉[史]事、[民间]传说和有关一切细节者，均将赞同于此，不致有所非议。而较此书所记更为正确、更为翔实、更为明晰者，迄今犹未有也。”

① 引号中的文字，在原著中为阿拉伯文。

当［本书］以此受到伊斯兰君主陛下——愿安拉佑其长久在 52
位！——赏识时，［编者谨］对最高真理表示赞颂。此书既蒙国君见赏、受其嘉纳，如果编者不自承［编纂此书］各方面的卑弱无能，又怎能表达［对创世主的］感恩?!

为了先知及其家族们，愿至高无上的主以其慈恩长久恒常地荫护我厚爱臣民、掌握最高政权的威严君主！完！

53

《史集》目录

这部名为《史集》的吉祥之书，分为三卷来记述。

第一卷。即当今伊斯兰教众王之王完者都算端（aūljāītū sultān）[1]——愿安拉佑其长久在位！——下诏以其兄福君合赞汗（ğāzān khān）——愿安拉光耀其陵墓！——名义修成的一卷。本卷包括两部（bāb）。

第一部。记述突厥〔t(u)rk〕诸民族出现［于历史舞台］的传说，记述他们是如何分衍为各部落的，以及各民族祖先在其共同道路上的生活详情。本部共分四编（faṣl），另有序言（dībāčeh）一篇。序言中将根据我们所知，介绍突厥人居地的疆界，详举此民族各部落分支的名称。各编中包含有上述民族生活波折的详情。

第一编。记述源于先知挪亚（nūḥ）之子阿不勒札（abūljeh）[2]汗、又名雅弗〔yāf(a)th〕者之孙乌古思（aūğūz）的各民族以及源于与他联合的他的叔伯们的各民族，简述后者的各部落分支。

---

① 在本书汉译本卷一第一分册正文中，圆括号内用拉丁字母转写的波斯原文人名、地名等专名，绝大部分系根据苏联科学出版社 1965 年版《史集》卷一第一分册波斯文集校本上的波斯原文所加，为俄译本所无。圆括号内的波斯文普通词语，则大部分为俄译本原有，我只于必要时据集校本增添了个别波斯原文词语。俄译本中用俄文字母转写波斯文词语，一律改用拉丁字母转写。——汉译者

② B 本作 abūlčeh。

第二编。记述现在也被称为蒙古人〔m(u)ğūl〕,但在古代各自有特殊名称,并且既曾处于统治地位,也曾处于被奴役状态的突厥诸部落。

第三编。记述各有君长,但与前编所述诸部无亲属关系的突厥诸部。

第四编。记述古代称为蒙古人的突厥诸部落;本编分两部分,第一部分[总]述蒙古人,第二部分记述尼伦〔nīrū'(u)n〕①[系]蒙古人。

第二部。记述蒙古、突厥及其他民族的帝王。分为二编。

第一编。记述成吉思汗(ǰīnkkiz khān)的祖先(因为与他有 54
关),以及他的宗亲们的生平;本编包括下列十纪:

朵奔伯颜(dūbūn bāyān)与阿阑豁阿(alān qūā)纪。

阿阑豁阿与其三子纪。

阿阑豁阿的儿子孛端察儿合罕〔būdunǰ(a)r qāān〕纪。

孛端察儿的儿子土敦篾年〔dūtūm m(a)n(a)n〕②纪。

土敦篾年的儿子伯升豁儿〔bāī s(i)nkqūr〕③纪。

伯升豁儿的儿子屯必乃汗(tūmīneh khān)纪。

屯必乃汗的儿子合不勒汗(qābūl khān)纪。

合不勒汗的儿子把儿坛把阿秃儿〔b(a)rtān b(a)hād(u)r〕纪。

---

① 关于这一支蒙古人,参阅符拉基米尔佐夫院士的《蒙古社会制度》,列宁格勒,1934 年版[后文简称符书]*,第 107、109 页。

② 撒马尔罕的帖木儿墓上所立碑铭中,此名作秃篾乃,在同一墓上的玉石碑铭中又作秃秃木丁。

③ 据本书卷一第二分册及其他史料,伯升豁儿为土敦篾年之子海都的儿子。

把儿坛把阿秃儿的儿子也速该〔yīsūkā(i)〕把阿秃儿纪。

第二编。记述成吉思汗及其光荣氏族。成吉思汗家族成员，有的成为各代的汗[合罕]，有的是某个民族的君主。同时还简述直至当今君王为止，[与成吉思汗的这些君临天下的后裔]同时代的世界各国君主。

成吉思汗纪。成吉思汗为也速该把阿秃儿之子，享年72岁，在位23年。

窝阔台〔aūk(u)tāī〕合罕纪。窝阔台合罕是成吉思汗的第三子，继承了大位；享年……①，在位12年。

术赤(jūjī)汗及其家族传。他是成吉思汗的长子，享年40岁，在位……②

察合台〔j(a)ğ(a)tāī〕汗及其家族传。他是成吉思汗的第二子，享年……在位……③

拖雷(tūlūī)汗传。记述成吉思汗第四子拖雷汗及其禹儿惕[分地]的继承者和家族。他享年……，在位……④。

贵由(kīūk)汗纪。他是窝阔台合罕的长子，在汗父之后登临

---

① 原文脱漏。窝阔台于伊斯兰教历624(1227)年继父位，死于639(1241)年。可见其在位并非12年，而是将近21年[俄文原文如此！]*(林普勒：《伊斯兰王朝》，巴托尔德译，圣彼得堡，1899年，第179页)。

② 原文脱漏。自1223年成吉思汗返回蒙古地区后，术赤即独立掌管其兀鲁思，他死于1227年2月。(巴托尔德：《突厥斯坦》第2卷，圣彼得堡，1900年，第495页。)

③ 原文脱漏。察合台在位年代为伊斯兰教历623(1227)到639(1242)年(林普勒书，第200页)。

④ 原文脱漏。拖雷死于伊斯兰教历630(1232)年。伊斯兰教历624(1227)年父亲死后，他取得了他的氏族的禹儿惕(见伯劳舍刊本《史集》第2卷，莱顿-伦敦，1911年，第218—221页)。

大位。在位……①

蒙哥(mūnkkā)合罕纪。他是拖雷汗的长子,在贵由汗之后当 55
了合罕;享年……,在位 8 年②。

忽必烈(qūbīlāī)合罕纪。他是拖雷汗的第二子,在蒙哥之后当了合罕;享年 82 岁,在位长达 35 年③。

铁穆耳(tīmūr)合罕纪。他是忽必烈合罕的孙子,为当今合罕;享年……在位……

旭烈兀(hūlākū)汗传。他是拖雷汗的第三子,为伊朗国君;享年 48 岁,在位 15 年④。

阿八哈(ābāqā)汗传。他是旭烈兀汗的长子,在其父之后即位,享年……,在位 18 年⑤。

帖古迭儿·阿合马〔n(i)kūdār aḥm(a)d〕传。他是旭烈兀汗的儿子,在阿八哈汗之后成为国君,享年……,在位 2 年⑥。

阿鲁浑(arğūn)汗传。他是阿八哈汗的长子,于阿合马之后即位,享年……在位 7 年⑦。

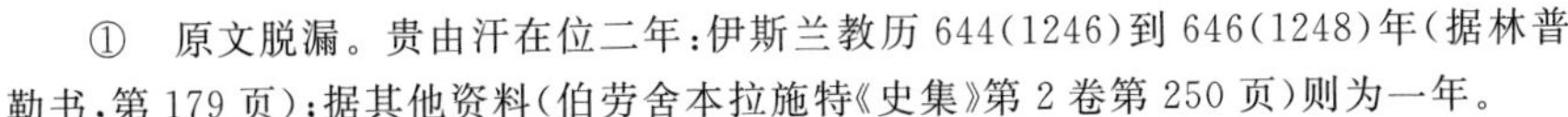

① 原文脱漏。贵由汗在位二年:伊斯兰教历 644(1246)到 646(1248)年(据林普勒书,第 179 页);据其他资料(伯劳舍本拉施特《史集》第 2 卷第 250 页)则为一年。

② 蒙哥在位年代为伊斯兰教历 646(1248)到 658(1259)年(据林普勒书第 179 页;赞保尔则认为是从伊斯兰教历 647(1249)到 659(1259)年);拉施特显然指的是从伊斯兰教历 649 年 4 月 9 日(1251 年 7 月 14 日)举行的忽里勒台上蒙哥被推戴为大汗起始。因此,其在位时期实为八年。

③ 忽必烈在位年代为伊斯兰教历 648[658]*(1259)到 698[694]*(1294)年。

④ 旭烈兀在位年代为伊斯兰教历 654(1256)到 663(1265)年。

⑤ 阿八哈在位年代为伊斯兰教历 663(1265)到 680(1282)年。

⑥ 阿合马在位年代为伊斯兰教历 680(1282)到 683(1284)年。

⑦ 阿鲁浑在位年代为伊斯兰教历 683(1284)到 690(1291)年。

乞合都(kīkhātū)汗传。他是阿八哈汗的儿子,在阿鲁浑汗之后成为国君,享年……,在位二年零九月①。

福君合赞(ğāzān)汗传。他是阿鲁浑[汗]的长子,于乞合都汗之后即位,享年22岁[34岁]*,在位八年零九月②。

伊斯兰教众王之王完者都(aūljāītū)算端传,记其登位之情况。他享年……,在位……③。

第二卷。由伊斯兰教众王之王完者都算端——愿安拉佑其长久在位!——下诏纂修,题献于他的嘉名。共计两部(bāb)。

第一部为伊斯兰教算端[完者都]传,自其诞生以迄现今伊斯兰教历七百……年、[完者都]……岁、本书装帧之时。

第二部包括两编(qasm),第一编分为两章(faṣl)。

56 第一章简述自亚当(ādam)——祝他安宁!——之世以迄伊斯兰教历704年④……月众先知、哈里发(khalīfeh)、各国君主及其他各种人物的历史。

第二章按不同等级详述住在世界上可住地区诸民族中每个民族的历史。尽管这些民族详细历史的若干内容,已略述于前章,但大部分内容并未述及,因此只读前章的简要记载不能对各族历史有充分了解。此外,迄今以前我国的君主和史家均未掌握这些民族的历史,不了解此类事迹。际此盛世,谨奉伊斯兰教君主的诏敕,从各民族所有典籍中摘取精华,聘请各民族学者参加纂修,并

① 乞合都在位年代为伊斯兰教历690(1291)到694(1295)年。

② 合赞在位年代为伊斯兰教历694(1295)到703(1304)年。

③ 完者都在位年代为伊斯兰教历703(1304)到716(1316)年。

④ 伊斯兰教历704年为公元1304年8月4日到1305年7月23日。

尽可能对由此获得的资料进行考证审核，——［本书］才得以纂修完成。就是这些。

第二编为伊斯兰教君主［完者都汗］——愿安拉佑其长久在位！——的吉祥历史，起自此第二卷完成、装帧的伊斯兰教历七百……年……月，下迄今上应享寿期无尽之年；现今与［日后］臣事陛下左右的史家将写出这部分历史，加于这第二卷的后面。

第三卷专载世界各地域的情况，通往各国的道路、途程，力求精审。凡前此对这些国家所已知的情况，载于各卷册中的一切详情，贤人学者、印度〔h(i)nd〕人、南北中国人以及富浪人〔fr(a)ng〕等在其载籍中所述情况，均将于考证审核后，或简或详，载入此第三卷中。

57

《史集》第一卷序

万千赞颂、无尽感谢卓越无比的造物主和[一切]事情的创始者，[他说：]“有！”，于是一切皆有——愿其声威远扬、愿其仁慈无所不容！向圣使、庄严的宫殿、一切先知的首领、众圣贤之长穆罕默德圣人，向他的纯洁家族和后裔，向同他一起从麦加迁往麦地纳的战友，向对科列伊什特人斗争的参加者，向他的门人和信徒致以无数祈祷、无尽祝词。

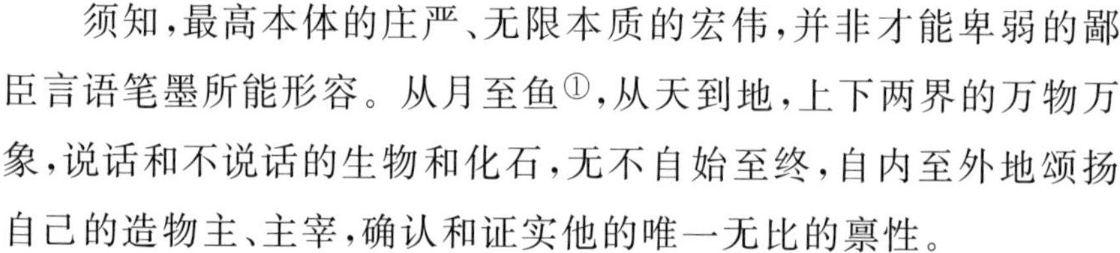

须知，最高本体的庄严、无限本质的宏伟，并非才能卑弱的鄙臣言语笔墨所能形容。从月至鱼①，从天到地，上下两界的万物万象，说话和不说话的生物和化石，无不自始至终，自内至外地颂扬自己的造物主、主宰，确认和证实他的唯一无比的禀性。

诗

动物以真朴之舌，人以天生能说话之舌，

各个造物各以其舌，作[应尽]的功课，颂扬最高真理。

草木对造物主的颂扬，[在于其]不断生长，矿物何以赞

---

① 按照中世纪伊斯兰教徒的观念，大地被支撑在站在巨鱼背上的巨牛角上，当蚊蚋或其他昆虫钻入牛鼻孔，牛摇动头时，便发生地震。在拉施特书及另一些著作中，“从月至鱼”(az māh tā māhī)一语均用于转义，意为“在全世界”。例如，纳昔剌丁-沙的印玺上刻着：“自从纳昔剌丁掌握王的印玺之时起，他的公正声誉传遍全世界(az māh tā māhī)。”

扬之？[以它们的]存在。

因此他的灵异存于万有，显示出他无二唯一①。

但是，倾心于神圣性庄严之美的人，渴慕凉水及[所爱事物]的人，即寻求[所爱事物]的旅客行于沙漠[以求]一口[生命之]水者， 58
他们的处境可与如下渴求者相比：这种人在醒时梦时老是想要水，他们从来也不能分与[他人]少许甜水②以解渴，从来也不用[同情的眼光]照顾[他人的苦难]。这种渴求者怎能领略幼发拉底斯河与尼罗河水的甘芳，怎能领略帖斯尼木天泉和塞勒塞必勒天源的美妙？谁能企图徒涉阿曼湾和无边的大海？……每一个这样的倾心渴慕者都同样地用了能有和应有的一切方式，多么努力颂扬神的所在地！他们怎能不尽心感恩，报答神赐的恩惠！

诗

在你所创造的事物中，人们能看到本质的[只占很少]一部分，
对你的感恩，[不过是你所当接受的很少]一部分，
任何理智不能及于你的无尽的顶峰，
任何思维不能达到你的至善的边际，
没有人能到达你的完满的深处，
[所以]说："除你而外，谁能臻于你的至善？……"

既然如此，[势必]承认[人对造物主的]竭力感恩赞颂终究是微不足道的。所以生物之主、万物之灵（愿最好的祝福加之于他！）

① 这两个半句，是用阿拉伯文写的。

② 一种著名的东方饮料，用糖和果汁按各种配方制成。

在升天之夜，行经两界而达于[离神]两弓之距时，他意识到自己的无能，[用阿拉伯语]说道："我不知道，该怎样像你赞颂自己那样地赞颂你！"

徒思人费尔道西曾表达过同样的思想。

诗

宇宙上下都是你；

你是什么，我不知。[但]一切存在之物都是你！

但是，他[造物主]以[其]无瑕之慈悲、仁爱和完美，显示出卓越品性之大半，对[其]宠爱者、醒悟之人，在[等待着他们的]花烛洞房之前，展示出自己庄严之美，[他以其永恒的言辞说道]："我要在世界各地和他们身上向他们显灵"①；他向众人敞开了仁慈之门，既为贵人，也为平民铺陈了摆有各种礼物的桌子，让每个人各
59 按禀赋成为[宴席的]参加者，使他们全都由于他的无限慷慨而成为道友和同志。

四行诗

无一奴隶不对你的仁慈存怀希望，

蒙你垂青接纳，无不永远幸福。

一颗微粒假若不为你仁慈所及，[哪怕只是]一瞬间，

它怎能胜过成千太阳。

[永恒]真理的隐秘中，有人的想象和心智所不能渗透者。甚至在已为贤人学者所领悟的真理中，如果他们告诉给庶民愚众，某些人也会由于愚昧无知，或由于见解和宗教信仰的不一致和互不

① 《古兰经》，第 41 章第 53 节。

相从，而不能接受真理并对真理提出责难。为证实[全部]神性，必需显示奥秘之迹，让人们亲眼目睹、任何人都无可否认，借此使他们认知所祀之神的必然存在，确信其威力和其他禀性而信仰它；同时也使这些人将对[神的]禀性的效法移于人世，使人们通过善行、至公至诚而获得永生和不朽，使有关他们[这些善人]的纪念留存于大地上，留存于[他们所行]善事的历史上。

就像那[安拉之]友亚伯拉罕——愿安拉祝福他！——在其所有多神教徒和偶像崇拜者近亲中，他始终信仰神的唯一并成为主的崇拜者，他被赋予了神的灵性和主的本性。由于他的荣显，他在[先知]传和祈祷中均被提及；他的全部高贵品性中[的最卓越之处]为其天赋的慷慨大度；他永远遵循下面这首诗所说的：

你一有机缘，切莫懈怠，
[可借以行善]，
因为你的[这个]机缘，
将成为你的荫护。

在他的地毯上铺设着席布，陈列着饭菜，由于他的饭菜，无一路人和[当地]常住居民沦为无家可归者。由于他对[最高]真理的虔诚、恳求、热爱、无私依恋，“安拉之友”成了他的外号。为使他的虔诚和[深刻的]信仰在众人中间昭著无疑，[有关事迹]已载入册籍。[安拉]又决定用灾难来考验[亚伯拉罕]：他对他启示，要他将自己亲爱的儿子、他眼前的欢娱、他的宠儿易司马仪——愿他平安！——献给他做牺牲。亚伯拉罕——愿大慈大悲者祝福
他！——立即服从最高真理的旨意，执行这个旨意。他马上把易 60
司马仪叫来，[用阿拉伯语]对他说道：“儿啊，我梦见把你带去做牺

牲，你考虑一下再说出你对这件事的想法……。”[1]他对此回答说：“我听从!”“爸爸，你按照命令执行吧，你会看到，只要是安拉所愿，我都会忍耐服从”[2]。亚伯拉罕亲眼看到易司马仪心甘情愿地将自己交给他处置，他就十分虔诚、极其严肃地将自己爱子的手脚捆缚起来，把他侧身放倒、转脸向地，举起明晃晃的尖刀，对着[他的]咽喉、他的灵魂所在之处，以便按照自己的信念，拿[易司马仪]做牺牲。据说，[亚伯拉罕]的刀差点儿就要刺到儿子咽喉上时，刀不听他的使唤，没有[将易司马仪的咽喉]割断。亚伯拉罕——愿安拉降福于他！——履行恭顺之责达到[如此]境界，最高真理也已向其造物揭示了[亚伯拉罕]意念之真与信仰之诚达到如此境界，他甚至不惜将他年满八十犹无一子之时造物主——愿其荣名远扬！——赐给他的一个儿子，为了[最高]真理[而杀掉]，[于是，]最高真理向亚伯拉罕派出了自己忠实的[天使]葛甫里伊勒，让后者代替易司马仪——愿他平安！——所充当之牺牲，让葛甫里伊勒阻止他被杀害。[安拉用阿拉伯语]向他喊道：“你已证实了梦中所见!”“我们这样地奖赏行善者”[3]。

最高真理为了用不幸的打击来考验亚伯拉罕——祝他平安！——而创造的[整个这段历史的]意义，以及在此整个事件中的目的和神的智慧是什么，注释家们有各种解释，都解释得相当可靠，但以下可能较近于理性和真实。

在[永恒]真理——愿她受到赞颂和高度的颂扬！——的心目

① 《古兰经》，第 37 章第 101 节，自此处以后据萨布鲁科夫俄译本。

② 《古兰经》，第 37 章第 102 节。

③ 《古兰经》，第 37 章第 104、105 节。

中，无论[其]友——愿安拉降福于他！——的慷慨、诚挚有多么昭著无疑，她总希望能见诸行动，以使他由事实证明应受奖赏。尽管在先知传中谈到，行动取决于意念，但[这句话的]目的是说，行动的正确取决于意念；要不然，意念没跟行动结合以前，行动没能实现，人就无权受奖，因为对未作出的善恶施以赏罚，就会是无益[之举]。无动机的行为，正如[出自]公正贤明要求的动机，都离光荣的《古兰经》[文]的确切含义甚远，有经文为证："对于人，只要他努力去做"①。因此，必须让奴隶实现其意念的真诚，以使他配受出自最高造物主至仁至慈对他的垂青厚诗，并按[《古兰经》文所 61
说]："为了使安拉酬报他们所作赐予他们以最好的奖赏，并[对他们]增加他的慷慨施予"②，而且根据动机，"他多次增加对他的奖赏"③，使[奴隶]得到行为的奖赏和报酬。为此，最高真理要让亚伯拉罕——祝他平安！——在[其]所有亲友中成为正统信仰者，成为皈依神的唯一性并焕然具有[一切]卓越品德者，最高真理在[显示]慷慨方面实现了自己的真诚，作为[对他的行为的]最好奖赏，她使他的氏族后裔不是一子单传，而却繁衍出众多的部落和民族，并按[《古兰经》文所说：]"我们给予亚伯拉罕的后裔以[真]经和智慧；我们赐予他们一个伟大的王国"④，——从其苗裔中产生了众多的先知、圣贤、算端和君主，以使人们知道，崇拜[真]神和效法神的卓越品性，将获得无数的奖赏，并使人们在这方面没有丝毫

① 《古兰经》，第 53 章第 40 节。
② 《古兰经》，第 24 章第 38 节。
③ 《古兰经》，第 2 章第 246 节。
④ 《古兰经》，第 4 章第 57 节。

动摇和怀疑；[从而]使他们为了获得这种幸福的奖赏，表现出百般热忱，不再疏忽大意、漠不关心和懒惰。[安拉之]友亚伯拉罕有遗嘱告诉子孙，要他们世世代代完整地记住自己后裔和部落的系谱，不让其他民族通过[与他们]结合渗进来，以保持起源的纯洁，避免[各种]瑕疵及[与其他民族]相混，并要每个人都详悉自己祖先的子孙……

因为他们迄今非常小心地恪守此重要状况，所以有阅历的人，都很清楚和确切地[知道]，从安拉之友——愿安拉祝福他！——诸子降生和氏族繁衍之初以迄现今，共约四千年中，[各种]宗教和教义信徒中的先知、帝王和显贵人物，都出自他[亚伯拉罕]的氏族，并且直到大复活日之前，都将出自他们。

安拉的使者穆罕默德——愿祈祷和祝福降于其身及其后裔！——为此全氏族中的烛炬，此家族天空的太阳和先知经籍的题饰，全体贤人的仲裁者，众生中最伟大者、长者和优秀者，一切存在物的精髓，众先知的印章和[安拉]使节中的[最优秀者]。荣耀、崇高之主为众生万物而派遣了他，并曾许诺他说，众人将信奉他的宗教。这是亘古长存的定数和永恒的意志，如果在遥远时代中的任何一个时代、漫长岁月中的任何岁月，伊斯兰教民族中发生了王位间断和纷争，如果他们背离了古老[神]法的坦途、[通往真理的]
62 正道，他们就要受到应得的惩罚和苦难，使他们从逍遥梦境中觉醒，从傲慢沉醉中清醒，使伊斯兰教事业重振、神法的市场重获光耀和繁荣，使伊斯兰教的基础巩固到足以成为往昔各民族欣羡的对象。庄严的主宰者以其永恒的仁慈预定了，要以承认主并信奉其唯一无二者而非多神教徒或信仰之敌的氏族之手，来完成教导

信伊斯兰教者走上正道;归根到底要由于这些高贵部落[亚伯拉罕后裔]的强盛而使伊斯兰教会事业大大加强和健全;要他们借助于天生信奉[神的]独一无二[所发出]的祝福,全都加入伊斯兰教;要他们告诫一切人们,遵从神谕和神的禁令;要他们自己答应一定履行神法的规定;要他们负起责任并立誓执行戒律和必须遵行的[信仰]要求;要使伊斯兰教事业由于他们的坚强,达到任何多神教徒都不能对本教加以指摘的地步;要使从东方到西方,人们全都真诚地一致成为伊斯兰教徒;要使先知的奇迹在岁月的流逝中永不磨灭;反之,要使无论经历多少岁月,此[教]的根基日益巩固,其规章原理日益谨严;要使直到世界的尽头、漫长时间的终点,这个国家的[福]星永远向着[天穹的]顶点上升,而[神]对伊斯兰教会的佑助有增无已。

为了证实这条道理和证明这个思想的真实,兹列举最重要的理由和最明显的证据如下:在伊斯兰教的根基由于天降变乱[所引起的]震荡而动摇,法律成规由于[当]时一些不幸事件的有害[影响]而化为灰烬之后,现在,即伊斯兰教历 702 年[①],在世界人烟稠密地方的最佳部分,即伊朗地区,世界君主成吉思汗,——最高造物主自创世之初以来,在任何世纪和时代从未创造过如此威武、刚毅、仪表堂堂、雄武庄严、有无限权力的大帝,千眼苍穹也从未见过像他这样福星照命、威令远及的世界征服者,他的子孙后裔中出现过如此伟大的君主,[其中]每一个都曾征服世界的整个地带,将无数城市和地区置于自己的号令下,以致世界上的国土,从东到西,

① 伊斯兰教历 702 年始自公元 1302 年 8 月 26 日,终于 1303 年 8 月 14 日。

从南到北，无不在他们的威力支配之下和他们统治的疆域之内，他
63 们的诏令远及一切地方，风行天涯海角，支配着人类的心灵，——[在成吉思汗的显赫氏族中]，即位御极已轮到世界大帝、[当]代众算端之算端、安宁和和平之所系、人类的精华、正义和善行的普施者、所罗门王位的继承者、伊斯兰教旗的高举者、大海中的珍珠、幸福天穹的太阳、神迹显现之地、无尽仁慈的泉源、神业王国的享有者、追求真理途中之行者、宛若太阳之哲木失德[①]、位[齐]土星之合罕、最公正的大帝、宇宙最完美的守护者、绝对的主宰者、伊斯兰教君主、[在地上的]神荫、安拉宗教的佑助者、算端马合木·合赞汗——愿安拉佑其永远在位！——他[出自现]时[世界各]地众算端的主宰者成吉思汗后裔之中。他以知识的完美、贤明、聪颖、威严、富于治国之才、胆略见识机智过人、正直无畏之声誉、慷慨大度、高度的治国才能和罕有的国事经验、推行约孙和札撒[②]、改善伦理知识、深为著名的君主和强大的统治者所钦羡而受到尊敬。他给[世上]一切傲慢不逊和自命不凡者的颈上套上顺服之轭，使他们服从他的法令。在他那解决[万]难的才智的明鉴下，在他那为国增辉的判断的烛照下，学问的精微和智谋的琐细之中任何精微和琐细之处，[对他说来]，都不能隐遁于怀疑的帷幕之后；他的风格和辩才的高雅，使出类拔萃的学者贤士都无能问答。他是当世的稀珍、世界的明灯，在通晓有关共同生活准则的学问和[各种]

① 关于哲木失德，见本分册汉译本，第 85 页注①。

② 约孙（yūsūn）——习惯，札撒（yāsāq，出自蒙文ǰasağ。——法律），即成吉思汗传于其后继者作为管理国家指导原则的法规。

技艺方面,超过全世界和生活[于其中的一切人]。

诗

对于智力所不能理解的艰深道理,
他那无所不通的心灵会对其中任何一点作出回答,[并加以]证明。
只要他愿意,就会在夜[的幽暗]中奇迹般地向人民指出道路,
只要[他愿意,]就会以其绰绰有余洞察一切的智慧,揭示一切[隐情]。

他[马合木·合赞汗]曾以其全部宝贵精力和美好的意愿来创
建司法规范,为全体臣民和所有各阶层的人奠定仁慈的根基。他 64
用全部时间以求获得佳誉并获致为博得好感所必需的一切。在穆罕默德——愿最好的祝福和最完美的祝词加于其身!——所显示奇迹的影响下,他真心诚意地选择了伊斯兰教,并让他的全部军队,其中有为信奉一神教的蒙古人,有为崇拜偶像的诸部落,还有畏兀儿等多神教徒,全都皈依了伊斯兰教。

他和[安拉之]友亚伯拉罕一样,脱离了邪教,亲手毁掉了一切偶像;他取缔了邪教和多神教,下诏让全国各州各大城,按[《古兰经》文:]"我们的人民啊,听从召唤[你们]皈依安拉的人,信奉安拉吧!"①,宣布[诏令],拆除偶像,推倒异教寺庙,建立清真寺和崇奉[真主]的处所;凡与此格格不入和属于异端者,他都下令废除。他经常颁布新的诏敕,批准和高举伊斯兰教旗有关的口号,还颁布有

① 《古兰经》,第46章第30节。

利于加强信仰的规定，指示人们谙习和神法所谕相符合的一切。正如世人亲眼目睹的，他提高了人们对伊斯兰教徒的尊敬。

诗

［真］教市场振兴，影响及于国事：
自从世界君主合赞汗接受先知信仰，
他为发扬光大纯正神法奠定了新基，
完全消灭了多神教、邪教、异端的习俗。

按照这段导言，下列事实更为人所共知、确凿明显：是［最高］真理——愿她受到人们赞颂！——的意志预定下了：成吉思汗及其家族［后来的］列祖列宗、子孙后代［享有一切］尊荣之资之易和国门的大启，以及国事的进展，乃至本朝之兴隆，均有赖于伊斯兰教之支持和伊斯兰教法典成规的协助，因为从一个皈依一神教者之身，分衍出了如此众多的民族和部落！

诗

高于计算尺度之上，
超乎口述笔载的界限。

这些著名家族和伟大部落的精华，乃是世界征服者成吉思汗君主，而其后裔和家族的精华，则为世界的荫护、算端马合木·合赞汗国君，——愿他长久在位，他的王国永世长存！——世界上一切君主和人类中戴冠冕者都是他的奴婢，他们耳上戴有奴婢身份之环，肩荷［其马之］马衣角。必须而且应当叙述最高真理的佑护降于该家族的产生情况，以书面记载其编年史迹以及［成吉思汗家族所辖］各部落分支。

65 愿聪颖明察之士得知，此即本书《合赞汗［御修］史》编纂的缘起。历史不外乎是各个不寻常的情况和罕见的惊人事变的记录和按一定次序的安排；[然后]载入册籍。贤明之士称此种事变的原始资料[及其记载]为该情况的历史；他们力图借此认识时间的量度。各民族和各国家的兴起，在历史上即据此以确定。

自从成吉思汗的国家开创以来，究竟有哪些最伟大的事件，可据以创造一部确定的历史？因为在短期内，他以其深谋远虑，以其组织才能，以其英明预见和策略的远大，征服了世界上许多国家。他以其武功，消灭了生性[残暴如]法老①、生活方式如[渎神的]咱赫哈克②之类的大多数桀骜不驯者，他们中每一个都曾流露过骄傲的气焰，认为[自己]："唯我独尊，[除我而外]再无他人！"③他使世界一统，[居民]同心同德；他清除了各国疆土之卵上暴君僭主政权和无耻掠夺者的暴行，以此遗留给他那著名的家族及其伟大的继承者们。上天赞助之力已与他们结成永恒的同盟和无尽期的牢不可破的协约。

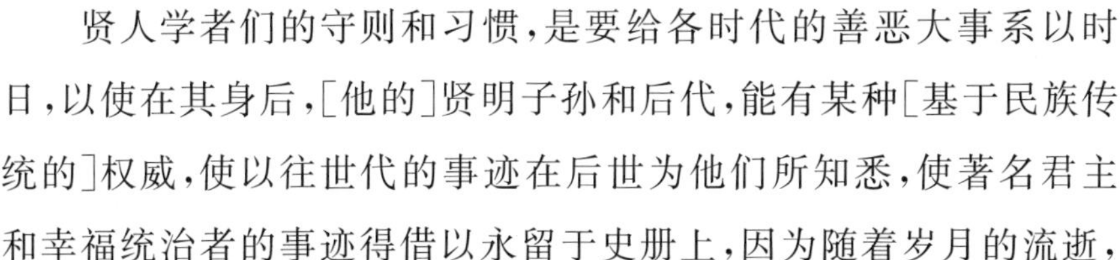

贤人学者们的守则和习惯，是要给各时代的善恶大事系以时日，以使在其身后，[他的]贤明子孙和后代，能有某种[基于民族传统的]权威，使以往世代的事迹在后世为他们所知悉，使著名君主和幸福统治者的事迹得借以永留于史册上，因为随着岁月的流逝，

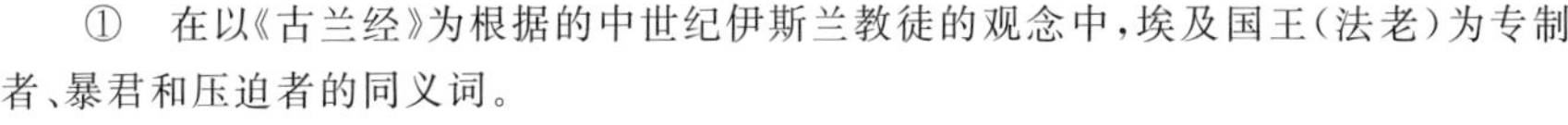

① 在以《古兰经》为根据的中世纪伊斯兰教徒的观念中，埃及国王(法老)为专制者、暴君和压迫者的同义词。

② dzaḥḥāk——神话中的帝王，出身为阿拉伯人，据传曾奴役、统治伊朗达千年，他曾弑其父，为恶魔所迷，恶魔向他表示爱情，吻咱赫哈克之肩，于是自其双肩生出两条黑蟒，为了喂养它们，咱赫哈克下令每天杀掉一些青年，用他们的脑子喂蛇。

③ 从《古兰经》加于法老之口的一句话类推而来，法老对其大臣说："人们啊，对你们说来，除我而外，我再也不知道有任何神灵！"(《古兰经》第 28 章第 38 节。)

后来的事件正在将其磨灭掉。

诗

自古以来，时光飞奔不停留，

［有关往昔的］言辞，渐次被时光从［人］手中夺走。

下列事实可证明此理的正确：哥疾宁朝算端马合木[①]曾有过
66 如此辽阔广大、富丽堂皇的王国，曾有大量财富、无数钱财、许许多多埋藏宝物、世上［一切］宴乐享福之资，［但］其美名和最佳的纪念，今天仅保存于翁苏里[②]、费尔道西[③]和乌特必[④]的言辞中。

诗

哥疾宁朝马合木光荣一生的事迹，

载于诗文，与世长存。

由此可见，诗人和史学家乃是［时代的主要］和卓越的宣扬者。因为他们［蒙古人］之中的一个民族，自古以来以突厥之名著称，其住所和驻扎地为起自质浑河［阿母河］和昔浑河［锡尔河］以迄东方地区极边，以及起自钦察草原以迄女真[⑤]、乞台极边的广阔地区

---

① 哥疾宁朝算端马合木，为萨曼朝突厥籍奴隶之子，是东方中世纪史上的著名人物之一，他的帝国版图自印度的拉合尔起，直到伊朗的伊斯法罕。马合木曾对印度北部进行过十七次血腥的掠夺战争，将那里完全破坏了。公元 998—1030 年在位。

② 翁苏里为马合木算端宫廷的天才诗人，死于公元 1040 年（一作 1049 年）。

③ 费尔道西——大诗人，献于马合木算端的举世闻名的史诗《沙赫-纳篾》（《列王纪》）的作者，死于公元 1025 年。

④ 乌特必——马合木算端的宫廷史家；他用阿拉伯文写的哥疾宁王朝史写到公元 1020 年为止，他死于 1036 年左右。

⑤ dašt-i qipčāq（钦察草原）——从额尔齐斯河起，一直延伸到伏尔加河为止的广阔草原的名称。ǰūrǰeh，即中国著述家处之女真或女直（卡拉姆津书中作统治华北之尼兀赤-韃靼），为后来满洲人的祖先。

上，他们生活在这些地方的山岭、山隘和平原上，没有定居于城镇的习惯，[但]在有关他们生活的古代史籍中，缺乏充分的记载，在某些书中，仅录有其中的一鳞半爪；在未曾详尽研究有关他们、他们的遗迹的记载以及他们的传说的真实情况之前，专家们并不认为[这一切是充分的]，尽管突厥和蒙古各部落和分支彼此相似，最初的称号也都相同，但蒙古人是突厥人的一种，他们之间有很大的差别，这一点将于后面谈到。[蒙古人和突厥人之间的]这个差别，也就是有关他们的传说和历史未曾确切地传入我国[即伊朗]的原因。

当轮到成吉思汗及其著名的家族和伟大的后继者称汗、统治世界时，他们征服了世界上人烟稠密地区的所有各国，[其中包括]华北、华南（ča̋n mā̄ča̋n）、印度〔h(i)nd〕、辛都〔s(i)nd〕、河中、突厥斯坦、叙利亚（šām）、拜占庭（rūm）、阿速、斡罗思、撒耳柯思、钦察、客剌儿〔k(a)lār〕、巴失乞儿等国，简言之，即从东到西，从南到北的全部地区。

从前，有些当代大人物和学者，曾[向我们]引用过若干互相矛盾的[资料]，或有涉成吉思汗及其著名家族征服寰宇、攻克城堡和 67
统治的情况，或有关蒙古宗王、异密的信仰；所有这些都由于他们对确实情况缺乏[应有]了解，以及由于[他们]对此[全部]历史重大事件知识的贫乏。

然而[蒙古人和突厥人之]信史，逐代均曾用蒙语、蒙文加以记录，唯未经汇集整理，以零散篇章形式[保存于汗的]金库中。它们被秘藏起来，不让外人甚至[不让他们自己的]优秀人士阅读；不信托任何人，深恐有人获悉[其中所载各事件]。

值此今日，举世君主欣羡的伊朗众王之王的王冠和宝座，已由伊斯兰教君主马合木·合赞汗算端——愿其长久在位！——圣躬幸临，他以高超的识见，移其圣智，关注于搜集整理此全部记载。他颁降圣旨，[授意]企盼神恩之伊利汗国臣下、本书编者阿不勒-海儿之子法兹勒阿拉赫、别号“哈马丹医师拉施特〔r(a)šīd〕”者，——愿安拉佑其境遇日佳，使其免遭[一切有损]令誉的事！——整理一切有关蒙古起源的史籍、与蒙古有亲属关系的突厥诸部的世系，以及有关他们的零散事迹和记述，这一切有在荣盛[国]库中者，也有托管于陛下的大臣、近侍者，直到最近，还无人敢于着手汇集到一起，无人获得整理它们的荣幸，各个史学家虽转述了其中的半数却不知人民口传的真实情况，他们所用的叙述方式最适合史学家的口味，但发生的实际情形，则既无人知悉，也[无人]考证，——[这就需要上述哈马丹医师拉施特]对这些记载证据的确切性加以考订，仔细酌量，将它们收集起来加以整理，以完美的词句加以叙述，将以前隐藏在秘幕之后、历史和[人民]宝贵记忆[所产生的]智慧和思想的妙龄女郎引登前台，[使之]无所掩饰、容光毕露；至于在这些记载中，或详或略均未有记述者，他就分别请教于中国〔kh(i)tāī〕、印度〔h(i)nd〕、畏兀儿、钦察等民族的学者、贤人及贵人，因为各民族各种等级的[人]，现在侍奉于陛下左右，尤其要请教统率伊朗、土兰军旅的大异密、世界各国的领导者孛罗丞相(pūlādǰīnksānk)，——愿他长享尊荣！他[在通晓]各种技艺，熟悉突厥诸部落起源及其历史、尤其是蒙古[史][1]方面，是举世无

① 巴托尔德说：拉施特未必能“直接利用蒙古人的神圣编年史，关于蒙古人的传说，他主要得之于波斯宫廷的大汗使节、通晓蒙古历史的孛罗丞相口中，以及在历史知识方面仅次于孛罗的合赞本人口中”(《蒙古入侵时代的突厥斯坦》第2卷，圣彼得堡，1900年，第45页)，这可能是合乎真实情况的。

双的。

[同时也]要从与此有关的史籍中加以采录，使[全部历史]从 68
始至终既为贵人、也为平民所知道和了解，使蒙古国家肇兴时值得纪念的情况和最重大的事件不致随岁月的消逝而[从后代记忆中]磨灭，使这些事迹不为秘幕所掩覆。因为现在已无人熟悉这些[往]事，无人研究这些事；出自异密家庭的青年和后辈，逐渐对其父祖叔舅的名字和出身，[以及他们的]生平事迹和往昔发生的历史事件漠不关心。一个民族的伟大人物的子孙后代，怎能不知道[他们]父祖的生平、他们的名字和他们的出身？尤其是最高真理曾赐予各种恩典的那些人，她促成了他们的大部分伟大事业、作过其中的参与者，将[驾驭]难以驾驭的世界的韁绳交给他们随心所欲地支配，使他们统辖了[过去从]未隶属于威武的大帝和强大的汗的远远近近的地区，有关这些地区的信而有征的历史过去从未听说过，至于那里的民族，没有一个民族有什么有关学术的资料。[统治这些民族的]幸福，既已降临于成吉思汗光荣家族身上，陛下的学者贤人和史学家们，都是与成吉思汗家族不可分的成员，很容易揭示和阐明[迄今犹未为学术所知的有关突厥民族的一切情况]。[但是]为什么[对突厥民族历史命运长期无知的]这种情况，仍然不受重视和被遗忘，以致各种各样的人还在根据不高明的无稽之说叙述[他们]，而不深入到事情的实质？

无论如何，振兴父祖的美名和重新回忆先辈的言行，只能通过由于神佑主助而成为卓越[人物]的他们的优秀子孙和可敬后继者的不断努力，才能得以实现。

诗

父亲的名字借子女以存！

在子女身上，永存着父亲的希望！

当圣旨中颁布了一道竭尽全力以完成这项重大事业[编纂《史
69 集》]的命令——愿它不断有效，被遵命执行！——以后，微臣除严遵[圣旨]外，不知有他，微臣因[即将]获悉蒙古人的历史、事迹和记述而衷心喜悦。他竭尽心力地奉行[圣旨]；在仔细校读过[王室]金库中所藏零散[史籍]的内容以后，他又将从随侍于陛下左右的国内贤人以及各阶层学者、史家处大量听到的一切情况，经过审核，作为补充。他用雅俗共赏的词句，分章撰写[这部历史]，愿陛下赐予青睐，使微臣得以领略[天地]* 两界的幸福，实现自己的全部希望。愿安拉[在这方面]佑助[我]！

第一卷　第一分册

概述突厥各民族兴起的传说及其分为各部落的情形，以及各民族祖先生平的详情

本册共分四编，并有序言一篇

序　　言

关于突厥各民族所住某些地域的疆界，以及有关其中为世人 73
所知的突厥民族各分支称号的详情。

首先应当知道，在大地各带存在着[彼此]隔离的居民，有为定居，有为游牧者。尤其在那有牧场的多草地区，远离城郊和[村]舍的地方，有许多游牧人，我们在伊朗边境和阿拉伯人地区见到的就是这样，那里是一些长草的无水沙漠；这样的土地对骆驼很合适，因为它们食草多而耗水少。因此，阿拉伯人的各部落和宗支，在从西部边境起到印度洋岸边为止的所有草原和谷地里，大量建立了超过人口所需的游牧地。

从古到今一直被称为突厥的各民族也完全一样，他们住在草原地带，住在钦察草原〔d(a)št(-i)q(i)bǰāq〕、斡罗思、撒耳柯思〔ǰ(a)rk(a)s〕、巴失乞儿惕〔bāšğ(i)rd〕地区以及塔剌思〔t(a)lās〕和赛蓝〔ṣīr(a)m〕①、

① 塔剌思[阿拉伯地理学家作 taraz]，为同名河谷及河畔城市的名称，该城即后来的敖利埃-阿塔，现今的江布尔。赛蓝（今萨利亚姆），在伊斯兰教中世纪时为一大城市，今为距齐姆肯特市 12 公里处同名河畔的一个大村；位于通往中国和阿尔泰山麓突厥汗庭的古道上（参阅伊凡诺夫：《塞蓝》，载《东突厥斯坦研究所文集》，塔什干，1923 年，第 46—56 页）。

亦必儿(aībīr)和失必儿(sībīr)①、普剌和昂可剌河(anqreh)②诸地区之山岭和森林中,住在突厥斯坦和畏兀儿斯坦地区;他们沿着乃蛮地区内的山川,例如阔阔-也儿的石河(kūkardiš)、也儿的石
74 河③、哈剌和林[山]〔q(a)rāqūr(u)m〕④、阿勒台山(altāī)、斡儿寒河(aūrgān)⑤居住,他们住在乞儿吉思(qīrqīz)和谦谦州〔k(a)m k(a)mǰīūt〕⑥地区,住在名为蒙古斯坦、属于客列亦惕人所有、有很多夏营地和冬营地的地区,如:斡难〔aūn(a)n〕、怯绿连〔k(a)lūrān〕、答兰-巴勒渚思、不儿罕-合勒敦(būrqān qāldūn)、阔客纳-纳兀儿(kūkānānāwūr)、捕鱼儿(būir)-纳兀儿、合儿合惕、槐因、额儿古涅、合剌亦儿〔q(a)l(a)īr〕、薛灵哥〔s(a)līnkeh〕、巴儿忽真-脱窟木〔b(a)rqūǰīn tukūm〕、合剌阿勒真-额列惕〔q(a)lālǰīn al(a)t〕

① 亦必儿和失必儿。中世纪的东方和中国人都指亚洲东北部的遥远地区,相当于现今西伯利亚(见布列什奈德:《中世纪研究》第1卷,第129页;第2卷,第37页,注⑧⑪)。

② 普剌(S,I本作 būlād;B本作 b(?)ūkdūd;贝书作 pūlā)之所在不详,费舍尔的《古西伯利亚图》(见他的《西伯利亚史》,圣彼得堡,1774年)上未画出。昂可剌(B本作 alqreh),即安加拉河,为叶尼塞河右岸支流,源出于贝加尔湖。

③ 此处可能脱漏一条发源于阿尔泰山,注入斋桑泊的合剌-也儿的石河即黑也儿的石河。

④ 此山在杭爱山脉穿过的鄂尔浑河上游。后来在这里建立了同名的蒙古京城。[C,I本作 qrāqūrūm。]*

⑤ 看来是指色楞格河右岸支流鄂尔浑河。

⑥ 贝勒津教授引用里特《地理学》第2卷,第1册,第476页说:"谦谦州的名称,系由谦河和小谦河而来"(拉施特撰《史集。蒙古史》,导言:《关于突厥和蒙古诸部》,伊·恩·贝勒津译自波斯文,[后文简称贝书]*,《俄国考古学会东方部丛刊》第5册,圣彼得堡,1858年,第218页注④)。

等河湖沿岸以及中国长城附近的兀惕古黑(aūtkūh)[①]。[各民族]现在和过去都按[自古以来的]约定住[在这些地区]。

他们用武力、权势和征战,扩张到了中国、印度、客失米儿〔k-(a)šmīr〕、伊朗、鲁木(rūm)、叙利亚(šām)和埃及等地区,征服了世界上有人烟地区的大部分国家。

久而久之,这些民族逐渐分衍成许多氏族,在各个时代,从各个

① 这里所提到的河湖:翰难河,是与额尔古纳河汇流成黑龙江的古勒喀河的右岸支流。怯绿连河(诸抄本均作 k(a)lūrān),发源于肯特山,流经平坦的蒙古里亚,注入达赖淖尔或呼伦池。答兰-巴勒渚思,[集校本作] * ṭālāt-bālǰīūs,C,L,I 本和贝书作 ṭālān,第二词在 L 本中与第一词之间隔有一连词 wa (和),A,S,本作 bālḥīūs,C,L 本作 bālǰīūs;B 本作 bālḥūs;贝书作 bālǰīūš,大概即现代库伦西南的多山之地多伦,第二个名称,我难以断定。不儿罕-合勒敦,可能即今肯特山脉的山结“古老的布尔罕-敖拉”(那里有鄂嫩河的一条右岸支流布尔哈河,这条河和奎通河之间为山脉所隔开);与鄂尔浑河右岸支流萨拉果勒相汇的一条小河也名奎通河(蒙语 hüitün),因此,这里所列举的这个地名,可能是指布尔罕-奎通。阔客纳-纳兀儿(C,L,I 本作 kūkā-nāwūr;B 本、贝书作 kūkeh-nāūr)。[波斯文 k 与 l 字形相近,疑当作 kūlānā,则此即阔连海子。] * 捕鱼儿-纳兀儿,为前述达赖淖尔南面的湖,在两湖之间有一条从捕鱼儿海子北岸流入达赖淖尔的乌尔顺河相连接。合儿合惕(B 本作 qārqāt;L,S,C,I 本作 qārqāt;贝书作 qlūqāt),可能相当于北蒙古的哈拉哈巴之地;槐因(kūyīn,B 本作 kūnī(?)n),可能相当于土拉河右岸支流库因果勒河的谷地,从库伦到恰克图去的第一个驿站就在这个河谷里,但另一方面,在呼伦贝尔又有一条伊敏河左岸支流辉河(Хойн-гол 或 Куйгол)。额儿古涅(C,L 本作 azgūn(?)eh-qūr ;I 本作 azgūn(?)eh-qūn;贝书作 argūneh),大概即从达赖淖尔(呼伦池)流出,往北和石勒喀河相汇的额尔古纳河。合剌亦儿(B 本作 q-(a)lād;贝书作 q(a)lāīr),大概即今海拉尔河谷。薛灵哥,为注入贝加尔湖的一条河。巴儿忽真-脱窟木(B 本作 īrqūǰīn-tukrm;贝书作 b(a)rqūǰin-tūkūm,其后文又作b(a)rğ-ūčīn-tūkūm),可能即今贝加尔湖的主要支流巴尔古津及其著名的巴尔古津草原。合剌阿勒真-额列惕(I 本作 kalaǰin;B 本作 q(?)lāḥī(?)n;贝书作 qlāḥīnālt),该地为我所不知(也许第二词应该作斡罗惕,因为据阿拉伯字形可以有这种读法);兀惕古黑(B 本、贝书作 ankūh,贝译作 Унгу),通常指中国长城地区。(见帕拉基教长对此一切的说明:帕拉基教长撰《1847—1859 年蒙古行纪》,该书有布列什奈德博士的序文和阿·姆·波兹德涅耶夫教授的注释,圣彼得堡,1892 年;并参阅布列什奈德:《中世纪研究》第 1—2 卷(特别是上述两书的地图)。至于兀惕古黑这个名称,参阅本分册汉译本后文第 270 页注①)。

支系中产生出[新的]支系，每个支系都以一定的缘故，获得自己的
75 名称：如现今基本上被称为突厥蛮的乌古思人，他们就分为钦察、合剌赤、康里、哈剌鲁以及其他所属诸部落；如现今以蒙古人之名著称的诸民族，即札剌亦儿、塔塔儿、斡亦剌惕、篾儿乞惕等等；如其他与蒙古人相似并曾建立过国家的各民族，即客列亦惕、乃蛮、汪古惕之类；如自古至今以弘吉剌惕(qnqūrāt)①、豁罗剌思、亦乞剌思(aīkīrās)②、额勒只斤、兀良合惕(aūrīānkqt)③、乞里克讷惕(klknūt)④等名著称，被总称为迭儿列勤-蒙古的各民族；如作为真正蒙古人的尼伦民族——所有这些民族及其支系，均将详述于后。

尽管[突厥人的]外形、方言和口音彼此相近，但是，按照他们各自所处的地区的气候特征和自然性质的差异，在各突厥民族的外貌和方言中可以看出一些不大的基本差别。尽管直到最近，还不曾有人用文字整理出一部大多数[突厥民族]分支的谱牒，[他们的]名称的起源，在这方面也不存在，尤其是这一切已经经历了悠久的岁月[有许多情况都已从突厥人的意识中消逝了]，但是，[笔者以下]所述，系根据[突厥]各族中权威的讲述者和说故事人的转告以及某些典籍中的记载。

现今所知彼此间有相近血缘的突厥各分支，将简明地[但附以必要的]细节加以记述。为了便于了解，以下缕列[突厥诸部]时采取了差强人意的方法。

---

① L、I、B 本和贝书作 qnqrāt。

② L 本作 ankrlās；I 本作 ankīrās。

③ L 本作 aū? ārkft。

④ B 本作 kl? kūn；贝译作 келенгкут；符拉基米尔佐夫作 килинкгут-уряут(前引书，第 109 页)。[俄译作 килингут]* 。

从的卜-牙忽亦(dīb yāqūī)①四子后裔所出诸突厥游牧民族名称一览表

的卜-牙忽亦是先知挪亚——祝他安宁！——之子阿不勒札汗 76
的儿子，挪亚曾派遣他和合剌〔q(a)rā〕汗、斡儿(aūr)汗、古儿〔k(u)r〕汗、阔思〔k(u)z〕汗到北方、东北方和西北方。由于合剌汗之子乌古思皈依了一神教，并且[他的]一些亲属归附了他，所以[一个民族]成了两部分。随后将对这一切进行解释，使[大家都]知道。

合剌汗之子乌古思的第二支，——已如上述，其中包括归附于他的亲、堂兄弟。

乌古思的诸嫡支，这要详细谈谈。乌古思有六个儿子，他们又各有四个儿子；乌古思曾授予他们左右翼军队，分列如下：

右　　翼

坤(kūn)汗	爱(āī)汗	余勒都思(yūldūz)汗
海亦(qāyī)②	牙剌思〔yār(a)s〕	阿兀失儿(āūšr)
巴牙惕(bāyāt)	都客儿(dūkār)③	乞里黑〔q(i)rīq〕

① 贝译作 Диб-Ьакуй。

② I 本作 qānī。

③ 贝译作 Дукер。

阿勒合剌兀里〔alq(a)lāūlī〕①	都儿都合(duūrdaūğeh)②	必克迭里〔bīkd(a)lī〕
合剌阿兀里〔q(a)rāāūlī〕	巴牙儿里(bāyārlī)③	合儿勤(qārqīn)④

左　　翼

阔阔(kūk)汗	塔黑(ṭāq)汗	鼎吉思(dīnkīz)汗
巴颜都儿〔bāy(a)nd(u)r〕	撒罗儿(sālūr)	阳的儿〔y(a)nkd(i)r〕⑤
必合(bīkheh)⑦	亦木儿(aīmūr)	不克都儿(būkdūr)⑥
札兀勒都儿(ǰāūldūr)	阿剌亦温惕里(alāyūnt-lī)⑧	宾哇(bīnweh)⑨
赤普尼〔č(i)pnī〕	兀思乞思〔aūzk(i)z〕⑪	合尼黑〔q(a)nīq〕⑩

77　乌古思的诸兄弟及归附于他的若干堂兄弟为：畏兀儿、康里、钦察、哈剌鲁、合剌赤和阿合赤-额里。

［从］未归附于乌古思的诸叔：斡儿汗、阔思汗和古儿汗，他的诸兄弟及其子孙［所出的］民族分支。这些民族分为两部分：一部分民族的氏族起源不得而详，由于它们太古老了；另一部分民族的

① 贝译作 Алыкраули。

② L,B 本作 drğeh；贝书作 dūdūrğeh。

③ C,I 本作 bāirlī；S 本作 yāpārlī；B 本作 yāprlī；贝译作 Яирлы。

④ C,L,I 本作 qārqīz。

⑤ C,I 本作 īkdr；B 本作 bnkdr；贝书作 bīkdīz，贝译作 Бикдыр。

⑥ I[,S]* 本作 būkdūz；B 本作 nūkdūr。

⑦ 贝书作 bǰneh(贝译作 бичина)。

⑧ C 本作 alāī-yūšlī。

⑨ I 本作 yīweh；L 本作？gī(?)weh；贝书作 bīweh，贝译作 Бую。

⑩ L 本作 qnī(?)q；B 本作 qntq；I 本作 qnbq；贝书作 qtīq。

⑪ C,L 本作 aūrkd；B 本作 aūrkr；贝译作 Уркез。

民族起源为世人所详知。

由于太古老了、分支起源不得而详的民族[有以下两支]。

第一支。现今称为蒙古，但起初其名称并非如此的各民族，因为[蒙古]这个名称是在这些民族产生后很久才有的。这些民族每一支[又分为]多支，并且各有一定的名称：札剌亦儿〔ǰ(a)lāir〕、雪你惕(sūnīt)①、塔塔儿、篾儿乞惕〔m(a)rkīt〕、古儿列兀惕〔kūrl-(a)ūt〕②、秃剌思(tūlās)③、秃马惕(tūmāt)④、不剌合臣〔būl(a)ğāǰ-īn〕、客列木臣〔k(a)r(a)mūǰīn〕⑤、兀剌速惕(ūrāsū't)、塔木合里黑〔t-(a)mğālīq〕、塔儿忽惕〔t(a)rğūt〕、斡亦剌惕、巴儿忽惕〔b(a)rğūt〕⑥、豁里(qūrī)、帖良古惕〔t(a)l(a)nkūt〕、客思的迷〔k(a)sumī〕⑦、兀良合(aūrīāqeh)⑧、火儿罕(qūrqān)⑨和撒合亦惕〔s(a)qāīt〕。

第二支。也同上述不久之前得名为蒙古的各民族一样，是一些住在原野上的民族。这一群民族人数众多，其部落无数；其中若干部落及其分支的名称，凡为我们所知者，将全部列出并阐明其事迹，它们是：客列亦惕、乃蛮、汪古惕、唐兀惕、别克邻(bkrīn)、乞儿吉思。

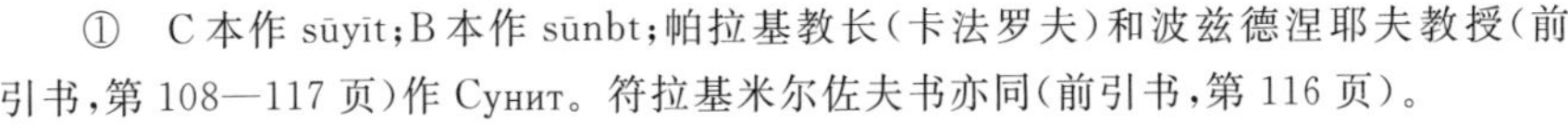

① C本作 sūyīt；B本作 sūnbt；帕拉基教长(卡法罗夫)和波兹德涅耶夫教授(前引书，第108—117页)作 Сунит。符拉基米尔佐夫书亦同(前引书，第116页)。

② I本作 kūrkūt；C，L，B本作 kūrkūt(?，b?)。

③ B本作 brlās。

④ B本作 būyāūt。符书作 tümed (第140、153、155、157页)。

⑤ 符书作 keremücin(第35页)。

⑥ B本作 brğūt。

⑦ 原文标有元音符点，B本作 kštmī。贝译作 кестеми。

⑧ S本作 aūīānkeh。

⑨ L本作 qūqān。

*　　*　　*

已经知道，[前述][蒙古]* 各部族起源于遁入额儿古涅-昆[1]的两个人；由于生息繁衍，其氏族人数渐众。蒙古一词成了他们氏族的名称，这个名称[现在]也移用于和蒙古人类似的其他民族，因为从蒙古人时代起——蒙古人也是突厥民族之一——这个词开始泛用[于其他民族]。由于神对他们的佑助，在四百年左右他们[繁衍出]许多分支，人数超过了其他[民族]；由于他们的强大，这些地区的其他[部落]也渐以他们的名称著称，以致大部分突厥人[现在]都被称为蒙古人。正如在此之前，塔塔儿人成为胜利者时，一切[其他各族]都曾被称为塔塔儿人。甚至[现在]塔塔儿人在阿拉
78 伯、忻都斯坦〔h(i)nd〕和乞台也还享有盛名。原来的蒙古人逐渐分成了两部分[或两支]。

第一支。即曾在额儿吉涅-昆〔ark(ū)neh qūn〕，并[在那里]各自获得固有名称的真正蒙古民族所出的一支。[后来]他们离开了那里。[这些部落是：]捏古思(n(a)kūz，俄译作 Нукуз)[2]、兀良合惕〔aūrīānkq(a)t〕[3]、弘吉剌惕〔q(u)nq(i)rāt〕、亦乞剌思(aīk-īrās)[4]、斡勒忽讷惕(aūlqūnūt)、豁罗剌思(qūrūlās)[5]、额勒只斤

① 大概是指额尔古纳河，如前所述，该河和石勒喀河汇流成黑龙江。B本和I本无"昆"字。此河的蒙语名称为 Ergüne(符书第 35 页)。

② 恩·符·哈尼科夫所有的一个贝勒津稿本作 mukūz。

③ 贝书在此词之前有 huyin 一词(贝译作 уин)。对比蒙语"兀良合惕"，看来就是这个部落的名称。这是个早在传说中的始祖阿阑-豁阿之前就已出现的古老蒙古部落之一(见符书第 57、77 页)。

④ B本作 ankrās；I本作 ankīrās；C本作 ankrāṣ；贝书作 aīkrās。

⑤ [俄译作 куралас，]* B本、贝书作 qūrlās。

〔aīlǰ(i)kīn〕、弘里兀惕(qūnklīūt)①、斡罗纳兀惕②、晃豁坛〔qūnkq-(u)tān〕、③阿鲁剌惕(aralāt)④、乞里克讷惕〔k(i)l(i)knūt〕⑤、嫩真⑥、许慎(aūšīn)、速勒都思(sūldūs)⑦、亦勒都儿勤(aīldūrkī-n)⑧、巴牙兀惕(bāyāūt)⑨和轻吉惕〔kīnk(i)t〕⑩。

第二支。从朵奔伯颜之妻阿阑-豁阿于丈夫死后生下的三个儿子产生的各部落。朵奔伯颜出自原来的蒙古人，这是没有被忘记的；阿阑-豁阿则出自豁罗剌思部。

这些部落又分两支：一为原来意义上的尼伦；其十六氏族为：合塔斤〔q(a)t(a)qīn〕⑪、撒勒只兀惕(sālǰīūt)⑫、泰亦赤兀惕、赫儿帖干〔h(a)rt(a)kān〕⑬、昔只兀惕(sīǰīūt)⑭、又名捏古思〔n(a)kūz〕⑮

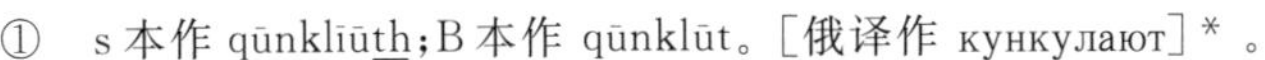

① s 本作 qūnklīūth；B 本作 qūnklūt。[俄译作 кункулаюг]* 。

② C，I 本标有元音符点作 awaranāūt；B 本作 aūzīāūt；贝书作 aūrīāūt(贝译作 ораю-т)。[此部名实即《秘史》47 节之斡罗纳儿，故波斯原文正确写法应作 aūrnāūt]* 。

③ B 本作 qūn(?)kqān。

④ A 本原文标有元音符点。C 本作 arlāth；贝书作 arulāt(贝译作 арулат)。

⑤ B 本、贝书作 klnkğūt(贝译作 келенгут)。[俄译作 килингут]* 。

⑥ L，I 本作 nūnǰīn；C 本作 nūnǰbn；B 本作 qūǰīn；贝书作 qūǰīt(贝译作 ходжит)。

⑦ B 本作 bīldūs。

⑧ I 本作 aīldūzkīn。

⑨ B 本作？ānāūt。

⑩ C，L 本作 līngī(?)t。

⑪ C 本作 qīqīn。

⑫ 蒙语为 salǰi'ud(见符书第 47 页，那上面说：这个蒙古部落或氏族，源出于阿阑-豁阿第四子不合秃-撒勒只)。

⑬ C 本作 hrtkāt；L 本作 hrt(?)kāt；B 本作 sr？r？ān；贝书作 harīkān。

⑭ C，L 本缺；I 本中系以另一种笔迹从下方补入；B 本作 s(i)ht。[《秘史》第 46 节有失主兀歹]* 。

⑮ [俄译作 нукyz]* 。大概即符书(第 105 页)上的 негус。

之赤那思(ǰīns)、那牙勤(nūyāqīn)①、兀鲁惕(aūrūt)②、忙忽惕、朵儿边(dūrbān)③、八邻(bārīn)、八鲁剌思〔b(a)rūlās〕、合答儿斤〔h(a)d(a)rkīn〕④、照列惕(ǰūrīāt)⑤、不答惕(būdāt)、朵豁剌惕〔dūq(u)lāt〕⑥、别速惕⑦、雪干(sūkān)⑧、轻吉牙惕(qīnkqīāt)⑨。

79　第二支又称做乞牙惕的尼伦;他们分为两支;有一般的乞牙惕,在此意义上[他们包括]禹儿勤(yūrkīn)⑩、敞失兀惕(ǰīnkšīūt)⑪、乞牙惕-牙撒儿〔y(a)sār〕⑫以及乞牙惕-孛儿只斤(būrǰqīn)⑬,意即蓝眼乞牙惕;他们[乞牙惕-孛儿只斤]这一支出自

① C本作 nūtāq(?)ī(?)n(?);I本作 n(?)ūy(?)āq(?)īn;B本中为一些缺识点的字母。贝书作 nūtāqin。

② 大概即符书131页的 ураты(兀剌惕)。[《秘史》第46节:兀鲁兀惕]*。

③ 看来相当于蒙语 dörben 这个名称(见符书第47、49、84页)。B本作 dūr?ān。

④ B本中除最后一个字母 n 外,全无识点。贝书作 hūīrgīn(贝译作 хоиргин)。[《秘史》第46节:阿答儿斤。]*

⑤ L本作 ḥrī(?)āt;I本作 ḥūrmāt;B本作 ḥūrī(?)āt(?)。[《秘史》第44节:沼兀列亦惕]*。

⑥ I本作 dūqlāb;B本作 drklāt(?)。[《秘史》第46节有朵豁剌歹]。*

⑦ S本作 bīsūt;符书作 бесут(第87、109页)。B本为缺"识点"的字母+ūt;贝书作 īsūt。

⑧ C,L本作 sūkāt;贝书作 sūktān。

⑨ L本作 qīnkqāt;B本此词无识点。贝书作 qnkīāt(贝译作 хонгхоиог)。由此看来,此处所列部落名称总数不是十六个而是十九个。多加了为其他诸本和贝书所无的 sīǰīūt、aūrūt 和 m(a)nkqūt。

⑩ L,贝书作 būrkīn;I本作 nūrkīn;B本无识点。

⑪ 贝书作ǰnkšūt;符书作 чаншикит、чиншиут(第57、65、66页)。

⑫ S,L,B本无识点;I本作 bsīār;贝书作 sīār。

⑬ "成吉思汗的父亲也速该把阿秃儿从自己的族人中分出,他的新氏族开始称为乞牙惕-孛儿只斤"(符书第71页)。L本作 b(?)ūrqḥī(?)n;S本作 būrqǰīn;I本作 nūrqǰīn;B本作 nūrčin;贝书作 burǰiqin。

成吉思汗的父亲，[因而与成吉思汗及其父亲的氏族]有亲属关系。

上面既已详细列举了各有一定名称的突厥诸民族的名称，以及蒙古民族和所分出的众多支系、受尊敬的各氏族，现在就根据我们所知，按照一览表中著录的顺序，分别叙述各部落和氏族的传记。

这一切将分述于以下四编。

80

第　一　编

乌古思和起源于他的后裔与归附他的若干亲堂兄弟的上述二十四部落的历史和民间故事。源出于他们的部落为：畏兀儿、钦察、康里、哈剌鲁与合剌赤。[以下所述]悉依[这些民族的]贤人所告，并为他们所一致同意。

根据伊斯兰教徒历史中所述和犹太民族《五卷书》中所载，先知挪亚[nūḥ]——祝他安宁！——曾将大地从北至南分为三部分。第一部分，他给了自己的一个儿子，黑肤人的始祖含；第二部分，他给了后来阿拉伯人和波斯人的祖先闪；第三部分给了突厥人的鼻祖雅弗，[挪亚]把雅弗派到了东方。蒙古人和突厥人对此所述相同，但是突厥人过去和现在一直称雅弗为不勒札(būlǰe̱h)汗[即阿不勒札汗]，而且不能确知，这个不勒札汗究竟是挪亚的儿子还是孙子；但他们全都同意：他出自他的氏族，并在时代上与他相近。所有的蒙古人、突厥诸部落和一切游牧人[直译作：草原居民]均出自他的氏族。这方面的详情，他们转述如下。

不勒札汗是游牧人；他的夏营地在高山峻岭所在的斡儿塔黑

(aūrtāq)和忽思塔黑(kztāq);那里有一座亦难赤城(aīnānǰ)城①。不勒札汗的冬营地也在那一带,在名为不儿孙(būrsūn)②、合乞颜(qāqīān)和哈儿和林(qārqrm)③、又名哈剌和林(qrāqrm)等处。81 这些地方附近,有塔剌思(tlās)④和合里-赛蓝(qārī ṣīrm)⑤两城。

后一座城,古老而且非常之大。见过这座城的人们说,它从头到尾需走一天的路程,城中有四十座大门。现在那里住着突厥伊斯兰教徒。它归海都辖有⑥,为宽彻(qūnǰī)⑦的兀鲁思[分地]*。他的后裔据有的地方在附近。不勒札汗有一个名叫的卜-牙忽亦[贝勒津作的卜-巴忽亦]的儿子;"的卜"一词有争论⑧或职位之意,"牙忽亦"一词意为所有各部落的统治者。这个儿子无论在威武或帝王品性的[一切]表征方面,都超过了父亲。他有四个儿子,名叫:

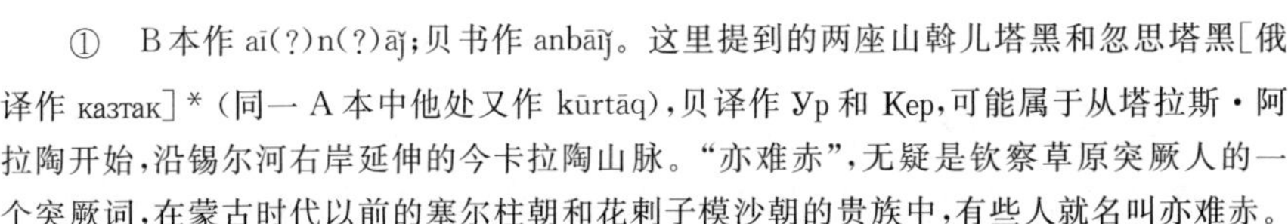

① B本作 aī(?)n(?)āǰ;贝书作 anbāīǰ。这里提到的两座山斡儿塔黑和忽思塔黑[俄译作 казтак]*(同一A本中他处又作 kūrtāq),贝译作 Ур 和 Кер,可能属于从塔拉斯·阿拉陶开始,沿锡尔河右岸延伸的今卡拉陶山脉。"亦难赤",无疑是钦察草原突厥人的一个突厥词,在蒙古时代以前的塞尔柱朝和花剌子模沙朝的贵族中,有些人就名叫亦难赤。

② C,L,I本作 būrsūq;B本作 b(?)ūrsūq;贝书作 yūrsūq。

③ C,L本作 qsārqūmī;I本作 qsārqrm。

④ S本作 blās。

⑤ B本中合里之后有个"和"(wa)字,这个名称便写成了两个单独的词。必须指出,这里所谈到的并非蒙古地区的地方或城市,而是中亚的,因为在钦察草原康里族突厥人处,在锡尔河地区也有个哈剌和林。那里无疑也有过不儿孙和合乞颜(参阅志费尼:《世界征服者史》第1卷,莱顿-伦敦,1912年版,第68页;巴托尔德:《蒙古入侵时代的突厥斯坦》第2卷,圣彼得堡,1900年,第447、448页)。

⑥ qāīdū(中国史学家称作海都),大汗窝阔台(1227—1241年)之孙,出自其子合失(合申)。

⑦ L本作 fūn(?)ḥī;I本作 qūnǰī;B本作 tūlǰī;贝书作 qūlǰī。

⑧ 原文 mawzī'-i baḥth,直译:"争论之处",大概为 mawzī'-I taḥt 之讹,taḥt 意为王位、宝座;其他诸本(C,I,B,L本和贝书)也都如此。

合剌汗、斡儿汗、阔思汗和古儿汗。这个民族全都是异教徒。合剌汗作了父亲的嗣承者;他生了一个儿子,三昼夜不抓母亲的乳房,不吃奶;他的母亲为此哭泣祈祷。每夜她在梦中都仿佛看见孩子对她说:“我的母亲!如果你信奉[真]主,爱戴他,我就吃你的奶。”

由于她的丈夫[合剌汗]和他们全民族都是异教徒,这个妇人害怕,要是她信奉真主被发觉,她就会和孩子一齐被杀死。她暗中皈依了真教,十分虔诚地作了[最高]真理——愿它普受赞颂!——的挚友。于是婴儿抓着母亲乳房,开始吮奶。年方一岁,他已是一个非常清秀的孩儿,在他的前额上闪耀着成熟的智慧和指导宣阐真教的征候。当时,他的父亲[合剌汗]在他的身上看到了这些征候,说道:“我们的民族还没有出生过有着如此仪表和容貌的孩童;[我]这个儿子将成为平辈同侪中最伟大的受尊敬者,也许还会达到尽善尽美的地步。”

为了给孩子取名,父亲和族人进行了商议,这个一周岁的孩子却开口说道:“管我叫乌古思吧!”所有在场的人都大吃一惊。他们按照婴孩的话,给他取名为乌古思,这无疑是指导宣阐最高真理的征候。

当乌古思达到成年时,他的父亲合剌汗从侄女中替他聘娶了
82 阔思汗的女儿,一个极其美丽和贞节的少女。乌古思悄悄地对那个姑娘说道:“如果你信奉[真]主,作[最高]真理的挚友,我也就爱你,跟你好。”她认为这完全不可能,便没有听从他的劝告,并且说道:“我要把这件事告诉你父亲,让他把你干掉!”由于这样,乌古思未向她表示关心和好感。当父亲看到乌古思不喜欢[这个姑娘],他就为他聘娶了另一个弟弟古儿汗的女儿。姑娘被交给乌古思时,他对她说了同样的一些话,但她[也]没有接受[他的请求],没

有皈依真教。乌古思也就不爱她，不到她那里去。当合剌汗察觉乌古思也不喜爱这个姑娘，并且不接近这两个妻子中的任何一个时，他出于对他所怀的宠爱，为他聘娶了另一弟斡儿汗的一个女儿。那姑娘还没送到他的屋里来。有一天，乌古思打猎回来，在河岸上看到斡儿汗的这个女儿正在看女奴们洗衣；他走近去对她面对面地说道："你知道，我曾娶过我的叔叔们的两个女儿，[但]我都不喜爱她们，也不和她们来往。这是因为，我希望她们信仰真主，热爱他，但她们不听我的话，拒绝了。现在，你同我订了婚；如果你承认主的独一无二，信仰他，我就娶你[为妻]，并且爱[你]！"姑娘答道："我不认识也不了解[真]主，但无论你的什么话或吩咐，我都不会违背，我将顺从你的命令。"乌古思说道："这正是我的衷心愿望，我就这样吩咐你，要你信仰和热爱最高真理。"她答道："我同意你所说的话！"她便皈依了真教，成了热爱最高真理者。

在此之后，乌古思娶她[为妻]，爱她，老是到她那里去，而不到别的[妻子]处去。由于他认识了[真]主，虔敬真主，所以他不愿与父亲和叔叔们来往，因为他们都是异教徒，[因此]他老是设法与他们疏远，避开他们。他离开他们单独行猎，常常用阿拉伯语念着主的名字"安拉"，谁也不懂得这个词是什么意思。他经常用美妙的声音高呼："安拉！"他的族人们以为他说这句话是为了悦耳、娱乐和消遣，以为这是他养成的癖好和习惯。

有一天，合剌汗为[自己的]媳妇们设下宴席，对她们很亲热，向她们问道："[我的]头两个媳妇比后一个漂亮，为什么我的儿子爱她胜于她们，他老是到她那里去，和她亲近，而不理睬前两个呢？"由于这两个媳妇对自己的丈夫不满，醋意很浓，因此乘机出来反对丈夫，她们说道:“他皈依了另一种教,信仰天地之神,爱戴他,并希望我们也赞同,[但是]我们拒绝了[他所提出的要求],没有理睬他的话。就为了这个,他对我们[极端]仇视。而[你的]那个媳妇,也和他一样,信奉了神,与他志同道合,当然他要爱她而憎恨我们”。

83 这时,乌古思同那可儿(亲兵)们[1]以及他的一些朋友们正在打猎。合剌汗召集起兄弟、侄儿、亲族和异密们,对他们说道:“我的儿子乌古思幼小时是命运的宠儿,十分有才能,我也心爱他,[但]现在他为非作歹,背弃了我们的信仰,就绝不能留他活着。”所有到会的人听了这些话,都很愤怒[直译作:感到受了侮辱],他们一致决议要把乌古思杀掉。

与乌古思一条心的那个妻子得知这个情况后,马上打发她所信任的一个邻妇去通知了他。乌古思准备列阵作战,通知了他所有的那可儿和伙伴们,把他们叫了来。他们就在行猎的地方,互相联合起来。他的父亲、叔叔和亲族们想把乌古思杀掉。双方把军队列成战阵,开始交战。合剌汗被马刀砍中,受伤死去。由于乌古思的叔父们和各部落中许多人都归附于他,他们互相打了将近七十五年仗,为兀鲁思和军队而争吵。

最后,乌古思战胜,夺得了从塔剌思和赛蓝到不花剌的地区,这个地区无可争辩地属于他所有。他的那些不归附他的叔父、兄弟和侄儿们,[离开他]迁居到了东方。在他们中间,一向认为:所有的蒙古人都出自他们的氏族。当时,他们全都是异教徒,但后

---

① 原文中 nūkarān(复数形)一词,不久前还通行于中亚诸汗国日常生活和塔吉克、乌兹别克口语中,此词源于蒙古语 nökür。(参阅符拉基米尔佐夫:《蒙古社会制度》,第 87 页。)

来，他们也和[成吉思汗]氏族一起，皈依了一神教。

这个地区归附了乌古思，他对这个地区的统治巩固了以后，他便张起金帐，举行盛大的庆典，对亲族和异密们表示尊敬，并抚慰了全体士卒；诸叔和诸氏族，凡已归附于他者，他都授以畏兀儿之名，因为这个词是突厥语联合和帮助的意思。所有的畏兀儿部落都出自他们的氏族。他把另一个部落称做康里。钦察、合剌赤和阿合赤-额里等部落也出自与乌古思联合并与他的氏族混合在一起的那个民族。各[部落]命名的原因，将详述于以下各篇中。

畏兀儿(aūīğūr)部落

由于崇拜[唯一的]主，乌古思和[他的]父亲、叔父们之间产生
仇恨，[互相]打起仗来，当时乌古思的有些亲族与他联合，站在他
这边，协助他，另一些则站在他父亲、诸叔和兄弟们那边。对那些
归附于他并成为他的协助者的人，乌古思赐以畏兀儿之名。这是 84
一个突厥词，用波斯语来说，它的含义为：“他和我们合并，并协助
我们。”①

这帮人经常同乌古思在一起。乌古思想要征略其他国家时，

① 作者显然以为这个词源于动词 uimaq(uyumaq)——“依附、归附、参加”。按某些人的意见 ūīğūr 一词系由蒙语 oi（森林）和 gūr（民）构成，合在一起，是“森林民”之意。（见布达戈夫：《突厥-鞑靼方言比较辞典》第 1 卷第 162 页及所引道·班札罗夫语。）无论如何，此词之用于民族，首先出现在十三世纪伊斯兰教作家著作中，同时还以“畏兀儿”之形出现于汉文史籍中。关于畏兀儿族本身和畏兀儿一词起源的详情和各种揣测，参阅布列什奈德：《中世纪研究》第 1 卷，第 236—263 页；拉德洛夫：《关于畏兀儿问题》，《帝国科学院集刊》第 72 卷第 2 期附录，圣彼得堡，1893 年，第 1—20 页。

就把畏兀儿人从山谷地区叫回来，让他们驻守在[自己]国内，直到他班师为止。畏兀儿各部落全都出自这帮人。就是这些。

康里〔q(a)nqlī〕部落

就在乌古思同他的父亲、叔父、兄弟、侄儿们作战，侵袭和掠夺他们的国土时，在全民族中，他的亲族中归附于他并与他一条心的一些人，私自造了一些车子，将虏获物载在车上，别的人们则用牲畜驮载战利品。[突厥语称车子为"康里"]，由此，他们便被称为康里。康里各支[都]出自他们的后裔。但是，安拉最知道！

钦察〔q(i)bjāq〕部落

当乌古思同亦惕-巴剌黑〔aīt-b(a)rāq〕部落作战，被他们打败时，他退到两条河流形成的一个岛上，停留在那里。这时有个丈夫战死的孕妇，爬进一棵大树的空洞里，生下了一个孩子。有人将这件事告诉了乌古思。他很可怜她，便说道："既然这个妇人没有了丈夫，这个孩子就是我的儿子"。他[确实]被当作乌古思的孩子；乌古思称他为钦察。这个词由"合不黑"〔q(a)būq〕一词派生来。"合不黑"为突厥语"空心树"之意。所有的钦察人都出自这个幼儿。过了十七年，乌古思击溃亦惕-巴剌黑部，到达伊朗国，征服了[伊朗]各地。若干年后。他回到了本国。

哈剌鲁(qārlūq)部落

据说，乌古思[和他的人民]从古耳(ğūr)、合儿只斯坦〔ğ

(a)rǰstān〕①回其老营[禹儿惕]时，他们在途中到了一座大山下，当时下了一场大雪；有几个家族由于下了这场雪，落后了；因为不 85
许有人落后，乌古思对此很不高兴，他说道："怎么能因为下雪就落后！"他便给这几个家族起名为哈剌鲁，意即"有雪者、雪人"，哈剌鲁诸部都出自这些人。

合剌赤〔q(a)l(a)ǰ〕部落

据说，当乌古思占领了亦思法杭后、决定回师之时，有个妇女在途中生了孩子，由于[缺乏]食物，她没有奶，孩子饿了。她的丈夫[为了找点吃的东西]落了后。[这时]，有头胡狼抓住了一只野鸡；男人给了它一棍，夺下[野鸡]给他妻子作了食物。因为不容许任何人以任何借口落后，乌古思对那个人大发雷霆，说道："合勒-阿赤！"，即"挨饿去吧！"因此他的氏族就被称为合剌赤。就是这些。

阿合赤-额里〔āǧāǰ-(a)rī〕部落

古代没有这个名称。乌古思诸部来到这些地区时，其中一部，在森林里有营地[禹儿惕]，便被称做这个名称，"阿合赤-额里"意即"森林人"；犹如有些蒙古部落，其禹儿惕在森林附近，便被称为槐因-亦儿坚，即森林部落。就是这些。

---

① 古耳——今阿富汗的一个山区，格利鲁德河以及向西南流入锡斯坦的河流都从那里流出；居民为讲伊朗系语言的独特民族。合儿只斯坦即木儿加布河上游与古耳相邻的地区（关于这两个地区的详情，参阅巴托尔德：《伊朗历史地理概况》，第36、37、54—56页和27、34、36、37页；并参阅G. le Strange, The Land of the East. Caliphate，剑桥，1905年，第415—417页）。

曾与乌古思在一起并同他联合的突厥蛮〔t(u)rkmān〕,就是上述这些部落。

尽管最初他曾以畏兀儿的名称称呼归附于他的所有各部,[但]当这些部落中有些部落各按上述特殊原因以各自的名称著名以后,畏兀儿一词就专用于剩下的[诸部]了。剩下的诸部以这个名称著称。

从乌古思诸子衍生出二十四支;各获得某一名称,有如名册[或一览表]中所详列者。世界上所有的突厥蛮,都出自上述诸部和乌古思的二十四个儿子。古代无突厥蛮一词;凡外形近似于突厥人的游牧部落,概被称为突厥,[但]各部都有某个特殊的名称。当乌古思的这些部落从其本土来到河中诸国和伊朗国,并在这些地方生息繁衍的时候,他们的外形受到水和空气的影响,逐渐变成近似于大食人(tāzīk)的容貌。但因为他们不是真正的大食人,所以大食人称他们为突厥蛮,意即类似于突厥者。由此之故,这个名称概括了乌古思诸部所有各支,它们都以这个名称著名。乌古思
86 诸子的二十四支之中,半属右翼军,半属左翼军。现今这些部落和分支每一个都知道自己的根源和分支[情形],即它们出自什么人。这一情况说明如下:乌古思有六个儿子,他们的名字依次如下:坤(kūn)、爱(āī)、余勒都思(yūldūz)、阔阔(kūk)、塔黑(ṭāq)、鼎吉思(dīnkkīz)[①]。正如他们的历史中所记载,也如我们以后将在此吉祥史书附录中所充分详述者,乌古思曾征服伊朗、土兰、叙利亚、埃及、小亚细亚、富浪等所有各国;所有这些国家都被征服后,他回到

① 这几个名字的意义为:"日,月,星,天,山,海。"

了他的老营斡儿塔黑(aūrtāq)和忽儿塔黑〔k(u)rtāq〕。① 乌古思到达那里,召集了大会,他张起巍峨金帐,举行大宴。据说,这次大宴宰了九百头牝马和九万只牡绵羊。他召见了所有人的妻子、孩子、异密和将官,加以抚慰;他对[自己的]上述六个儿子尤其大加恩宠,他们曾随父征服[各]国,显示过奋勇,用剑斩杀过[敌人]。

几天以后,这几个儿子一起去打猎,找到了一张金弓和三支金箭;他们将弓箭带到父亲面前问道:"我们该怎么分呢?"[父亲]将弓给了三个大儿子,将三支箭给了三个小儿子,并吩咐说:将来出自获弓诸子的各部落,以孛祖黑(būzūq)的名号称呼之,"孛祖黑"意为"折成数段"。他用这个词做他们的称号,是因为要能分开这张弓,就必需把它折断,同时他还[命令]右翼军归属于这三个儿子和他们的后裔。

乌古思又用兀出黑(aūǰūq)一词作为他赐予箭的那几个儿子所出诸部落的称号;这个词出自"兀赤·兀黑"(aūč aūq),即三支箭;他说道:"这三个儿子和他们的后裔统辖左翼军!"他还说道:"从今以后,他们的子孙就和我[所规定]的称号有了关系,每个人都要知道出自哪一翼军队。因为右手的方位较高,所以我给他们以[相当于]帝位之弓;我又将[处于]使者等级的箭,给了来自左翼者。"据此,他为他们规定了左右两翼的全部营地,并命令道:"国君之位和作我的继承者的权利,属于孛祖黑部落;如果在我身后,长子坤仍健在,这一切都归于他;否则[及于]次子爱。"

① [前一词]* L本作 wa aūrtāq;B本作 wa bārṭāq。[后一词]* B本作 kriāq;C,I本作 kztāq。A本前文作 kztāq,见本分册汉译本133页注①。

乌古思死后，按照他的遗命，坤汗登位，在位七十年；他的父亲[乌古思]有个都督，名为额列颜吉-坚惕·额儿乞勒-火者〔arayānkī-k(a)nt arqīl-khūǰeh〕①。他作了坤汗的谋臣、宰相和执政官。有一天，他对坤汗说道："乌古思是一个伟大的君主；他征服了世界各国；有无数多的库藏、财产和牲畜；他把这一切都遗留给了你们，他的儿子们。靠神保佑，你们之中，各有了四个贵子。千万别让这些
87 儿子们以后为了国位而仇视、争吵！最好是[及时]给每人分别规定头衔、方位和名号，使每人有固定的标志和印记，好让他们将这些标志和印记，各自加在[他们的]命令、府库、马群、牲畜上；使任何人都不得互相争吵，并使他们的后裔子孙每个人都知道自己的名号和方位，这样就能使国家巩固，他们的美名长存。"

坤汗赞同了这些话，额列颜吉-坚惕·额儿乞勒-火者便对此进行了安排。于是，在六个儿子已经确定了孛祖黑和兀出黑的称号，并且分别授予左右翼军队之后，他又重新规定了他们每个孩子的称号、印记和标志，而且这二十四支中的每一支都被授以某种动物，作为他们的汪浑(aūnqūn)②。这个词出自亦纳黑〔aīn(a)q〕，

---

① B本作 ariānkī kīt azqbl；贝书作 aīkīt-arqīl。

② 又作 aūnğūn，即中古突厥语（布达戈夫、拉德洛夫和曾克尔所谓的察合台语）中的 ūīğūn，意谓（专用于牲畜身上的）标记，即牲畜所有权的标记；也指突厥部落中受尊崇的鸟（参阅布达戈夫：《突厥-鞑靼方言比较辞典》第1卷，第161页；拉德洛夫：《突厥方言词汇试编》第1卷，圣彼得堡，1893年，第1645页；曾克尔：《突厥-阿拉伯-波斯词典》第1卷，莱比锡，1866年，第132页）。这些解释显然都不适用于拉施特的这段文字；而且从这位史家的下文中可以看出，汪浑是指部落的图腾。汪浑一词在现代布里亚特语中的含义，参阅以下著作：《阿金布里亚特的汪浑》，载《俄国皇家地理学会民族志学部集刊》第34卷，1909年，第379—394页；布·埃·彼特利：《库金布里亚特的装饰》，载《苏联科学院所属彼得大帝人类学与民族志学博物馆馆刊》，第5卷第1分册，彼得格勒，1918年，第214—252页。

而亦纳黑为突厥语“吉祥”之意，因为譬如说：“亦纳黑·不勒孙！”，这就是说，祝你吉祥！有这样一种习俗，凡是做了某部落的汪浑[的动物]，他们就不侵犯它，不抗拒它，也不吃它的肉，因为他们占有它是为了吉兆。直到现今，这种意义还有效地保留着，那些部落每一个都知道自己的汪浑。

[额儿乞勒-火者]又确切规定，在节庆分食时，每个分支所得的一份，应当是什么部位的肉，以便在每一个国家和地方，适逢他们在场，宴会时，各人的一份都是明确的，免得他们为了享食而彼此争吵、彼此不痛快。这二十四个儿子的名字，起初只是他们本人的名字，[后来]各自的部落和分支也以这些名字著称，它们成了各分支的旗帜，它们将罗列于后，加以详细解释。各自所获的印记、汪浑和肉的部位，也将记在每个名字下面，以便了解。[但是，]安拉最知道！

乌古思六子后裔之名

乌古思的六个儿子（其中三个被称为孛祖黑，[另外]三个被称为兀出黑）的后人的名字，以及按照额列颜吉-坚惕·额儿乞勒-火者的规定，他们各自所获得的印记、汪浑动物和肉的部位。

右翼军孛祖黑诸部落，属于三个年长的儿子的儿子，他们各有四个儿子，[共为]十二人；长子坤汗的四个儿子[如下]：

长子——海亦（qāyī），即壮健者：[其氏族]印记 |ϱ|；汪浑—— 88

白鹰；肉的部位——右肩胛骨①。

次子——巴牙惕(bāyāt)，即慈祥者；[氏族]印记 ；汪浑——白鹰；肉的部位——右肩胛骨。

第三子——阿勒-合剌兀里〔alq(a)rāūlī〕，即到处受欢迎者；[氏族]印记 ；汪浑——白鹰；肉的部位——右肩胛骨。

第四子——合剌-牙兀里〔q(a)rā yaūlī〕，即黑帐；[氏族]印记 ；汪浑——白鹰；肉的部位——右肩胛骨。

[乌古思汗]次子爱汗的儿子四人。

长子——牙思儿(yāzr)，即多方归心者；[其氏族]印记 ；汪浑——鹫；肉的部位——右肩胛骨[大腿?]②。

次子——都客儿〔dūk(a)r〕，即"为了集会"；[氏族]印记 ；汪浑——鹫；肉的部位——右肩胛骨[大腿?]。

第三子——都儿答儿合(dūrdarǧā)，即掌国立法；[氏族]印记 ；汪浑——鹫；肉的部位——右肩胛骨[大腿?]。

第四子——牙巴儿里(yāparlī)③，即……[各抄本中均无这个名字的含义]；[氏族]印记 ；汪浑——鹫；肉的部位——大腿[?]。

[乌古思汗]第三子余勒都思汗的儿子四人：

---

① 原文作 andām gūšt；B 本作 sāgq?rī yagrīn；可译作"右肩胛"；贝勒津教授书中作 сыгыр йагыры，他译作"牛背"(而不作"牛肩胛")(贝刊《史集》第 1 卷，第 25 页)。大概这里说的是"躯干的前右部、前右肋"(这就和波斯语 andām-gūšt 较符合)。

② B 本作 ašǧlū，可能是 ašqaqlī-at "(腿)股上的肉"的讹形；此据拉德洛夫，见其《突厥方言词汇试编》第 1 卷，第 599 页。贝勒津教授将这个词译作"下肢"(前引书第 26 页)。大概是前右股。

③ B 本作 bā?gūlī；贝书作 yāīrlī；C，L，I 本作 bāīrlī。

长子——兀失儿〔aūš(i)r〕，即灵巧的人、热爱打猎放鹰者；[氏族]印记 ✕；汪浑——塔兀删只勒①；肉的部位——右肋[？]②。

次子——乞集黑(qīzīq)③，即精神刚毅、关心法律者；[氏族]印记 ✕；汪浑——塔兀删只勒；肉的部位——右[肋？]。

第三子——必克-迭里(bīk dilī)，即愿他像大人物的言辞一样 89
受尊敬；[氏族]印记 ⋏；汪浑——塔兀删只勒；肉的部位——右肋[？]。

第四子——合儿勤(qārqīn)，即愿他成为大人物和以食物使人们饱食者；[氏族]印记 √I；汪浑——塔兀删只勒；肉的部位——右肋[？]。

左翼军兀出黑诸部属于三个幼子的后裔；他们各有四个儿子，[共为]十二人。

[乌古思汗]第四子阔阔汗的儿子们。

长子——巴颜都儿〔bāī(a)ndur〕④，即愿该地区经常富有；[氏族]印记 ⊥◁；汪浑——隼(sūnqur)；肉的部位——左肋。

次子——必赤捏〔bīč(i)neh〕⑤，即愿他行善；[氏族]印记 ♆；汪浑——隼；肉的部位——左肋。

第三子——札兀勒都儿(ǰāūldūr)，即[清白]声誉远扬的正直

① 猎兔之鹰(见布达戈夫:《突厥-鞑靼方言比较辞典》第1卷，第749页 ṭūšānǰīl一词的释文，拉德洛夫:前引书第3卷，第1648页)。

② 原文作 sāğ aūbāḥeh，大概应作 sāğ aūbāqū，即"右肋"。贝书作 sīgīr aūbāheh，即"牛肺"(前引书第27页)。

③ I本作 qīrtūn；贝书作 qrīq。

④ I本同；C本作 bāyīdū；B,L本无识点。

⑤ C本作 b(?)ī(?)č(?)neh；B本作 š?ḥneh；贝书作 bǰneh。

人；[氏族]印记；汪浑——隼；肉的部位——左肋。

第四子——赤卜尼(čībnī)，即无论在何处，一见敌人，立即[与之]作战；[氏族]印记；汪浑——隼；肉的部位——左肋。

[乌古思汗]第五子塔黑汗的儿子四人。

长子——撒罗儿(sālūr)，即到处挥动剑和锤矛者：[氏族]印记；汪浑——山羊[?][1]；肉的部位——背部[?][2]。

次子——亦木儿(yīmūr)，即愿他无限善良与富有；[氏族]印记；汪浑——山羊[?]；肉的部位——背部[?]。

第三子——阿剌亦温惕乞(alāīūntkī)[3]，即愿他牲畜兴旺！[氏族]印记；汪浑——山羊[?]；肉的部位——背部[?]。

90 第四子——兀儿乞思(aūrkīz)[4]，即愿他永远行善！[氏族]印记；汪浑——山羊[?]；肉的部位——背部[?]。

[乌古思汗]第六子鼎吉思汗的儿子四人：

长子——必克的儿(bīkdīr)，即优秀、伟大、光荣者；[氏族]印记；汪浑——青鹰[5]；肉的部位——大腿[?][6]。

---

① 诸本均缺，贝书作 ūj；大概应为 örki，即"山羊"(参阅拉德洛夫：《突厥方言词汇试编》第1卷，第1288页)。

② 贝书作 aūjāileh；大概应为 aūčā，即"后部、荐骨"。"古突厥人将这一部分视为珍肴，用以宴请汗、大臣等贵人；在西伯利亚所有古墓内都发现有放在墓里作为死者食物的动物背脊骨；由此可见，动物的这一部分，在所有的突厥部落中都被视为珍贵食物"(拉德洛夫：前引书，第1卷，第1721、1722页)。

③ S本、贝书作 alāyūntlī。

④ B本作 aūrkūz。

⑤ 贝书作 čāqīr。据布达戈夫，为"捕鸽之鹰、小鹰"(《突厥-鞑靼方言比较辞典》第1卷，第460页)；据拉德洛夫，为 čāqīr dogān，即"浅灰色青鹰"(《突厥方言词汇试编》，第3卷，第1834页)。

⑥ 见汉译本本分册，第144页注②。

次子——不克都思(būkdūz)[①],即愿他为大家服务;[氏族]印记 ~;汪浑——青鹰;肉的部位——大腿[?]。

第三子——亦哇(yīweh)[②],即愿他的地位高于众人![氏族]印记 w;汪浑——青鹰;肉的部位——大腿[?]。

第四子——乞尼黑(qīnīq)[③],即到处受尊敬者;[氏族]印记↑;汪浑——青鹰;肉的部位——大腿[?]。

[但是]安拉最知道!

因为[有关他们的]记载和他们的历史,将分别著录于这部吉祥史书的补编中,所以此处不再赘言。

这些部落,由于[前已]阐明的原因,全都是一神教徒,而最高之主曾经希望,在我先知穆罕默德圣人——愿安拉祝福他!——的预定使命期间,将他们纳入伊斯兰教徒之列。最后果然如此。

在乌古思及其诸子以后的漫长时间和许多岁月中,从这些部落中出过许多君主。每个时代,都从这上述二十四支中出过威武幸运的君主。帝位长期保留于乌古思家族;君主的尊号如此长久地保留于撒罗儿的嫡支,以后又保留于[脱漏一词]一支,另几支[中也]出过受尊敬的帝王;他们每一个的传记,都将逐一载入本书补编《乌古思史》中。他们的政权和统治达到了我伊朗国,在[伊朗]各地都有许多出身于乌古思氏族的,伟大的、很著名的、受到颂扬和尊敬的君主和异密;但并非[其中]每人都知道自己[属于]乌古思的后裔。

① B本作 tūktū;C,L,I,贝书作 būkdūr。

② 贝书作 bīūh。

③ S,B本作 qīq;贝书作 qtīq。

突厥蛮人明确地知道，每个君主和异密[出自]这些部落的哪一支。塞尔柱王朝诸算端及其祖先，这些伟大和受崇敬的君主，在
91 土兰和伊朗地区统治了将近四百年，从遥远的埃及各地区直到中国边境，[各民族]都曾受其统治，他们[都出自]乞尼黑一支。他们的历史附于《乌古思史》中，也将简略地载于本书补编内。

因为畏兀儿人也属于突厥人之列，他们的营地在蒙古地区边境附近，并且本书中已提到，他们[出自]乌古思的堂兄弟，所以他们也有某些历史；其中一部分，我们将载于本书补编中。

乞台，哈剌契丹，至那(jīn)和蒙古人称为南家思、乞台人称为蛮子的摩至那(mājīn)①，以及女真等民族的历史，君临于突厥斯坦和河中的哈剌契丹诸古儿汗史的传记，算端穆罕默德·花剌子模沙与其子札兰丁及其诸部落的历史，由于[他们]既已全在成吉思汗及其氏族之盛世被战胜和消灭，残存者也已俯首听命，故关于他们的若干传记以及与本书有关的这些民族事迹的记载，都将分别载入相应之处。

因为按上述诸民族各自所述，他们各有保留在记忆中的历史，过去未曾传至我国。现在我们既已获悉了所有[这些民族的历史]，我就决定将这些[历史]补入本书中。由于如果将适当的解释和[这些民族]生活变迁的[全部]详情都记载[在本书正文中]，将会造成紊乱，在行文上也不便于理解，[因此]我未将它载入[正文]，而将它另行编入这部吉祥全史的补编中。就是这些。

① 见汉译本本分册，第89页注③。

第　二　编 92

现今称为蒙古的那些突厥部落①，但在古代，这些部落各有[其]特殊名称，各有[其]首长和异密，各曾产生过一些[宗]支和部落，如本篇中将予详述的札剌亦儿、斡亦剌惕、塔塔儿等部落。

他们的居所[禹儿惕]和营地（maqām）在一定的地方。他们的外貌和语言与蒙古人类似，因为那时[古时]，蒙古人是属于突厥诸部落的一个部落；现今则由于他们的幸运、强盛和伟大，所有其他部落都被称以他们的这个专名。

有关上述诸部落的传记，按[记录之]原样[予以介绍]。愿安拉保佑一切[叙述得]恰当！

札剌亦儿〔ǰ(a)lāīr〕部落

他们的分支和有关此部落的传记，凡将于成吉思汗纪中述及者除外。

---

① 拉施特把起源极为不同的中央亚细亚的各种游牧部落，不仅说突厥语的，甚至连说蒙古语、唐兀惕语和通古斯-满语的，都称为突厥。由此可见，我们这位史学家的突厥一词，并非民族学和语言学上的用语，而是一种社会习惯用语，即“游牧人”的意思。因此，拉施特的用语，不能用作确定某一部落起源的根据。

这个部落过去人数众多；它的各分支都有异密（amīr）［＝蒙语“那颜”］* 和首长。在成吉思汗时代和现今，在伊朗和土兰（tūrān）有很多异密出自这个部落。在斡难地区有他们的一部分营地。据说古时乞台军对这部分札剌亦儿人进行了一场大屠杀，只有少数人得以逃脱；他们在逃离之时，杀死了土敦-篾年的妻子莫拏伦（mūnūlūn），有如在他的传记中所将述及的。

札剌亦儿其他氏族对他们进行了审问：“你们为什么犯下这样的罪行？”由此缘故，他们之中一些人被杀，另一部分人则成为土敦-篾年次子海都汗及其诸子和亲属的俘虏和奴隶；［这些俘虏和
93 奴隶］，祖祖辈辈世代相传，最后传给了成吉思汗；因此，这个部落是他的斡脱古（C，I 本作 aūtkū，俄译讹译作 унгу）-孛斡勒（bğūl）。①在［成吉思汗］及其氏族时，［他们中间有许多人］各以［后文］所述的原因，成为异密和受尊敬的人。

据说，他们的禹儿惕为哈剌和林的合迪马（q(a)dīmā，俄译作 Кима）［地方］；他们是［如此地］愚忠，以致他们把奶油给畏兀儿君主古儿汗的公骆驼［食用］。由此之故，他们被称做必剌合〔b(i)lāğeh〕。这个札剌亦儿部落包括十个大支，其中每一支分别成为一个人数众多的部落；它们排列如下：札惕（ǰāt）②、脱忽剌温③、弘合撒兀惕〔q(u)nkq(a)sāūt〕④、古篾兀惕⑤、兀牙惕（aūyāt）、你勒罕

① 这个蒙语借词的含义，请参看后文，第二分册，俄译本 15 页注②。

② B 本作 hān；贝书作 ǰāīt。

③ 波斯原文标有元音符点［指 a，u，i，下同］*。S 本、贝书作 tūqrāūt；B 本作 tqrāūn。

④ B 本无识点［作 q(?)n(?)kn(?)sāūn］*；贝书作 qnkqāūt。

⑤ S 本作 kūmāūt。［集校本及 B 本作 kūmsāūt，俄译作 кумсаут。］*

(nīlqān)①、古儿勤(kūrkīn)②、朵郎吉惕(ṭūlānkqīt)、秃里(tūrī)③、尚忽惕〔š(a)nkqūt〕④。

成吉思汗时代,札剌亦儿所有各部落中,札惕人木华黎国王〔mūq(a)lī kūīānk〕,[最]为年高望重;成吉思汗的全部左翼军都对他心悦诚服;他的后裔也被称以国王的名号,[这个名称]为乞台语[指汉语]* 大汗之意。成吉思汗让他带着军队留在合剌温-只敦〔q(a)rāūnǰīdūn〕⑤的地方时,乞台人[汉人,中国北方人]* 给了他这个称号。他的儿子孛鲁(būğūl)国王,在窝阔台合罕时继承父位,而成吉思汗早已称他为孛鲁国王了。安童〔h(a)ntūn〕那颜⑥是忽必烈合罕的大异密,他派他同自己的儿子那木罕(nūmūğān)带着军队开往海都处。由于不服从于宗王们,他被擒获交给海都;过了一些时候,后者释放了他,有如[后文]所述。

在我国[即伊朗],千夫长札兀忽儿(ǰāūqūr)⑦和他的兄弟兀木黑(aūmūq)是他们[即札剌亦儿]部落的人。成吉思汗时,有个拙赤-答儿马剌〔ǰūǰī t(a)rm(a)leh〕和他的兄弟拙赤-札兀儿罕;为了他们,成吉思汗与泰亦赤兀惕人之间,以[后文]叙及的原因,曾发生过战争。上述拙赤-答儿马剌有五个儿子:忽秃黑秃(qūtūqtū)、

① L本作 bīlqān;C,B本无识点。

② C,L,I本作 kūkīr;B本作 kūkr;贝书作 kūrkīn。

③ B本作 būrī。

④ S、B本,贝书作 Snkqūt。

⑤ 大概即今位于过去张家口和乌里雅苏台之间的阿尔泰驿道上的哈喇-尼敦地区(参阅帕拉基教长撰《蒙古行纪》,第194页)。

⑥ B本作 hītūn brtān。

⑦ C,L,I本作 čārqūm;B本作 ǰārqūm andkeh;贝书作 ǰārqūm。

忽秃黑都儿〔qūtūqd(u)r〕、浑答孩〔qūnd(a)qāī〕、亦勒该(aīlkā)和额儿连(arlan)①。

忽秃黑秃诸子之中，斡勒欢〔a(u)lqūn〕在阿勒都(āldū)②万户中③当过千夫长。忽秃黑都儿诸子，在察合台〔ǰ(a)ǧ(a)tāī〕，俄译
94 讹译作(Джагай)后裔左右；他的[这些]儿子中，有一个名叫不剌兀都儿〔būlāūd(u)r〕④，曾被八剌〔b(u)rāq〕派遣出使到阿八哈汗陛下处，来请求骏马。阿八哈汗听到八剌[使者]来到的消息，就下令将他抓起来，对他说："你已经行诈来[此]，[现在]你还要撒谎!"使者答道："奴才被派遣来时，在那里并不知道有[类似这样的]事。"随即降旨将他关在帖必力思〔t(a)brīz〕狱中；他一直在那里。他的儿子之中，现在活着的有迪勒希(dīlkhī)⑤，他在只列(ǰīleh)⑥处。

浑答孩之子豁儿赤-不浑(qūrǰī būǧūn)曾任谷儿只〔g(u)rǰ(i)stān〕长官(šiḥneh)，而不浑之子帖木儿-不花(tīmūr būqā)充任宗王合儿班答〔kh(a)rb(a)ndeh〕身边的箭筒士(qūrǰī)。

亦勒该(aīlkāī)那颜是个大异密；他随同旭烈兀汗来此[伊

---

① C,L,I 本作 arkn；B 本，贝书作 arīn。

② B 本，贝书作 akeh。

③ 此处之"在阿勒都万户中"一句，显然应作如下意义的理解：蒙古诸部落、所有各宗族、氏族、阀族分为"十户"、"百户"(ǰaǧun)、"千户"(mīnggan)、"万户"(tümen)，即能提供十、百、千、万名士兵的游牧聚落群。(参阅符拉基米尔佐夫：《蒙古社会制度》，第 104 页。)

④ C,L 本作 yīlāūdr；B 本作 fūlādūdrt(?n?)āī；贝书作 pülād drnāī。

⑤ S,C,I 本作 dīlnǰī；B 本作 blḥī；贝书作 dīlǰī。

⑥ S,B 本此词无识点[作 ḥ(?ǰ?)ī(?)leh]*；I 本作 ḥīleh；贝书作 ǰnkeh。

郎]；[他是个]荣显[人物]，有十个儿子。

长子脱罕〔ṭ(u)ğān〕留在蒙古，没有来这里。这个脱罕有两个儿子：宽阇(qūnǰī)和兀鲁木(aūrūm)，他们曾来我国[伊朗]。

第二子申秃儿(šīntūr)①那颜，其诸子为：长子真秃(ǰīnktū)、次子只列(ǰīleh)、第三子只秃(ǰītū)②、第四子杭都〔h(a)ndū〕、第五子帖克捏〔t(a)kneh〕、第六子兀忽纳(aūqūnā)③。

第三子脱罕-巴术-马合儿巴合木〔tūğān bāǰū m(a)q(a)rb(a)h(a)m〕；他有两个儿子：古坛〔kūt(a)n〕和宽术克(kūnǰk)。宽术克之子名阿不-别克儿〔abū b(a)kr〕，是个千夫长，现在呼罗珊合儿班答宗王麾下。

第四子为腾乞牙带〔t(a)nkqīādāī〕④，他的儿子为亦惕浑-巴勤-克莎别赫木〔aītqūn bākīn kšūb(a)h(a)m〕⑤。

第五子秃忽(tūqū)⑥，其子为忽辛〔ḥ(u)s(a)īn〕。

第六子阿黑答失(aqdāš)，十一岁时，在同[金帐汗]别儿哥〔b(a)rkeh〕作战时被杀。

第七子札剌亦儿台〔ǰ(a)lāīrtāī〕，⑦其子合剌-不花〔q(a)rābūqā〕，为宗王亦里(? īrī)⑧的侍从。

① C本作 šnktūr；B本作 snkūr；贝书作 šīnktūr。

② B本作 ḥtū；贝书作 ḥītū(贝译作 Хайту)。

③ B本作 aqātū；贝书作 aūqātū。

④ C本作 tn(?)kī(?)qīādāī；I本作 nnkqīārāī；B本无识点；贝书作 tnkqīādāī。

⑤ 贝书作 bītqūn bālīn kšūbhm；B本同[个别字母无识点或模糊不清]。*

⑥ B本，贝书作 qūtū。

⑦ B本作 ǰlāīrbāī。

⑧ C本作 b(?，t?)ī(?)rī；I本作 bīrī；B本作 hrī；贝书作 srī(贝译作 Сури)。

第八子脱罕-不花[①]，他的儿子为札剌亦儿台、牙黑剌兀〔y(a)ğlāwū〕[②]和只兰赤(ǰīlānǰī)。

第九子兀鲁黑秃(aūrūqtū)[③]为阿八哈汗的速古儿赤〔s(u)kūrǰī〕[④]，与秃忽一同在小亚细亚(rūm)的战争中被杀。他的儿子阿黑巴勒(aqbāl)普为乞合都(kīkhātū)[俄译讹与作 Кинжату]* 的侍从。伊斯兰教君主将他定罪后，判处了死刑。

95 第十子阿黑(āq)-不花也是乞合都的大异密；被拜都(bāīdū)所杀。他的诸子为：忽辛驸马、木撒亦勒(mūsāīl)和兀敦赤(aūdūnǰī)。

这十个儿子中，有三个，即：失克秃儿(šīktūr)、脱罕和脱罕-不花，出自名叫木克伦(mūklūn)[⑤]的母亲。另一个异密札剌亦儿部人合丹〔q(a)dān〕，是成吉思汗的侍从，他有个儿子，名叫亦鲁格(aīlūkeh)[⑥]。[成吉思汗]将这个亦鲁格连同军队一起给了自己的儿子窝阔台合罕，因为他曾做过窝阔台幼年时代的看护人〔atāb(a)k〕，并对他有过父亲般的关怀。在窝阔台合罕时，[亦鲁格]受到尊重，并是一位可敬的[长者]和军队异密。据说异密阿儿浑(arğūn)之父，在饥饿贫困的日子里，将异密阿儿浑卖给亦鲁格那颜之

---

① 按 C,L,I,B 本和贝书，脱罕-不花为第十子。

② 贝书作 ǰdāīrtāī，iğlāğū。

③ 按 B 本、贝书，兀鲁黑秃为第八子。

④ 贝勒津教授将此词译作"撑伞盖者"(见其《史集》第 1 卷，第 371 页)，然而此词大概出自突厥语动词 sūğūrmaq："拔剑出鞘"，因此由它变来的现在式形动词"速古儿赤"，可能是"带刀剑的侍从"之意。

⑤ B 本作 tūklūn。

⑥ B 本作 aīlūk。

父合丹，换得了一条牛腿。当[合丹]将自己的一个儿子送到窝阔台合罕处充任宿卫①时，他把异密阿儿浑给这个儿子做亲兵。[阿儿浑]成了他的奴仆。因为[阿儿浑]是一个机敏、懂事、健谈而又聪明的人，所以他的事业很快腾达起来，于是他的地位超过了他的同辈。这故事将于斡亦剌惕之篇中奉告。

海都曾派遣一个名叫答失蛮的使者到阿八哈汗处去，他是亦鲁格那颜的儿子。亦鲁格有个弟弟，名叫额勒只带(aīljīdāī)，曾和兄长之妾(qūmā)通奸。亦鲁格要杀他，但他逃到了窝阔台合罕处。[窝阔台]替他[向亦鲁格]说情，亦鲁格便将他送给了[窝阔台]。窝阔台合罕让这个额勒只带与失乞-忽秃忽(šīkī qūtūqū)一起常侍御前，让额勒只带携带他的座椅，和失乞-忽秃忽在汗帐中行走；额勒只带学会了声律、[宫廷]礼仪和技艺，并逐渐成为受尊敬的异密。

在蒙哥合罕登临汗位时，他[额勒只带]* 说道："你们曾全体一致议决并说道：直到那时，只要是从窝阔台合罕诸子出来的，哪怕是一块[臭]肉，如果将它包上草，牛不会去吃那草，如果将它涂上油脂，狗不会瞧一眼那油脂，我们[仍然]要接受他为汗，任何其他人都不得登上宝位。为什么你们另搞一套呢？"忽必烈合罕反驳这些话，这样地答复他说："是有过这样的约言，但你们首先违背了

① 抄本原文作 kābtāūlī，而另几种本子[实际上仅贝书一种]* 作 kītāūlī，均出自 kābtāūl 一词，即蒙语 käbtäul(复数作 käbtäut)之对音，此词指八十人一队的成吉思汗宿卫。(参阅：巴托尔德，《蒙古入侵时代的突厥斯坦》第 2 篇，第 412 页，注④。该处指出贝勒津教授对 kābtāūl 一词起源的错误推测。)因此，kābtāūlī 一词意为"宿卫，夜间巡逻"。

约定、诺言和古札撒。第一，成吉思汗曾降旨道：‘如果我的宗族中有人违背了札撒，在未经与全体长幼兄弟们商议前，不得戕害他的生命。’为什么你们杀害了阿勒答鲁(altālū)①那颜？窝阔台合罕[生前]就曾说过，要让失烈门(šīrāmūn)②为君；你们为什么又热衷地把君权交给了贵由汗？”

96 额勒只带听了这些话后说道：“是啊，真理在你们方面。”这段事将另行详述。

在蒙哥合罕时代，札惕氏族的忙哥撒儿〔m(a)nkāsār〕那颜，是位大异密和断事官③之长。他的荣显腾达的缘故如下。当蒙哥合罕与其父拖雷汗率军出征钦察人之国并捕获他们时，忙哥撒儿那颜在这场战争中显示过奋勇④。蒙哥合罕将钦察贵族们交付给他，让他带走他们，送到[大汗]帐营里去。他对[这件事]很出力。[此外，]当贵由汗的后人图谋背叛蒙哥合罕时，[忙哥撒儿那颜]是最高断事官，他既不顾情面，也[不偏]心，不稍宽假，使犯人得到了惩处。蒙哥合罕出征南家思〔n(a)nkīās〕时，他也跟他一起去，并

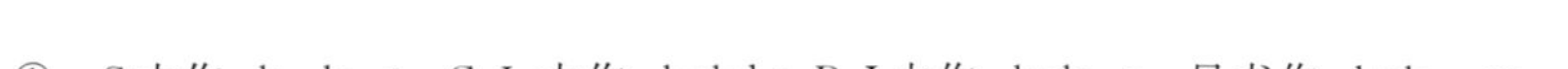

① S本作 alt alūqān；C，L 本作 altālūkā；B，I 本作 altālūqān；贝书作 altālūnqāān。

② B，L 本作 šīrmūn。

③ 波斯原文为 yārğūǰīān，即“断事官”，源于蒙语 ǰarğū——“法庭”。用符拉基米尔佐夫院士的话来说：“法庭(ǰargu)是作为封建主们掌握的防御和进攻的武器，他们亲自掌管法庭，并为它规定了从封建主阶级观点制定的纯粹‘封建性’的法律”(符拉基米尔佐夫，前引书，第 163 页)。

④ 抄本中作 kīǰāmīšī，我以为与古突厥语 kīčeh：“勤奋、努力工作”相近，所以译作“奋勇”(热衷、勤奋之意)。(关于 kīčeh 一词，参看布达戈夫：《突厥-鞑靼方言比较辞典》第 2 卷，第 174 页；拉德洛夫：《突厥方言词汇试编》第 2 卷，第 1379 页)。贝勒津教授认为此词源于突厥语动词 kīčmāk(通过)，由它派生出表示其原因的古老形式的词 kīčātmāk(在他刊布的原文中作 kīǰātmšī，被他译作“搬运、运送、运输”)。

死在那里。

在我国[伊朗],他的儿子有罕都忽儿〔h(a)ndūqūr〕那颜,蒙哥合罕曾下令派罕都忽儿编成一支万人队;他还有忽儿迷失〔qūrm(i)šī〕、燕(aīl)-帖木儿以及其他诸子。兀牙惕[①]部人斡格来〔aūk(a)lāī〕豁儿赤,曾同旭烈兀汗前来,并做了部队中的巡逻。他的儿子为阿鲁黑(ārūq)和不花;他们担任了阿八哈汗的侍从。有一次,阿鲁黑出使合罕处;他从那里带回了青印〔kūk t(a)mğā〕[②];此邦[伊朗]* 就把"速孙赤"〔sūs(u)nǰī〕[③][即掌管发放口粮的官吏——谢麦诺夫注]部门的管理全移交给了他。在此之后,根据阿八哈汗的命令,他成了异密。不花最初为掌印吏,并管理过皮毛库,在阿合马〔aḥm(a)d〕和阿鲁浑汗时,他也成了贵显异密;有关这些事的详情将另行叙述。

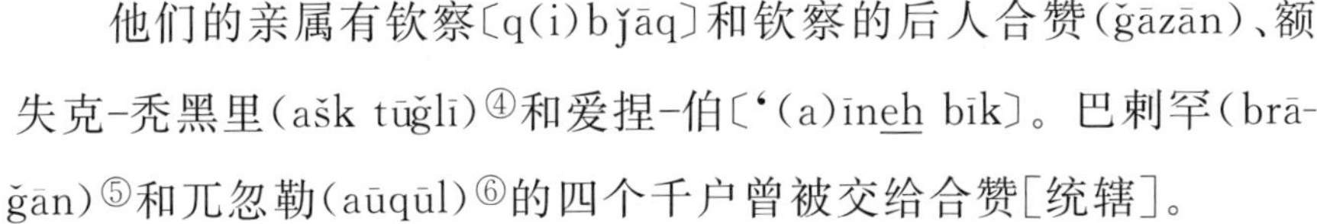

他们的亲属有钦察〔q(i)bǰāq〕和钦察的后人合赞(ğāzān)、额失克-秃黑里(ašk tūğlī)[④]和爱捏-伯〔‘(a)īneh bīk〕。巴剌罕(brāğān)[⑤]和兀忽勒(aūqūl)[⑥]的四个千户曾被交给合赞[统辖]。

---

① C,L,B,贝书作 ūyāt。

② 显系盖有汗的青印的文书。

③ 波斯原文中所用 sūs(u)nǰīān 一词,无疑即帖木儿-忽都鲁诏敕中的 šūsūnči(参阅贝勒津刊本《脱黑塔迷失、帖木儿-忽都鲁和撒阿答惕-吉烈的答剌罕诏敕》,喀山,1851 年,第 31 页,注⑬)。但在贝勒津书中却作 sūnǰīān,不知何故他竟译作"童子兵"(贝勒津《史集》第 1 册,第 40 页)。

④ B 本作 būğlī。

⑤ C,L 本作 trāğān;贝书作 brāğān(贝译作 Бoраган)。

⑥ B,贝书作 aūğūl。

97　泰只(tāīǰī)[1]和他的儿子巴勒秃(bāltū),[出身于]脱忽剌温(tūqrāūn)[2]部落和他们的氏族,曾在小亚细亚,并在那里被处死;巴勒秃的兄弟为亦昔(‘īsī,俄译作 Иса)。异密巴儿塔思〔b(a)rṭās〕,现任千夫长,也是札剌亦儿人。

在成吉思汗时代,有另一个异密名叫不儿客(būrkeh);[成吉思汗]派他同哲别(ǰabeh)、速别台(sūbātāī)[3]来到我国;他也留在河的彼岸。其子纳兀儿赤(nāūrǰī)[4],现为合罕[5]的书记官[必阇赤],而在此之前,他是帖古〔n(i)kūdār〕[6]的书记官。

在成吉思汗时,曾任[成吉思汗]近侍的所有右翼军千夫长之中,有一位巴剌〔b(a)lā〕[7]那颜。

当算端札兰丁〔ǰ(a)lāl-ād-dīn〕渡辛河〔s(i)nd〕而逃时,[成吉思汗]派他带着军队进入忻都斯坦,追赶[算端]。因为[巴剌]没找到[算端],便劫掠了忻都斯坦的一部分,回来[重新]为成吉思汗效劳。忽必烈汗时,[巴剌的]一个儿子,名叫马忽亦(māqūī),据有他的职位。从伟大合罕处来的使者阿欣〔āh(i)n〕,是他的亲属。在我国[即伊朗],曾驻于起儿漫〔k(a)rmān〕边境的千夫长兀罕(aūğān)[俄译讹译作 Учан]* 和现任侍从的那邻(nūrīn)[8]马夫[9]

---

[1] S 本作 tāīḥī;C 本作 nāīǰī;L,B 本无识点;贝书作 qāīǰū。

[2] C,L,I,B,贝书作 tūqrāūt。

[3] B 本作 sūb(?)kdāī;C 本作 sūbdāī;L 本作 sūb(?)dāī;I 本作 sūīdāī。

[4] L,B 本作 b(?n?)āūrǰī;贝书作 nādūrǰī。

[5] S,C,I 本作 qāmān;L 本作 q(?)āmān。

[6] A 本作 tkū‘dā‘r;C,L,I,B 本作 nkūdr;贝书作 nīkūdr。

[7] S 本作 blā。

[8] S 本作 n(?)ūrī(?)n;C,L 本作 nūrīq;B 本作?rqāī。

[9] 波斯原文作 akhtāǰī。关于此词,可参阅前述贝勒津刊本《脱黑塔迷失……答剌罕诏敕》一书。

两人,都是他的亲属。他有个哥哥,名叫合儿孩-合撒儿〔h(a)rqāī①-q(a)sār〕那颜,也是右翼千夫长。

成吉思汗左翼军千夫长之中,有个名叫也速儿(yīsūr)②的札剌亦儿部人;在他的儿子之中,古鲁惕(kūrūt)③曾奉使前往合罕处。左翼军里,还有弟兄俩掌管一个千户,[也]是札剌亦儿[部]人。其中一个叫兀孩-合勒札(aūqāī-qālǰā),另一个叫合剌术〔q(a)rāǰū〕。如前所述,他们是成吉思汗的老仆,比其他异密更多效劳于成吉思汗诸父。因为他们从来就有无可怀疑的权利,成吉思汗便想把他们置于大异密之列。他们不同意,并说道:"是你的父亲也速该把阿秃儿让我们看管羊群的。"由此之故,他们带领一千[士兵],看管御[羊群]。当阿鲁浑汗幼年时,曾在呼罗珊和祃椤答而〔māz(a)nd(a)rān〕做过斡耳朵异密的撒儿塔黑〔s(a)rtāq〕那颜之父撒巴(sāpā)和他的儿子合察儿(qāčār),都出自他们的氏族。据说,当篾儿乞惕部利用可乘之机抢劫了成吉思汗家室时,篾儿乞惕人曾将他的怀有术赤在身的妻子送到王汗(aūnk-khān)④处,因为当时篾儿乞惕人与王汗之间已经媾和;由于他[王汗]同成吉思汗 98

① B本作 brqāī。

② S本作 bbsūr;C本作 bīsūr;L,P,I本无识点;贝勒津译作"合儿孩〔Харкай〕那颜"。

③ S,B本作 krūt;C,L本作 kūū‘rūt;I本作 kūūrt。

④ 即指著名的基督教徒客列亦惕首领王汗,他是成吉思汗青年时代"东蒙古的头号人物"(巴托尔德,《蒙古入侵时代的突厥斯坦》第2卷,第410页),并为成吉思汗的同盟者;王汗在《马可波罗行纪》中作 Aung-khan,Unc Can,约翰神甫或伊凡教皇。此汗曾从女真政府(前述女真国)获得汉语"王"的称号,由于他帮助该政府攻打了塔塔儿人。(参阅《马可波罗行纪》米纳耶夫俄译本、巴托尔德编订,第82—86页;Frampton 和 Penzer 刊行的《马可波罗行纪》,第 XIII,51、52、58、87、187、188页。)

的父亲有老交情，而他又称他为自己的儿子，所以王汗将这位哈敦当作儿媳妇留在身边，并以纯正和同情的眼光看他。当异密们说："[你]应当娶她[为妻]"时，他回答道："她是我的儿媳，不应该用带邪念的眼光看她。"成吉思汗得知后，便派遣了[上述]撒巴，即撒儿塔黑的祖父[①]，去要回这位哈敦。王汗给他以礼遇，并[将这位哈敦]交给了他。他们[撒巴和成吉思汗之妻]动身到成吉思汗处来；在途中，术赤出世了；由于路途危险，他们不可能停下来准备襁褓；撒巴便用些面粉做成一个软面团，将婴儿裹在里面，并将它[裹着婴儿的面团]置于自己的衣襟里，小心带着，不使他的肢体受伤。婴儿被称为术赤，因为他是猝然降生的。

木华黎国王的兄弟名叫带孙（ṭāīsūn）[②]，掌管左翼的一个千户。

变勒该（aīlkāī）那颜的亲属之中，异密朵刺带（dūlādāī）为司膳[宝儿赤]；窝阔台合罕曾将他连同一个千户赐给自己的儿子阔端（kūtān，俄译讹译作 катан）。曾任守护成吉思汗四大斡耳朵的长官（šiḥneh）并掌管御前千户中的一个百户的兀勒都儿（aūldūr）豁儿赤，也是札剌亦儿部人。当成吉思汗把军队分赐给诸子时，他将札剌亦儿人的一个异密木客（mūkeh），给了察合台；其子也速儿（yīsūr）[③]，为八剌军队中的异密，人们称他为也可（īkeh）-也速儿[④]。就是这些。

---

① 与上文所说撒巴为撒儿塔黑之父相矛盾。

② B本作 ṭāsūn；贝勒津译作 Тавилсун（塔维勒孙）。

③ S，L，B本作 y(?)ī(?)sūr；I，P本作 y(?)īsur；C本、贝书作 bīsūr。

④ 贝书作 mūkeh bīsūr。

雪你惕(sūnīt)部落

以及从雪你惕部分出、被称为合卜秃儿合思①的部落〔q(a)ūm〕。

合卜秃儿合思部人[C,L,I,P 本作 qbtrqs,应即《秘史》第 47 节之合卜秃儿合思氏,俄译讹译作 кабтарун]* 在我国[伊朗]很少。但是,从合罕、海都和脱脱(wa tūqtāī)②各兀鲁思带来的蒙古人的仆夫中,有些人是这个部落〔q(a)ūm〕的人。有很多异密为雪你惕部人。在成吉思汗时,他的一个箭筒士[豁儿赤]为绰儿马浑(ǰūrmāğūn)。成吉思汗去世后,也可(īkeh)、哲别和速别台(sūbātāī)来到伊朗,取道铁门关〔tīmūr-q(a)h(a)lqeh〕③回师,来 99
到窝阔台合罕处拜见了④他,窝阔台任命绰儿马浑为四万军队的列失格儿-探马〔l(a)šg(a)r-t(a)mā〕⑤,派赴我方[伊朗]* 。列失

① B本作 qīrūn;贝书作 qīrqīn。[苏联波斯文集校本正文作 qbtrūn。——汉译者]*

② B本作 wa beh ftāī;C,L,I本缺;贝书作 wa beh qtāī(贝译作"和在中国")。

③ B本作 tmūr-qhlqā;P本作 t(?)īmūr-qhlqā;贝勒津大概是遵从卡特麦尔《蒙古史》(第 146 页)而译作"穿过打耳班(铁门关)"(贝译《史集》第 1 册,第 44 页)。布列什奈德认为 Timur kahlakah 即伊犁北面、源出于赛里木湖的一条小山涧塔尔喀河(伊犁河右岸支流)出口处的塔尔喀隘(见《中世纪研究》第 1 卷,第 69 页,注⑰,⑯,㊾;第 2 卷,第 35 页,注㊸)。

④ 波斯原文作 ūlǰāmīšī,出自突厥语动词 ūlǰāmaq,意为对长者行礼,即"以一膝跪地,一手加额,然后近前去吻受礼者之膝"。(见拉德洛夫,《突厥方言词汇试编》卷 I,第 1093 页)形动词末尾的波斯字 ī 表示派生而成的名词。

⑤ 从拉施特的这段文字可知:"探马"一词,十分明确地表示作为镇戍军派赴某地长期驻守的蒙古兵团,因而这种军队的统率者(列失格儿-探马)也就脱离了中央军队的编制(万户、千户、百户)。[此处俄译有误。"列失格儿"为波斯语"军队"的意思,"列失格儿-探马"即"探马军"。此句据波斯原文应译作:"窝阔台将四万军队的探马军委派给绰儿马浑。"——汉译者]*

格儿-探马，也就是被指派[统率]从各千人队、百人队中抽出人来组成的军队，派赴某地区，让[他同托付给他的军队]在那里长期驻扎者。千夫长和万夫长中的一些大异密，曾和他一起来到。尽管这些异密出自其他氏族，我们在这个部落分支[的记载]中也略提一下。但是，因为异密[绰儿马浑]的生平事迹自成一篇故事，既然谈到了他，我就在这里详细地叙述一下。

这支军队里，有个万夫长别速惕部人拜住(bāīǰū)①那颜，是哲别的亲属。绰儿马浑死时，合罕任命拜住继任他的职位。当旭烈兀汗来到我国时，拜住在攻占报达〔b(a)ğdād〕[之役]中，显示出特殊的英勇；旭烈兀汗赐以良好的牧地，封[他]为万夫长。他死后，他的儿子额迭克(adāk)②掌管了父亲的万人队；额迭克死后，阿鲁浑汗将他的万人队的一部分转交给忽巴台〔q(u)bātāī〕③-不剌勒吉(būrālğī)④统辖，⑤另一部分则交给了额失克〔aš(i)k〕-秃黑里〔t(u)ğlī〕的兄长札剌亦儿人合赞。在他们之后，乞合都(kīkhātū，俄译作 Кайхату)汗将[这支军队]交给了上述合赞的兄弟爱捏伯〔aīneh-b(a)k〕⑥。当他与速客(sūkā)⑦勾结时，伊斯兰教君主合

---

① S，I 本作 b(?)ābǰū；C 本作 tāī(?) ǰūī；L 本作 b(?)āī(?)ḥūī；B 本作 bālḥūr。

② S，C，L，I，P 本作 āwāk。

③ I 本，贝书作 qīātāī。

④ B 本作 būrālqī；贝书作 būrālğī。

⑤ 波斯原文作 tūsāmīšī；贝勒津教授认为大概源于动词 tuzmak，即“整顿、建立”(贝译《史集》，第 231 页，注㊹)。但另外还有一个动词 tūsāmak，“注视，瞄准，警备”，由此词派生的形动词 tūsāmīš，在文法方面完全符合于上引的 tūsāmīšī。

⑥ B 本作 tām(ī)neh-bīk；P 本作 beh an(?)t(?)eh bk；贝勒津译作 Айнабек。

⑦ S 本作 sūkl；C，L，I 本作 sūkeh。

赞汗便处死了他，将这支军队授予额迭克的儿子速剌迷失（sūlāmīš）；但因为［后者］叛变，所以［合赞汗］也将他处死，而将［他的］万人队中的一支千人队转交给不花-马撒儿〔būqā-m(a)sār〕[①]，其余的［千人队］，则授予另外某些人。

万夫长之中，有另一异密豁罗剌思人也可-也速儿（yākā-yīcūr）[②]。在成吉思汗时，他是位受尊敬的大异密，［成吉思汗］经常和他来往。

他们来到我国后，也可-也速儿就长期掌管自己的千人队。在 100
他之后，他的儿子火者（khūāǰeh）[③]那颜据有他的职位。火者那颜的儿子为秃纳（tūnā）和木剌合儿〔mūlāq(a)r〕，［两人］都是千夫长；秃纳的儿子为秃剌秃驸马（tūratū-kūrkān）、牙鲁剌（yārūlā）[④]和忽儿迷失（qūrmšī）。他们都被处死，因为在阿鲁浑汗［死］后，他们曾与［另一些］异密一起叛变。另一万夫长为灭里沙〔m(a)l(i)k-šāh〕；当时征集了一支由畏兀儿人、哈剌鲁人、突厥蛮人、可失哈儿人和苦叉人组成的军队，交给他［统率］。他死后，他的职位转归他的儿子罕都罕黑〔h(a)ndūǰāq〕。［罕都察黑］无故杀害了忽木〔q(u)m〕[⑤]的领主，因此，异密阿儿浑，按照蒙哥合罕的一道诏书，将他处死于徒思（ṭūs）[⑥]城门之前，他的家属则被分配给成吉思汗

① C，L，I，P 本作 būqāǰār；B 本作 b(?)qāǰār；贝书作 tūqāǰār。

② C 本、贝书作 īkeh-bīsūr；L 本作 īkeh-y(?b?)ī(?)sūr；B 本作 y(?)āksūr。

③ C，L 本和贝书作 ǰūǰeh（贝译作 джуча）；I，P 本作 khūǰeh。

④ B 本，贝书作 bārūlād；I 本作 bārūlā；P 本作 y(?b?)ārūlād。

⑤ 忽木是伊朗的城市，在德黑兰至亦思法杭途中，不久前，忽木犹为伊朗的第二宗教中心。

⑥ 徒思为伊朗最古老的城市；现已不存在，其遗址在麦什赫特东南 25 公里处。

四子的后裔。[罕都察黑的]职位，被授予了他的兄弟撒剌儿伯(sālārbīk)。乞惕(kīt)①-不花对埃及作战被杀时，他与他在一起，但他逃了回去。因此旭烈兀汗将他定罪处死，而将那些千人队授予其他异密。现今巴兀勒答儿(bāūldār)②[统辖]其中的一个千人队。

与绰儿马浑同来的千夫长之中，有些人至今还很著名。[其中之]一为小亚细亚(rūm)千夫长合剌-也速迭儿(yīsūdr)-撒里只(sārījī)③的父亲；另一个为明-亦客忒迷失(mīnk-aīkāmīš)④，他有一个儿子阿里-巴黑失〔'(a)lī-b(a)khšī〕，曾掌管一千畏兀儿人，另一异密为额思客(askeh)那颜；他死后，他的亲属绰儿马(ǰūrmeh)那颜据有他的职位。他的儿子为乞勒的该〔k(ī)lt(ī)kāī〕⑤和塔海〔ṭ(a)ğāī〕。另一异密阿鲁剌惕部人察合台〔ǰ(a)ğ(a)tāī〕，为箭筒士[豁儿赤]长，是孛斡儿臣(būğūrǰīn)那颜的亲属。他被邪教徒[亦思马因派]用刀杀死。他的儿子为都剌带(dūlādāī)札鲁忽赤、拜-帖木儿、合剌-不勒罕[būlğān]⑥和撒儿塔黑台[s(a)rtāqtāī]。都剌带的儿子为阿失黑(ašīq)⑦-帖木儿；拜-帖木儿的儿子为秃黑(tūq)-帖木儿。上述合剌-不勒罕做过千夫长和断事官。秃丹

① B本作 kīn(?)tū；I本作 kbt；贝书作 kīt。
② B本作 bāūkdhāz；L本作?ūldār；贝书作 bāūldār。
③ C,I本作 yīsūdr-sārīkhī；L本作 y(?)ī(?)sūdr-sārī(?)ḥī；贝书作 sūdrsārīǰī。
④ C,L,I本作 aī kātmīš；B本，贝书作 aī kātmš；P本作 aī kātmtš。
⑤ P,B本作 klt(?)kāī；贝书作 kltkāī (贝译作 Килткай)。
⑥ B本作 tūlğān。
⑦ I本作 ašīw；P,B,贝书作 ašq(贝译作 Ашак)。

(tūdān)和秃忽(tūqū)在小亚细亚作战时,埃及人捉住了撒儿塔黑台,并且将他带到了那边去[即到埃及去]。

另一异密为小察合台;由于当时察合台[成吉思汗之子]死去,禁用其名,此后[小察合台]就被称为雪你台〔sūn(i)tāī〕,因为他是雪你惕部人。起初,他是个千夫长,[但]在秃合察儿(ṭ(u)ğāǰār,俄译作 Тукучар)之父忽秃(qūtū)-不花那颜死后,雪你台继任他的职位。他的儿子为额篾克臣〔am(a)kǰīn〕①把阿秃儿和塔海〔ṭ(a)ğ- 101
āī〕。额篾克臣的儿子为不剌勒吉(būrālğī)和泰(tāī)②-不花,不剌勒吉的儿子则为者卜列亦勒[ǰ(a)br(a)īl]和米合亦勒(mīkāīl)。雪你台死后,他的职位给了忙忽惕部人忽都鲁沙那颜之叔忽勒忽秃(hūlqūtū)-豁儿赤,阿鲁浑汗时,又转授给秃合察儿。伊斯兰君主合赞汗赐予阿剌都(aladū)③管理。还有许多别的异密是雪你惕部人。例如,在成吉思汗时代有个名叫帖木儿的异密;他有个兄弟燕(al)-帖木儿宝儿赤(bāūrǰī)④,属于成吉思汗的大皇后、[他的]四个儿子的母亲孛儿帖旭真(būrteh-fūǰīn)⑤的大帐,他曾掌管御前千户中的一百士兵。

① A 本缺,此名系我用后行补入。B 本、贝书作 īlǰīn;C,L,P 本作 amkḥīn。

② B 本作 bāī。

③ A 本原文(标有元音符点)作 aladū。贝勒津改作 ūldār,并译全句为“伊斯兰君主赐予兀勒答儿管理”(贝译《史集》第 1 卷,第 481 页),但不明白管理什么?

④ 宝儿赤看来是指一种宫廷官职,即在以食物进呈于汗之前,先在御厨房里品尝其味者,或指进呈食物于汗的御厨师。据潘克福说,在古蒙文中,“宝儿赤”一词意为厨师。(参阅贝勒津:《脱黑塔迷失……答剌罕诏敕》,第 31 页。)

⑤ 即孛儿帖夫人。汉语“夫人”一词,通过蒙古人转到伊斯兰教作家笔下而成为 qūǰīn。(参阅布达戈夫:《突厥-鞑靼方言比较辞典》第 1 卷,第 790 页。)

在同一时代，右翼[军]中有另一个异密，名叫斡格来扯儿必〔aūk(a)l(a)ī-ḥūbī〕①，左翼中有个名叫帖木迭儿〔t(a)mūd(a)r〕那颜，是成吉思汗的箭筒士；他有个身材特高而又机灵的儿子。在蒙哥合罕时，他被称为"有福气的豁儿赤"〔m(u)bār(a)k-qūrǰī〕；他的性格有些软弱，因此才被取了这样一个诨名。额篾克臣〔am(a)kǰīn〕②和不忽带马夫〔būq(u)dāī-aqtāǰī〕，是帖木迭儿那颜的后人和亲属。生活在阿八哈汗之世的亦鲁坚-札撒兀勒(aīlūkān-ǰāsāūl)③，是雪你惕部人。现今所知道的就有这么些[人]。

塔塔儿(tātār)部落

他们的名称自古以来即闻名于世。从他们分出了许多分支。该部落共有七万户。

他们的游牧区、宿营站和禹儿惕的地点，均按氏族和分支[明确]规定，邻近乞台地区[即汉地，指中国北方内地]* 边境。他们的根本居所[禹儿惕]，是称做捕鱼儿-纳兀儿(būīr-nāūūr)④的地方。他们在大部分时间内，是向乞台皇帝[指统治中国北方的辽金皇帝]* 称臣纳贡的民族；其中一部分经常起兵作乱，乞台君主装备了军队来对付他们，并一再迫使[他们]臣服。

他们相互间也敌对不和，这些部落间的战争长年持续，并且发

① C本作 ḥbrīī；L本无识点；I本作 ǰrīī；B本作 ḥrnī；P本作 ḥīrīī；贝书作 ḥrbī。

② B本作 aīlǰīn；I，S本作 amkḥīn；贝书作 ankǰīn(贝译作 Ункчин)。

③ 札撒兀勒或牙撒兀勒，即成吉思汗诏令札撒的执行者。

④ 即捕鱼儿海子或贝尔池，蒙古东北部的一个湖(参阅汉译本本分册前面第122页，注①)。

生过大战[1]。据说，塔塔儿、朵儿边、撒勒只温（sālǰīūn）和合塔斤[2]诸部联合在一起时，他们全都住在几条河的下游。这些河汇流成昂可剌-沐涟（anqūreh-mūrān）河[3]。这条河非常大；河上住着被 102
称为兀速秃-忙浑〔aūsūtū-m(a)nkqūn〕的蒙古部落。［其分布区的］边界，现今同……［脱漏一国名］接壤。该河邻近一座名为康合思[4]的城，并在那里与谦河[5]汇流。这座城属于乞儿吉思地区。据说，这条河流入海滨地区。［那里］到处是白银。这个地区名为：阿剌黑臣［集校本作 alāfḥ̣ īn，系 alāqč̌ īn 之讹写］*、阿都坛（adūtān）、忙古〔m(a)nkkū〕和巴剌兀儿难〔b(a)lāūrnān〕。据说，他们［当地人］的马全都毛色斑驳（alā）；每匹马都健壮得如同四岁的骆驼；［居民的］一切器皿用具都是银制的。禽类很多。

唆儿忽黑塔尼别吉〔sīūrqūqt(a)nī-bīkī〕[6]曾派遣三个异密带着一千个人乘坐一条船［前往该国］，那三个异密是：客儿朱古儿〔k(a)rǰūkūr〕部落的统黑里黑（tūnkqlīq）、合剌-秃惕〔q(a)rā-tūt〕部落的别克术（bākǰū）和……［脱漏一词］部落的蒙忽儿-希惕纳〔mūnkqūr-hī(?)tn(?)eh〕。他们将很多银子［从该国腹地］运到岸边，但未能装上船。这支军队中，有三百多人没有返回，留下的人

① 圆括弧中全部后文，均为贝勒津教授刊本《史集》（第 1 卷，自第 49 页起）所无。

② 最后一词波斯原文未标识点。

③ 大概是指安加拉河在从贝加尔湖流出处所接纳的几条左岸支流。

④ A 本中此词［缺识点］*，写作 q(?)n(?)qās。

⑤ 显然是指叶尼塞河。安加拉河以上通古兹卡河的名称注入叶尼塞河。叶尼塞河在其发源地被称为乌鲁谦和谦奇克（即大谦河和小谦河）。现今叶尼塞斯克城即在安加拉河和叶尼塞河汇流处稍北。

⑥ 拖雷汗的长妻，蒙哥合罕的母亲，客列亦惕王汗的侄女，女基督教徒。

都死于瘴气和潮湿。[但]三个异密都顺利归来,[后来]活了很久。

这个部落[塔塔儿]以好动刀子驰名,他们由于缺乏协商精神和粗野无知,彼此象曲儿忒人(kurd)、舒勒人(šūl)和富浪人〔fr-(a)nǰ〕那样地毫不客气地亮出刀子和马刀来。在那个时代,他们还没有现今存在于蒙古人中间的法律[札撒];他们的天性中充满仇恨、愤怒和嫉妒。如果以他们人数之多,他们彼此同心同德而不敌对,那么乞台人等其他民族以及任何一种生灵,都不能同他们对抗。尽管种种敌对和纷争盛行于他们中间,他们在远古的大部分时间内,就[已经]是大部分[蒙古]部落和地区的征服者和统治者,[以其]伟大、强盛和充分受尊敬[而出类拔萃]。

由于[他们]极其伟大和受尊敬的地位,其他突厥部落,尽管种类和名称各不相同,也逐渐以他们的名字著称,全都被称为塔塔儿[鞑靼]*。这些各种不同的部落,都认为自己的伟大和尊贵,就在于跻身于他们之列,以他们的名字闻名,正如现今,由于成吉思汗及其宗族的兴隆,由于他们是蒙古人,于是各有某种名字和专称的[各种]突厥部落,如札剌亦儿、塔塔儿、斡亦剌惕、汪古惕、客列亦惕、乃蛮、唐兀惕等,为了自我吹嘘起见,都自称为蒙古人,尽管在
103 古代他们并不承认这个名字。这样一来,他们现今的后裔以为,他们自古以来就同蒙古的名字有关系并被称为[蒙古],其实并非如此,因为在古代,蒙古人[不过]是全体突厥草原部落中的一个部落。由于神恩[降临]到他们方面,也就是说,从蒙古部落中肇兴了成吉思汗和他的氏族,并且从他们产生出许多支系,特别是约在三百年前从阿阑-豁阿之世以来,产生出了人数众多的一个分支,其诸部称为尼伦并受到尊崇,[这样,]一切部落才全都以蒙古部落著

称，尽管在当时，其他部落并不被称为蒙古人。

因为他们的外貌、形状、称号、语言、风俗习惯和举止彼此相近(尽管在古代，他们的语言和风俗习惯略有差别)，现在，甚至连乞台、女真[①]、南家思、畏兀儿、钦察、突厥蛮、哈剌鲁、哈剌赤等民族，一切被俘的民族，以及在蒙古人中间长大的大食族(tāzīk)，都被称为蒙古人。所有这些民族，都认为自称蒙古人，对于自己的伟大和体面是有利的。在此之前，由于塔塔儿人的强盛，也有过同样的情况，并且由于这个缘故，[至今]在乞台[②]、印度〔h(i)nd wa s(i)-nd〕，至那和摩至那[③]，乞儿吉思人、客剌儿人(klār)和巴失乞儿惕人之国，在钦察草原，在[其]北方的各地区，在阿拉伯诸部落中，在叙利亚、埃及和摩洛哥〔m(a)ǧr(i)b〕，一切突厥部落还被称为塔塔儿[韃靼]*。

声誉昭著、各有军队和君长的塔塔儿部落，有下列六个：秃秃黑里兀惕(tūtūqlīūt)-塔塔儿[④]、阿勒赤(alǰī)[⑤]-塔塔儿、察罕〔ǰ(a)ǧān〕-塔塔儿、奎因(kūīn)-塔塔儿、帖烈惕〔t(a)rāt〕[⑥]-塔塔儿、不鲁恢(brqūī)[⑦]-塔塔儿。秃秃黑里兀惕部是[所有]塔塔儿部落中最受尊敬者。

① 女真，见汉译本本分册，前面第114页注⑤。

② 关于"乞台"一词的含义，见汉译本本分册，第89页注③。

③ 见汉译本本分册，第267页注④。

④ A本作 tūtūqlnūt；[S本作 tūtūq(?)lnūt]*；C本作 tūtū? lnūt；I本作 tūt(?)ūq(?)ltūt；B本、贝书作 tūtūqlīūt。

⑤ 贝书作 anǰī(贝译作 анчи)。

⑥ L本、贝书作 nrā't；A本作 trāt。

⑦ C本作 yūqūī；B本作 nrqūī。

有这样一种习俗：凡出身于这个部落的人，如果他是男人，他就被称为秃秃黑里台（tūtūqlītāī），如果是女性，则称为秃秃黑里真（tūtūqlīǰīn）。阿勒赤-塔塔儿[部落]的，[称为]阿勒赤台（alǰītāī）和阿勒真（alǰīn）；奎因-塔塔儿部落的，[称为]奎台（kūītāī）和奎真（kūīǰīn）；帖烈惕部落的，[称为]帖烈台〔t(a)rāt(a)ī〕①和帖烈兀真〔t(a)rāūǰīn〕②。

尽管这些部落相互间发生过许多战争和冲突，他们经常互相屠杀、蹂躏和抢劫，但有时他们也同蒙古诸部发生纠纷和战争。在这种情况下，[塔塔儿诸部]就联合在一起。由于以下原因，[塔塔儿人和蒙古人之间]产生了古老的血仇：在合不勒汗做蒙古汗的时候，（大多数乞牙惕部落都出自他的氏族，蒙古尼伦诸部都是他的

104 堂兄弟，而其他蒙古分支，其中各支在他之前就以自己专有的名号著称，全都是他的叔伯和祖辈，由于与他有亲属关系和友谊而[被看作他的]朋友和同盟者，一有袭击和[不幸]事件，他们就会成为他的协助者和保卫者），合不勒汗的妻子弘吉剌惕部人合剌-里忽〔q(a)rā-l(i)qū〕③的兄弟赛因-的斤〔sāīn-t(i)kīn〕患了病。为了治疗[赛因-的斤]，请塔塔儿人[派来]一个名叫察儿乞勒-讷都亦〔č(a)rq(i)l-nūdūī〕④的珊蛮。他来施行了一次巫术⑤，赛因-的斤却

① C本作 trūātīn；L本作 trūātn；I本作 trāūtī；B本作 t(?)rāwīn；贝书作 nrātī。

② S，B本作 nrūā?ǰīn；C本作 tūr(?w?)āǰīn；L本作 tūāḥīn；贝书作 narāǰīn（贝译作 нерэчин）。

③ C，L，I本作 qūāqūlqūā；B本、贝书作 qūāqūā。

④ I本作 črql-nūdī；B本作 ḥrql-būdūī；贝书作 ǰrql-būdūī。

⑤ qāmlāmīšī k(a)rd。

死了。珊蛮被痛打了一顿，才被打发回了家。后来，赛因-的斤的兄弟们又去杀死了这个珊蛮(qām)察儿乞勒。

因此，塔塔儿人同蒙古人成了仇敌，而合不勒汗的儿子们，由于[他们]同赛因-的斤的义兄弟-姻亲之谊①，必须和应当来帮助他的部落。由此，他们同塔塔儿人之间发生了仇视、敌对和战争，他们一再打仗。

双方无论何时一有可乘之机，他们就彼此屠杀和抢劫。这些战争和纠纷长年持续。起初，由于将在泰亦赤兀惕部落分支[历史]中予以阐明的那个原因，塔塔儿人利用可乘之机，捉住了俺巴孩汗〔h(a)mb(a)qāī-<u>kh</u>ān〕②。俺巴孩汗是泰亦赤兀惕人的君长，而泰亦赤兀惕人起源于合不勒汗诸侄。由于塔塔儿人知道乞台皇帝曾受辱于合不勒汗，因为合不勒汗杀死过他的使者和亲兵[那可儿]，——正如《合不勒汗纪》中所述者，——[皇帝]对合不勒汗以及全都是他的亲属并与他同心的蒙古人怀有恶念，对他们的仇恨已[深]印于皇帝心中，而塔塔儿人正在他的统治之下听命于他，他们便把俺巴孩汗送到了他那里去。此外，他们自己对俺巴孩汗也怀有旧仇，因此才作出这样粗鲁坚决的决定。乞台皇帝下令用铁

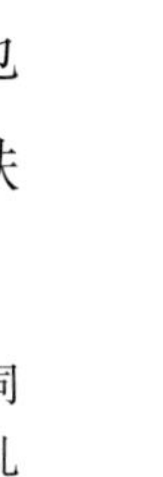

① 波斯原文作 andā-qūdāī。对于前一词应当注意到，在蒙古人中“通常属于不同氏族(即便是相近的但总还是不同的氏族)的两个人，彼此结盟友好，并且照例交换礼物后，他们就成为安答、即‘义兄弟’了，这是一种古老的蒙古习俗”(符拉基米尔佐夫：《蒙古社会制度》，第 60、61 页。)第二词是由蒙语 huda(�株靼语 qudā)即“亲家”加波斯语名词词尾 ī 而成。因此，这两个词连在一起可以译作“义兄弟-姻亲(或亲家)之谊”。后一词的起源，与古代蒙古人的如下情况密切联系：他们称异氏族人为“札答”，但在异氏族中有他们的妻方亲属(törküd)；这些氏族成员，已可不被看作异氏族人，而被尊称为“忽答-亲家”(符拉基米尔佐夫，前引书，第 59、60 页)。

② B 本作 hampāī-qāān；C 本作 hamīqāī-<u>kh</u>ān。

钉将俺巴孩汗钉到“木驴”上。[俺巴孩汗]说道：“是别人捉住了我，又不是你；你这样厚颜无耻地对待我，既不体面，也不值得夸奖，是很不高尚的。蒙古诸部全都是我的亲属，他们将要竭力[为我]向你复仇，你的国土将因此不得安宁。”

105 阿勒坛汗①不听这些话，把俺巴孩汗钉上了“木驴”②，于是他就被钉死了。[皇帝]把他的一个名叫不剌合赤〔b(u)l(a)ğ(a)ǰī〕的那可儿放回了家。那人把[发生的]噩耗带给了蒙古人。后来，忽图剌汗〔qūt(u)l<u>eh</u>-<u>kh</u>ān〕率领蒙古军队去同乞台皇帝打仗，劫掠了[他的]国家。这段事将详述于《合不勒汗纪》中。

又一次，塔塔儿部找到机会，捉住了合不勒汗的长子、乞牙惕-禹儿勤部的祖先斡勤-巴儿合黑③，将他送到阿勒坛汗处，让他将他钉在“木驴”上杀死。以此之故，蒙古诸部对乞台皇帝的仇恨更增强了，直到成吉思汗时，他们经常互相作战。双方都曾出征对方，进行屠杀和抢劫，[直到]最后，有如成吉思汗及其兀鲁黑[子孙、宗族]* 纪传中所述，成吉思汗把塔塔儿诸部和乞台皇帝全都作了[自己]宝剑的饲料，使他们全都成为弱者和自己的俘虏，并把

---

① “阿勒坛汗”(此处及后文均同)并非当时在位的中国皇帝的专名，而是蒙古人对中国君主的通称，这个名称和当时统治北中国(“乞台”)的金朝相联系。突厥-蒙古语“阿勒坛汗”(金主)完全与此相当。(见巴托尔德编订的米纳耶夫译本《马可波罗行记》，第 161 页，注②。与此相关的详情，见本卷第 2 分册。)

② 阿·克·鲍罗弗科夫教授提出过一种看来十分成功的推测，认为“木驴”(<u>kh</u>ar-i čūb，<u>kh</u>ari čūbīn)一词，是突厥语 yağač-eškek，指“板凳”而言的“木驴”一词的直译。与此类似，在 16—17 世纪俄国肉刑语汇中也有“架在山羊上鞭打”、“架在木马上鞭打”的说法。

③ B 本中前一词作 aū? kī(?)n；后一词在 S 本中作 trfāq；C，L 本作 trqāq；I 本作 brqāq；B 本作 b(?)rqān；贝书作 brqān(贝译作 Бурхан)。

他们全体和那个地区置于自己的统治和号令下为止，有如我们今天亲眼所见的。在各个时期内，各个蒙古君主和塔塔儿人的君长进行的战争中，有些次可以提一下。

有一次是这样的。塔塔儿人的一个名叫篾帖儿(matar)[①]的君主，与合不勒汗的儿子合丹(qadān)把阿秃儿交战。在第一个回合中，合丹把阿秃儿就用矛击中了他和他的马鞍，将他连马一起打翻在地。尽管篾帖儿受了伤，却并未受伤死去，但他病了许久。病愈后，他又出战[蒙古人]。合丹把阿秃儿再次用矛猛刺到他的背上，矛刺穿了他的背脊，因此篾帖儿当场毙命；他的军队成了[蒙古人]的虏获物。这段故事将详述于合不勒汗及其诸子纪中。

另一次这样的[战争]，[是]在成吉思汗时。虽然成吉思汗以前也曾与塔塔儿人打过仗，[但是，有一次]，他遇到好机会，战胜了他们，歼灭了他们许多人，把他们洗劫一空。这件事经过如下：以篾兀真(mūǰīn)[②]-薛兀勒图〔s(au)ltū〕[③]为君长的某些塔塔儿部
落，向乞台皇帝阿勒坛汗开战，不愿臣服于他。乞台皇帝装备了一 106
支军队，以其大异密丞相(ǰīnksānk)为统帅，派遣来与塔塔儿人作战；塔塔儿人无力抵御乞台人，便仓惶退却溃逃。成吉思汗得知此事后，便乘机率领其身边的军队出征，袭击他们，打死了许多[塔塔儿人]，抢光了他们所有的一切。大家知道，在这次战争中夺得的战利品中，有一具银摇篮、一条绣金床单和各种其他财物，因为塔

① 波斯原文标有元音符点(贝译作 Мотор)。

② C,L本作 mūḥīn。

③ I本作 sktūr。

塔儿部是当时所有游牧人中最殷实、最富有的部落。这以后，上述篾兀真-薛兀勒图的儿子阿剌黑-兀都儿(alāq-aūdūr)①，和他的兄弟乞儿乞儿(qīrqīr)②太师，与蒙古族各部落以及[与蒙古人结盟的]其他部落联合在一起，共同对成吉思汗作战，有如本纪中所述。

当最高真理使成吉思汗强大起来，当他战胜了他所有的敌人如合塔斤、撒勒只兀惕、泰亦赤兀惕和朵儿边部，客列亦惕君主王汗，乃蛮君主太阳汗、古失鲁克(kūšlūk)汗，篾儿乞惕君主脱黑塔别乞以及其他敌人时，经常援助这些部落的塔塔儿人已经衰落了；但因为他们是成吉思汗及其父祖的凶手和敌人，所以他下令对塔塔儿人进行全面屠杀，在札撒规定的限度内，一个活的也不留，妇女和幼儿也要杀掉，孕妇剖腹，为的是将他们消灭干净，因为他们[塔塔儿人]是叛乱的根子，曾歼灭掉与成吉思汗相近的许多部落和氏族。任何人也不可能庇护该部落或隐匿其中的[任何人]，或使其中少许幸存者出头露面。

但是，在成吉思汗强国的初年以及以后，每个蒙古和非蒙古部落都曾给自己和自己的氏族[娶过塔塔儿]姑娘，而且[还将自己的姑娘]出嫁给他们。成吉思汗也娶过他们的姑娘，因为他的妻子之中，也速伦(yīsūlūn)③和也速干(yīsūkāt)④是塔塔儿女人；成吉思汗的长弟拙赤-合撒儿也从他们娶过妻子；很多异密也娶过塔塔儿姑娘。由于这个缘故，他们暗藏了一些塔塔儿孩子。成吉思汗曾

① 前一词B本作alān，贝书作aūlān(贝译作Олан)。后一词I本作dūr。

② S，I本作qīrqīz；B本作ṣūqtū；贝书作qtūqtū。

③ I本作'īsūl(?)ūn；B本作bīsūlūn；贝书作mīsūlūn。

④ S本作y(?)ī(?)sūkāt；I本作y(?)īsūkāt；B本作bīsūkāt；贝书作mīsūkāt。

交给拙赤-合撒儿一千个塔塔儿人,让他把他们全部杀掉。[拙赤]为了自己的妻子和出于对[濒死者]的同情,杀掉了其中五百个,而隐藏了[其余]五百人。后来,[这个情况]被成吉思汗知道了,他对拙赤-合撒儿大发雷霆,并降旨道:“拙赤-合撒儿所犯的罪过中,这是一条。”他还有二、三条其他的罪过,将于他的传记中记述。

归根到底,在成吉思汗对塔塔儿部落发怒并消灭了他们之后,
[他们仍然]有一些人各以某种原因留存于各个角落;躲藏在斡耳 107
朵里和诸异密及其塔塔儿部妻子们家里的孩子们,被抚养了起来。有些幸免的[塔塔儿]孕妇,生下了孩子;[因此,]现今被认作塔塔儿的部落,都出自他们的兀鲁黑[氏族、后裔]* 。这些[塔塔儿]人中,无论在成吉思汗时或在他以后,都有一些人成为尊贵的大异密和斡耳朵里的国家当权人物①;斡脱古-孛斡勒[俄译据贝书讹译作 унгу-богульство]* ②的地位适用于他们。

这以后直到今天,在各斡耳朵和各兀鲁思中,都出过[塔塔儿部的]大异密。有时也把成吉思汗氏族的姑娘嫁给他们,或从他们处聘娶[新娘]。在各兀鲁思中也有许多这个部落的人,他们没有成为异密,然而参加了[蒙古]军队:他们之中每个人都知道,他出自塔塔儿的哪一支。

在成吉思汗时代成为贵人和异密并受过他和他的妻子们的抚

① 波斯原文为 m(u)ʻt(a)m(a)d al-m(u)lk,是某些伊斯兰教国家(尤其是伊朗)中的一种相当普通的官衔。

② 原文[贝书]* 作 unkū-būğūlī,相当于蒙语 unağan-boğol。[波斯文集校本作 ūtkū b(u)ğūlī,意为老奴,今据改]* 。

育的塔塔儿孩子之中，有一位忽秃忽（qūtūqū）[①]那颜，又名失乞（šīkī）[②]-忽秃忽。其生平如下。当[蒙古人]对塔塔儿部〔q(a)ūm〕进行蹂躏时，成吉思汗还没有孩子，而其长妻孛儿帖旭真盼望有一个孩子。[有一次]，成吉思汗无意中看见一个掉在路边的婴儿，便把他抱起来，送交给孛儿帖旭真[并说道]："你既然经常想有个孩子，你就把这孩子当作自己的孩子来抚养看护吧！"[成吉思汗的]妻子把他当作亲生儿子，十分精心地抚养在自己家里。当他长大时，起名叫失乞-忽秃忽，又被称为忽秃忽那颜；他称成吉思汗为额赤格[③]，即父亲，称孛儿帖旭真为帖里昆-额客[④]。据说，孛儿帖旭真去世时，他双手拍着她的墓，大喊大叫道："啊，赛因额客，米讷！"[⑤]这样地恸哭她。在成吉思汗之后，他还健在。窝阔台合罕称他为兄，他与窝阔台诸子坐在一起，[坐位]* 高于蒙哥合罕之上；他曾为拖雷汗和唆儿忽黑塔尼别吉诸子的近臣，死于阿里不哥叛乱时。他的一个儿子现供职于合罕处。[忽秃忽那颜]享年 82 岁；他决狱公正，给过犯人很多帮助和恩惠；他屡次反复说："不要因为恐惧而招认！"他对罪犯说道："不要害怕，说实话！"我们从断
108 事官们的辩论中知道，从那时起直到现在，无论在蒙古斯坦或[其

① S 本作 fūtūqū；L 本作 qūtūq(?)ū。

② B 本作 šnkī；S 本作 šīnkī。

③ A 本作 aīǰeh；C，I 本作？ čeh；L 本作 bǰeh；B 本作 anǰeh；贝书作 aīǰkeh（贝译作 ичкэ）。由于所有这些字形无疑相当于蒙语"额赤格"，即父亲，所以在译文中无妨径作"额赤格"。

④ 波斯原文[A、S 本等] * 将 t(a)rīkān aīkeh（B 本、贝书如此）误作 b(a)rīkān aīkeh。大概在拉施特时代，字母 ā 在词中间读作 o（在结尾-n 之前读作 ū），而 a 和 aī 在词首读作长 e，因为上述这个词实为蒙语 terigun-eke，即"长母"的对音。

⑤ 即"我的好妈妈啊！"

所属]各地区境内，他的[断案的]方式方法的原则，奠定了判决的基础。他之所以伟大，原因很多；[其中]有的已有记载，而另外两个原因，则为诚实的讲述者所述。其一如下。[忽秃忽那颜]15岁时，成吉思汗的诸斡耳朵在冬天里游牧。天气酷寒，下了特别多的雪，别速惕部人古出古儿(kūǰūkūr)那颜主管[①]诸斡耳朵。突然从路边凝雪上跪过一群野山羊；忽秃忽对古出古儿说道："我去追这些山羊，由于有雪堆，它们不能奔跑，我把它们都射杀。"古出古儿对此表示："嗯，好吧，可以！"[忽秃忽]便跟着山羊追去。傍晚，诸斡耳朵停下来过夜时，成吉思汗召唤[忽秃忽]，他却不在；[成吉思汗]问古出古儿，[他]答道："他追野山羊去了。"成吉思汗气极了，他说道："在[下这样大的]雪和严寒的情况下，[那]孩子会[冻]死的！"他拿起车棍打了古出古儿一棍。当人们都已睡下时，忽秃忽来了。成吉思汗向他问道："你干什么去了？"他回答道："那三十头野山羊，顶多不过有三头溜掉了；其余的都被我打死，扔在雪里了。"成吉思汗对这个孩子的勇敢大为惊异，便派遣古出古儿带着几个那可儿，让他们去把山羊运回来。由于这个缘故，成吉思汗打心眼里喜爱忽秃忽。

另一原因如下。还在这以前，忽秃忽十二岁时，有一次成吉思汗出征去了，家里没有留下男人。一个马贼，一个泰亦赤兀惕部的敌人，[从旁]经过；成吉思汗的幼子、五岁的孩子[拖雷]跑出屋外去玩。这个泰亦赤兀惕人从马背上[弯下腰来]捉住了他，把[孩子

① 原文作 bāšlāmīšī kardan，即统率，源于突厥语动词 bāšlāmāq——统率，指挥；主管。

的]头挟在腋下，准备带走。孩子的母亲赶来，抓住了贼人的一只手；忽秃忽也跑来抓住了他的另一只手；但贼人将皇子的头挟得[很紧]，无论如何也不能[把孩子]从贼人手中解救出来。[这时，]正在牧羊的巴剌黑的狗①，跳上来猛扑贼人，他们才从他的手中夺下皇子。紧接着，成吉思汗回来了，便派人去追贼人。贼人被找到后杀掉了。[成吉思汗]非常赞许忽秃忽的英勇行为和他同贼人的搏斗。

另外还有两个孩童，是亲兄弟俩。一个叫忽里（qūlī）②，另一个叫合剌-蒙格秃-兀赫〔q(a)rā-m(u)nk(a)tū-aūheh〕③；他们是秃秃黑里兀惕④-塔塔儿人。成吉思汗从塔塔儿人处取得的两个妻
109 子也速伦（yīsūlūn）⑤和也速干（yīsūkāt）⑥，由于属于同一支系，对这两个孩子发了慈悲心，向成吉思汗央求这两个孩子。他[把这两个孩子]送给了她们。这两个[孩子]都当了也速伦斡耳朵中的厨子[宝儿赤]。

忽里是哥哥，他当时也是一个受尊敬的人。成吉思汗信任他，

---

① 原文作 s(a)g-ī b(a)rāq。贝书作 bīkī barāq，即指赶来援助成吉思汗之妻和忽秃忽的牧人之名。然而从这段故事的下文可看出，其中起主要作用的是小孩忽秃忽，而非牧人。

② B 本作 tūlī。

③ B 本作 mnkūtū ahmeh；贝本作 q(a)rā mnktū aūheh（贝译作 Хара-Ме-нггэту-Уха）。

④ C 本作 t(?)t(?)qūlīūt；L 本作 bīqūlūt；B 本作 sqūlīūt；贝书作 tūtūqlīūt。

⑤ S 本作 y(?)ī(?)sūlūn；C 本作 y(?)ī(?)slūn；L 本作 bīslūn；B 本作 b(?y?)-ī(?)slūn；贝书作 bīsūlūn。

⑥ S 本作 y(?)īsūkāt；C，L 本作 bīsūkāt；B 本作 b(?y?)ī(?)sūkāt；贝书作 bsūkāt（贝译作 Бисукат）。

他就当了异密。后来，他属于拖雷汗的斡耳朵，极受尊敬。在拖雷汗[死]后，需要[有]一个异密来作拖雷汗之子岁哥都(sūīūktū)斡耳朵里的长官和众异密之长；唆儿忽黑塔尼别吉，在儿子们和异密们的赞同下，挑选了忽里那颜[来担任此职]。他对唆儿忽黑塔尼说："你们怎么把我给了这样一个人？"他们回答他道："他是拖雷汗的后人！"他[分辨]道："你生的儿子我才去服侍他！"这个故事，旨在说明：他有这样的地位，以致他能够对他所被授予的拖雷汗的一个儿子，说出如此放肆的话来。

在我国[伊朗]，他的儿子之中，有都儿拜(dūrbāī)[①]那颜，曾为迪牙别克儿的将官；都儿拜之子为不剌术(būrāǰū)；不剌术之子为鼎吉思(dīnkkīz)，现任千夫长。

但合剌-蒙格秃-兀赫在成吉思汗时却不大出名。他有个儿子叫撒里(sālī)，在蒙哥合罕时当了异密和受到信任。其原因如下。在唐兀惕地区有两个堡塞；一个名为秃克只(tūkǰī)[②]，另一个名为东胜堡〔tūqs(a)nbeh〕[③]。蒙哥合罕亲自围攻它们。他遥观[他的军队]如何作战。[蒙哥合罕]看到自己的一个矮个子的战士，手握长矛，奔上城墙，这时，一个手里拿着剑的人迎面向他杀来；[蒙哥合罕的]战士没有后退，他登上城头，用矛刺中了那个持剑者的颈，将他刺翻在地。蒙哥合罕见这战士如此勇敢，很高兴，他立即下令，向军中索取这个以身材矮小为特征的战士，把他带到他那里

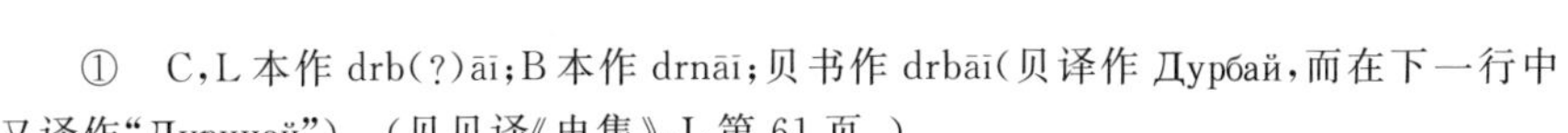

① C，L 本作 drb(?)āī；B 本作 drnāī；贝书作 drbāī(贝译作 Дурбай，而在下一行中又译作"Дуриной")。(见贝译《史集》，I，第 61 页。)

② B 本作 qūlḥī。

③ S 本作 tūq(?)snīeh；L，B 本作 tūqsīneh；贝书作 tūqīneh(他译作"Тукина")。

来;[蒙哥合罕]认出了他,在问到有关情况时,战士所述,恰如蒙哥本人亲眼所见。于是[合罕]确信这就是那个[战士]本人。[蒙哥合罕]嘉奖了他[1],授以异密之衔,他在职位上成为特别受信任的人(aīnāq,倚纳)和受尊敬的人。

在此事件之前,[蒙哥合罕]派出两万军队到忻都斯坦边境,下令驻在浑都思-巴黑兰〔qūndūz-b(a)qlān〕[2]和巴达哈伤〔b(a)d(a)khšān〕之境;统率之权交给了蒙格都〔mūnk(a)dū〕[3]。他死后,
110 [蒙哥合罕将统率权]转授给忽忽秃(hūqūtū)[4],忽忽秃死后,[合罕]派遣这个撒里-那颜继任他的职位统率这两万军队。这正是[蒙哥合罕]指派旭烈兀汗到伊朗之时。

蒙哥合罕对撒里那颜说道:“你所前往的国家,是忻都斯坦和呼罗珊交界之处,与旭烈兀所前往的国王相邻。你要作为他的大军的一支部队永远在那里,也就是把你的事和你的军队委托给了他[旭烈兀汗],你应当受他统辖。”当时撒里那颜问道:“我在那里到何时为止?”[蒙哥合罕]降旨道:“你要永远在那里!”

---

① 原文为突厥-波斯语名词 sīūrğāmīšī,源于动词 sīūrğāmāk,意为奖赏,赏赐;善遇,垂青。

② 系指在今阿富汗北部喀塔干-巴达克山省境内的地区。浑都思地区位于阿姆河左岸支流昆都兹河沿岸;首府浑都思在该河与塔里寒河汇流处稍南。巴黑兰位于浑都思以南戈里河畔。昆都兹河即由戈里河与旁遮什尔河汇合而成。[参阅:布尔汗-乌丁汗-亦·库什凯基:《喀塔干和巴达克山》,译自波斯文,阿·阿·谢麦诺夫编,塔什干版,1926 年,第 43、44 和 50—58 页。]

③ B 本作 mūnkeh。

④ 原文作 bhūqū tāī dāmī dād——他将[统率他们作异密的权力]授予名 hūqūtāī 者,即第一个字母 b 在此短句中表示与格,因此,不顾贝勒津教授的读法“būhūqtū”(顺便说一下,在任何抄本中都没有 b 后置 ū(bū)的这种写法),我们翻译如上。

撒里那颜率领军队到了忻都斯坦和客失米儿，征服了很多地方，运来[各种]战利品，并将大批印度俘虏送到了旭烈兀汗处。现今住在这里的各滕哲(īnǰeh)村庄的大部分印度人，都出自他们。在[撒里那颜]之后，那支军队由他的儿子兀剌都(uladū)[①]那颜统辖。兀剌都的兄弟：其一为阿必失合〔ab(i)šqā〕[②]，现管辖着鲁木[小亚细亚]地区和当地的军队；另一个[兄弟]额勒坚〔alk(a)n〕，是千夫长。兀剌都有两个儿子：一个叫别克秃惕〔b(a)ktūt〕，是驻于呼罗珊的合剌温人〔q(a)rāūneh〕军队的异密；另一个叫答勒合黑〔d(a)lq(a)k〕[③]，现随侍于陛下左右。

在成吉思汗时，也速伦哈敦申述道："忽里那颜和他的兄弟蒙格秃-兀赫(mūnktū-ūheh)已成为长官：现任侍从，在事务上获得了信任；他们的宗族兄弟们和他们部落(qaūm)里的人，现在散在各地，最好降旨把他们收集起来！"

诏敕[颁布后]，所有残存的塔塔儿人都被收集了起来，尽管他们[与忽里那颜和蒙格秃-兀赫]并无亲属关系，也都被并入其中，成为属于他们[忽里那颜和蒙格秃-兀赫]的人。他们所收集的这些塔塔儿人之中，有三十户现住在我国[即伊朗]。兀剌都那颜提出了申请，因此伊斯兰君主合赞汗——愿安拉佑其长久在拉！——降旨[把他们]编成一个老千户。他们现在他的麾下。

如前所述，也速伦和也速干两人都是成吉思汗的哈敦；她们有

---

① 原文标有元音符点。B本、贝书作 ūldū。

② L本作 alšqā；B本作 ašǧās；贝书作 īšqās。

③ 贝书作 dltāk(贝译作 Делтек)。

个名叫忽秃忽惕(qūtūqūt)①的兄弟。他是个大异密,曾掌管成吉思汗左翼军的一千士兵。曾在我国[即伊朗]的绰儿马(ǰūrmeh)②驸马和阿八哈汗的第一哈敦,乞合都之母讷黑丹(nūqdān)③哈敦,是上述忽秃忽惕的侄儿和侄女。

成吉思汗曾有一妾,是塔塔儿部人,其名不详;[成吉思汗的]幼子察罕〔ǰ(a)ğān〕出自于她;他死在青少年时。察罕-塔塔儿部人中现居留于我国[即伊朗]的有:乞来〔k(i)rāī〕,他的兄弟都剌带(dūlādāī)和他的兄弟们:马合谋〔m(u)ḥ(a)mm(a)d〕、罕丹〔kh-
111 (a)ndān〕④以及他们的儿子们。古儿-不花(kūr-būqā)把阿秃儿也是这个部落人,现管辖军队和边境地带,管辖哈儿塔必儿惕〔kh(a)rt(a)b(i)rt〕和马剌提牙〔m(a)l(a)ṭīyeh〕⑤。

奎因(kūyīn)⑥-塔塔儿部人有:旭烈兀汗的马夫[阿黑塔赤]、阿八哈汗时已成为受尊敬的大异密的撒木合儿〔s(a)mqār〕⑦那

① B本作?ūt(?)ūqūt。

② C本作 ǰūmeh;L本作 ǰūmūmeh;B本、贝书作 ǰūnmeh(贝译作 Дзонма)。

③ L本作 nūqdā;B本、贝书作 tūqdān。

④ C本、贝书作 ǰndān(贝译作 Джиндан);B本作 ḥndān。

⑤ 看来A,S,C,B本和贝书中的khrb(?)trt,khrprt以及类似的写法,都是哈儿塔必儿惕堡的讹写(第三、四字母上的识点被移动)。牙忽忒认为这是一个亚美尼亚名称。据牙忽忒说,哈儿塔必儿惕和马拉提亚之间有二日途程,有幼发拉底斯河流经其间(牙忽忒:《地理辞典》第2卷,莱比锡版,第417页)。后来,哈儿塔必儿惕这个名称在土耳其语中简作哈儿普特,尽管土耳其人把它写作khrbrūt。在土耳其帝国时期,哈儿普特城为同名的州或省(eyaliet)和县(liwa)的行政中心;马剌提牙即古代的麦里帖纳,为幼发拉底斯河上游哈儿普特州马拉提亚县的行政中心。(参阅C. Mostrac:《奥斯曼帝国地理辞典》,圣彼得堡1873年版,第87、169页。)

⑥ L本作 kūbīn。

⑦ B本作 samğād;贝书作 samğār。

颜；秃罕（ṭūğān），木来（mūlāī），以及不花豁儿赤的父亲奎台〔kūīt(a)ī〕。帖烈惕-塔塔儿部人，在我国［伊朗］没有听说有什么显贵的人，但无疑在士兵中有很多人。由于他们并非显贵者，故未曾去打听［他们］。阿勒赤[①]-塔塔儿部人，在我国［也］没有显贵的人和值得记载的人。但在术赤汗兀鲁思中，术赤汗之子拔都（bātū）的大哈敦不剌黑真（būrāqǰīn）[②]是阿勒赤-塔塔儿部人；同一兀鲁思的君主脱脱-蒙哥（tūdāī-m(a)nkū，《元史·宗室表》作脱脱-蒙哥）*的哈敦秃剌（tūreh）[③]-忽都鲁（qūtlūq）[④]，也是这个部落的人；拔都的异密中，有个名叫亦惕-合剌〔aīt-q(a)rā〕的大异密，是这个部落的人；同一兀鲁思的君主忙哥〔m(a)nkkū〕-帖木儿的异密中，有个名叫伯（bīk）-帖木儿的大异密，是这个部落的人。

塔塔儿诸异密之中，谱系不明，不知［出自］哪个部落的，有一个也孙-脱阿〔y(?)īsūn-tū(a)〕[⑤]，他是个马夫，并是成吉思汗四怯薛[⑥]的马夫长，［还兼任］成吉思汗御前千户的一个百夫长。他属于［成吉思汗之妻］孛儿帖旭真的大斡耳朵；他有个儿子，名叫伯答失（bīkdāš）[⑦]；曾奉忽必烈合罕之命出使旭烈兀汗处。有关某些异

① B本作 īlč(?)ī；贝书作 ančī（贝译作 анчи）。

② L本作 būrāqḥī(?)n；B本作 būrāqḥī。

③ C本作 qūreh；L本作 fūreh。

④ B本作?ū?lqūn；贝书作 kūtlqūn（贝译作 Кутлугун）。

⑤ S本作 y(?)īsūn-nū；C本作 yīsūn-tūā；L本作 y(?)ī(?)sūn-t(?)ūā；贝书作 bīsūntūā。

⑥ 怯薛，蒙语 kešig 或 kesig，指成吉思汗以贵族青年建立的“番卫”、护卫军（参阅符书，第119、120页）。

⑦ C本作 nīkdāš；L本作 b(?)ī(?)kdāš。

密、贵妇和受尊敬的塔塔儿部落的故事、事迹，无论是从任何人处得知和从任何书籍中获悉者，都将分别加以记载。

据说，阿勒赤-塔塔儿人忽里带-塔的儿（qūrīdāī-tātīr）[①]和古木思（kūmūs）[②]-昔章（sījānk）两人曾出战客列亦惕君主撒里黑
112 （sārīq）汗；忽里带-塔的儿当先锋。古木思-昔章对他说："你去当先锋吗，但实际上你轻视设置巡哨（qarāūl）和札撒兀勒（yāsāūl）[③]，轻视采取警备措施。最好还是让我来当先锋吧！"忽里带-塔的儿回答道："只因为你是长官（khlf）的子弟，你倚仗[自己的]优势，想从我夺走我祖祖辈辈的信念和行动方式。其实你是想让你独自去劫掠，为所欲为，然后带着军队回来！"古木思-昔章答道："难道没有你，我就不能去劫掠！"他便出动军队前去了。撒里黑汗正在移牧，[同他们愈来愈]近。[塔塔儿人]三次击溃了他。他们留下几个队进行劫掠，[其余的人]向他追上来。最后，古木思-昔章带着三百骑紧紧地追赶他。撒里黑汗的军队暗自揣测到这支追上来的敌军没有后卫。因此，他们勇猛地攻击塔塔儿人，把古木思-昔章打离了[他的]军队，俘虏了他。

撒里黑汗向他问道："你到哪里去？"他答道："我听说不儿罕（būrqān）[④]森林里长有枝叶茂密的树木，我想去砍些箭杆。"撒里黑汗说："为了砍点树枝，你就胆大包天地来了！"同时斜着眼睛瞧了他一眼。古木思-昔章觉察了，便说道："你不能[这样]斜着眼睛

---

① S本作 tātī(?)r；L本作 t(?)āt(?)ī(?)r；B本作 bāt(?)r；贝书作 bāīr。

② B本、贝书作 kāmūs。

③ 即警卫营地及维持其内部规章的警卫队。

④ B本作 mūrqān。

瞧我，因为你的氏族也不能这样瞧，你自己的出身[与你的氏族]是一样的。"撒里黑汗对周围人们说道："为什么你们听任这位世袭名门的勇士（把阿秃儿）喋喋不休？把他杀掉！"[古木思-昔章]驳斥道："你的剑奈何我不得，我的剑却能给你点厉害看！"最后，人们把古木思-昔章杀掉了。

撒里黑汗说道："阿勒赤-塔塔儿人中有七十个宗支，但除古木思-昔章外，没有一个男子汉！现在是我们去驱逐他们的时候了！"当时他命令他的帐幕主们在斡儿寒（aūrqān）①河畔驻扎下来，并在月光下悄悄地集合军队。他的一个战士逃走了，并[将此情况]报告了忽里带-塔的儿。忽里带-塔的儿出动军队溯斡儿寒河而上。他在[客列亦惕人的]帐幕间穿过，就在他们行进的同一条路上，他赶上了[撒里黑汗的军队]。撒里黑汗的战士瞧不起他们。但[忽里带-塔的儿的]军队突然袭击了撒里黑汗，把他打败了，[结果]使他只带着他原有四万军队中的四十人逃走，其余全部被杀死。

在这次溃败时，有个[名叫]塔儿拜（tārbāī）②-合颜（qāyān）③的妇人与撒里黑汗一起逃跑，与他一起从血战中逃出来。当时，只有个异密赤剌温（jīlaūn）跟着。那妇人说："[以前]我们欺负了上上下下的[人]；[如今]所有的人都受贬抑，为什么我们不受贬抑；如果一切都在化为灰烬，为什么[唯独]我们不崩溃？!"撒里黑汗说

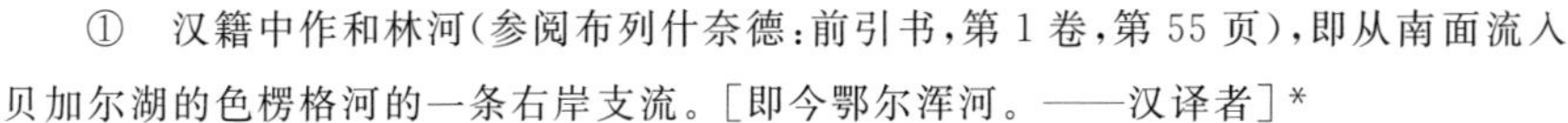

① 汉籍中作和林河（参阅布列什奈德：前引书，第1卷，第55页），即从南面流入贝加尔湖的色楞格河的一条右岸支流。[即今鄂尔浑河。——汉译者]*

② S本作 tārb(?)āī；C本作 t(?)ārb(?)āī；L，B本作 t(?)āb(?)āī；贝书作 tātāī。

③ S本作 qāy(?)ān；C本作 qābān；B本作 ?āy(?)ān；贝书作 qāmān。

道:"这妇人说得对!"由此之故,他便去投靠了必帖克台-兀秃古-豁儿赤·不亦鲁黑汗(bītāktāī-aūtūkū-qūrǰī būīrūq-khān)[1]。

113 后来,那妇人生出了亦勒-忽秃亦(aīl-qūtūī)。当[撒里黑汗]投靠该部落时,他把自己的一个女儿嫁给了忽札忽失(qūǰăğūš)[2]-不亦鲁黑汗;那个女儿名叫脱劣-海迷失〔tūreh q(a)īm(i)š〕,是合只儿(qāǰīr)[3]汗的姊妹。后来,合只儿汗与撒里黑汗一同聚集军队攻打塔塔儿人,为撒里黑汗收复了客列亦惕人的兀鲁思,交给了他。当时,王汗和自己的母亲亦勒马(aīlmeh)哈敦曾被塔塔儿人俘获;他们也被解救了出来。有个[名叫]额勒只带(aīlǰītāī)的人,爱上了亦勒马哈敦;因为他是一个惹人喜爱的人,所以[合只儿汗]将他永远(mūnkkāī)[4]送给了他们[客列亦惕人]。

[撒里黑汗的女儿]脱劣-海迷失有下列诸子:余剌(yūlā)[5]、马忽思(māğūs)、台-帖木儿和太师(tāīšī);还有四个儿子,名字不详。

在这以后,蒙古人去到了撒里黑汗处。撒里黑汗说道:"我所有的成百妻子中,没有一个称[我的]心。有智慧的,我领略不到她的手足,而有美丽的手足的,我又领略不到她的智慧;[我]没有一

① 此处显有抄写人的讹写,因此,贝勒津将这几个词当作一个专有名词。C,L本作 aūtākū tūrǰī;B本作 aūt(?)ākū-yūrǰī;贝书作 sākītāī aūbākū tūrǰī būyūrūqkhān。

② 贝勒津教授曾将"忽札忽失"一词比附于含义为"旅长"的一个类似的蒙语词(见贝译《史集·蒙古史》第1卷,第243页,注⑲)。

③ L本作 q(?f?)āḥī(?)r;B本、贝书作 qāǰr(贝译作 Каджар)。

④ 诸抄本中显有讹写,作 mūnkkāī、hūnkkāī、mūtkā、mūmkā。贝勒津教授将 hūnkkāī 比附于蒙语 üngge(突厥语 aūnk),即"颜色、容貌",但又发现这并不相合,于是揣测"原文有误"(贝译《史集》第1卷,第244页,注⑫)。可将 mūnkkāī 比附于古突厥语 mūnkū(永恒)而译作副词"永远"。

⑤ C,L本同;B本、贝书作 būlā。

个懂事的美人和伶俐的人儿。我所有的成千骟马中，没有一匹合我的意：或者奔驰时瘸腿，或者桀骜不驯，或者过于驯顺；骑起来很好、长得也结实的那一匹，却又不肥壮①。在大战中，人们总要大喊一下：'嚯！嚯！'，然后[才]体验到，你是战胜了或是吃了败仗。蚊蚋咬人时，难于与它相打；如果打死它，将贻羞于亲属，如果不打死它，又忍受不了[它的叮咬]。"

在这以后，兀秃古-豁儿赤·不亦鲁黑汗前往撒里黑汗处，要求将这些蒙古人赠送[给他]。撒里黑汗说道："这些蒙古人是我们的小兄弟，我们已与他们打成一片，互相拥抱过，握过了手，我们[再也]不能把他们交出来！"不亦鲁黑汗回答道："我曾经用许多人 114
复苏了你死去的灵魂！我曾在午祷时，在牲畜屯驻之处[收]拦住你[散失]的畜群和羊群，这也就是说，我保障了你安全，使你摆脱了敌人，但人之健忘犹如尘世之多变。从今以后，你就和蒙古人友好吧，但要继续作[我的]门徒！"说完这些话，他就回去了。此后撒里黑汗说道："这人不值得信任！"——他便指引蒙古人沿着称做答兰-塔班〔dālā(n)-tābān〕②的山边走去，他自己也从这条路走去，

① 贝勒津教授(贝译《史集》第1卷，第69页)将这段论马的文字译作："我所有的成千匹骟马中，没有一匹合意的。高大而又年轻的马都很肥胖，矫捷而又健壮的马则又无肉。"原文为：az hzār akhtā kī dārm īkī keh dr dl mn gnǰd nīst iā brūī dr āīndeh iā tūsn ast iā sst gūšt w ānk hnrmnd w(a) kūlūk skht gūšt nīst。波斯语动词 ba rūī dar amadan 指"脸朝下跌倒"，在马学中则为"嘴啃泥跪倒"(用于表示"绊跌"这一概念，有动词 paipā khūrdan)；tūsan 一词指烈马，有恶习的马；sustgūs(某些抄本讹作 sust-gūšt)意为"很驯顺的马"，驽钝(直译作垂耳)之马；hunarmand 一词，指"娴于驰骋、经过良好训练的马"。

② L，B本作 dālān-t(?)āb(?)ān；贝书作 dālān-dābān。

[但是]他从秃亦塔合术(tūītāğāǰū)①地方返回来了,蒙古人互相说道:“撒里黑汗又饿又衰弱!”他们便给他的人每人十匹骟马作为“兀儿古主惕”〔aūrk(u)ǰūt〕②,并请他们坐下吃饭。撒里黑汗说道:“我的蒙古小兄弟啊,任何时候你们不要互相结为亲家③,你们同样也要疏远一切与那[异己]方面有关系的人,除了与你们结为义兄弟、互相成为亲人的情况。我的蒙古小兄弟啊,不要携带有主之妇,即有夫之妇潜逃。不要远走到峡谷和岗峦蜿蜒起伏的地区去!”

完!

篾儿乞惕〔m(a)rkīt〕部落

他们又被称为兀都亦兀惕(aūdūīūt)④部,尽管部分蒙古人称篾儿乞惕人为篾克里惕人〔m(a)krīt〕,但两者的含义是一样的。同样,别克邻人〔b(a)krīn〕⑤也被称为篾克邻〔m(a)krīn〕⑥。他们的起源和分支也将予以记述。

① C,L本作t(?)ā‘āǰūn;贝书作trītāğāǰū(贝译作 Дури-Тагаджу)。

② C,L本作aūrūkǰūt;B本作arkǰūt。贝勒津教授认为此词是蒙语orkiče(被扔在一边的)的复数。他又说:“但或许毋宁认为它出自动词urke-dziku(被增加),于是译为‘作为增添’。”(贝译《史集》第1卷,第244页,注⑯。)

③ 原文为qūdā(蒙语huda)。问题在于古代蒙古人有在远氏族中娶妻的习俗;“也常看到有从该同一氏族把新娘嫁到某氏族的习惯。这些氏族的成员们(男人们)互相称为亲家huda”(符拉基米尔佐夫:《蒙古社会制度》,第47、48页)。所以撒里黑汗警告蒙古人不要与自己的同氏族人结亲。

④ [C,L本作auūdūut]*;B本作aūdūt;贝译作ороют。

⑤ C本作nkrīn;L本作nkrī(?)n;B本作b(?n?)krīn。

⑥ L本作mkrīn;B本作b(?n?)krīn;贝书作kbrīn(贝译作 кибирин)。

这兀都亦兀惕-篾儿乞惕部有下列四个分支：兀合思（aūīfz）①、木丹（mūdān）、秃答黑邻（tūdāqlīn）和只温（ǰīū'n）。这个部落有一支人数众多、非常好战的强大军队。［篾儿乞惕］——这是蒙古［部落］的一部分。他们与成吉思汗和王汗都打过仗。关于这些仗，编年史将在多处述及，由此可悉其详情。

有一次，在成吉思汗青年时代，他们战胜了他，并突然抓住了
他。那时，没有立即杀掉俘虏的习惯，因为可以［以俘虏］换取东 115
西，［然后］把他们释放。

这件事的经过如下。有一次成吉思汗骑马出去办一桩重要事情；他来到一座高岗上，向［岗］顶行进；马肚带并没有松开，胸上的皮带也没有解开，他却连同鞍子一起从马背上掉下来；于是成吉思汗跌倒了。这个情况使他十分惊讶，他自言自语道："莫非最高真理不愿我沿着这条路骑行，才来阻碍我的事。"他想回去，但魔鬼又［对他］占了上风，成吉思汗便随心所欲地前行。一些篾儿乞惕部人突然袭击了他，把他抓起来带走，加以监守，直到过了一些时候成吉思汗家里送给他们一些东西，才把他领了回去。

另一次，当奸谋的主宰者在成吉思汗和王汗之间播下纠纷和仇恨时，他们分开了，尽管这以前篾儿乞惕部曾多次与成吉思汗和王汗为敌，［同他们］打仗，而且王汗还一度抢劫过他们，但是当成吉思汗与王汗稍有小争执时，［篾儿乞惕人］就和王汗及其兄弟札

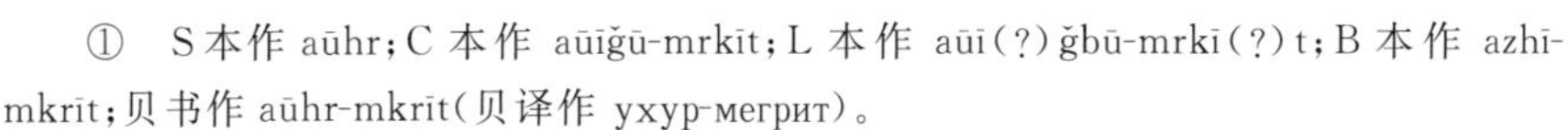

① S本作 aūhr；C本作 aūīğū-mrkīt；L本作 aūī（?）ğbū-mrkī（?）t；B本作 azhī-mkrīt；贝书作 aūhr-mkrīt（贝译作 yxyp-мегрит）。

阿-绀孛〔ǰaā-k(a)mbū〕①团结友好起来。当时，他们侥幸地战胜了[成吉思汗]，把他的家和营地抢劫一空，还掳走了他的长妻孛儿帖旭真，送到了王汗处。成吉思汗得知后，派遣一名亲信前去请求王汗将她送还[给他]。王汗将她[保护]于贞节帷幕之后，并派遣那个使者陪送她回去。她在途中生下了术赤汗，有如札剌亦儿部[篇]中所述者。

在成吉思汗时代，兀都亦兀惕-篾儿乞惕人的君长为脱黑塔(tūqtā)别乞；他有个兄弟名叫忽都(qūdū)，有个女儿名叫秃鲁海真(tūrūqāīǰīn)②。当她十三岁时，成吉思汗为忽必烈合罕娶了[她]。尽管忽必烈合罕娶她早于所有诸妻，但因为她没有孩子，所以她的地位低于其他诸妻。

有一次，王汗突然洗劫了脱黑台(tūqtāī)别乞，而他有许多妻子。[王汗]掳走了其中名叫忽秃黑台(qūtūqtāī)③和乞里黑〔q(i)-līq〕的两个：他还抓走了[脱黑台的]兄弟忽都和他同王汗的女儿生下的一个儿子赤剌温(ǰīlāūn)④。他们后来又从他那里逃走了。

兀儿罕(aūrkhān)也是脱黑台-别乞的一个兄弟。这个脱黑台-别乞有下列六个儿子：脱古思(tūkūz)、秃撒(tūseh，俄译误作 кyca)、忽都(qūdū)、赤剌温、赤不黑(čībūq)⑤和忽勒秃罕(qūltūqān)-篾儿

---

① B本作 ǰākmī(?)b(?)ū；贝书作 ǰālbū(他译作 Дзалбо)。

② S本作 tūrūqāī(?)ḥīn；C，L本作 t(?)ūrqāī(?)ḥīn；B，贝本作 tūrūqālǰīn(贝译作 Турукалчин)。

③ B本作 qūqūq?nī；贝书作 qūqūqtī(贝译作 Хухухтей)。

④ S本作 ḥīlāūn；L本作 ḥīlāwūn；贝书作 ǰīlāūn。

⑤ B本作 ǰnūq；贝书作 ǰīūq。

干。他的一个兄弟也叫忽都。赤剌温是王汗的女儿生下的。

这六个儿子之中最先被杀死的是：脱古思为王汗所杀；秃撒遭到成吉思汗的突然袭击，连同他的军队一起被杀。赤剌温和赤不黑[也]是在与成吉思汗作战中被杀的；忽都是在他逃出战斗，奔赴钦察人时被杀的。

如同后文所详述，[篾儿乞惕人]曾多次与成吉思汗作战。在 116
最后一战中，脱黑塔(tūqtā)别乞的幼子、箭无虚发的忽勒秃罕篾儿干，逃奔钦察人而去。术赤汗派遣部队去追他，把他捉住了。因为[术赤汗]听说他箭无虚发，便立了一个靶，命他射箭。[忽勒秃罕篾儿干]一发中的，接着又发一箭，[正]中前箭之羽缝，将[它]劈开。这使术赤汗非常高兴；他派遣使者到成吉思汗处请求保留忽勒秃罕的命。[成吉思汗]不允[所请]，他说道："再也没有比篾儿乞惕部更坏的部落了：我们同他们打过多少次仗，我们受过他们很多骚扰，怎么能留他活着，让他重新掀起叛乱?！我已经为你们取得了这一切地区、军队和部落；[留这个人]有什么用?！对于国家的敌人来说，没有比坟墓更好的地方了！"因此，术赤汗处死了[忽勒秃罕]，他们的氏族便断绝了。

最后，脱黑塔别乞[也]在战争中被杀。

篾儿乞惕部的另一异密为答亦儿-兀孙(ṭāīr-aūsūn)[1]；他也是篾儿乞惕人的首领。有一次，在言归于好后，他将自己的女儿忽兰(qūlān)哈敦给了成吉思汗。她生了一个儿子，名叫阔列坚(kūlkān)。阔列坚的传记，见于本书[后文]。

---

① C，B本作 ṭāī(?)r-aūrsūn；L本作 ṭābr-aūrsūn；贝书作 ṭāīr-aūrsūn。

这个答亦儿-兀孙后来又与成吉思汗为敌；成吉思汗的军队捉住了他，洗劫了［他的营地］，掳走了他的妻子脱列哥那［tūrāk(i)-neh］[①]哈敦。成吉思汗把她赐给了窝阔台合罕，窝阔台的四个大儿子都是她生下的；贵由汗是其中年长而主要的，有如《贵由汗纪》中所述。

成吉思汗曾作出决定，［将篾儿乞惕人］全部杀掉，不留一个活着，因为篾儿乞惕是一个叛乱好战的部落，同他打过许多次仗。少数活下来的人，［当时］或犹在母腹，或隐匿在自己的亲戚处。兹依次略述出自他们氏族的哈敦和异密们：

斡兀立-海迷失〔aūğūl-q(a)īm(i)š〕[②]哈敦，为贵由汗的长后；她给他生了两个儿子：忽察(khūāǰeh)和脑忽(nāqū)[③]。

忽兰哈敦是成吉思汗的妃子；她给他生了一个儿子，名叫阔列坚。

上述忽兰哈敦有个兄弟名叫者篾勒〔ǰ(a)māl〕-豁札；他曾管辖成吉思汗直属千户的一个百户。

在乃蛮部主太阳汗对成吉思汗的最后一战中，脱黑台别乞同他在一起；他顽强地进行厮杀。太阳汗被杀后，脱黑塔别乞带着自己的一个儿子，逃奔于“乃蛮”不亦鲁黑汗。成吉思汗又派遣军队去征讨脱黑台别乞，脱黑台战死。他的兄弟忽都和他的儿子赤剌

---

① L本作 tūrkneh；B本作 trkneh。

② 贝书作 aqūlqāmīš。［C，L本作 aūqūl qīmīš］*。

③ S本作 nāfū；C本作 nātū；L本作 nābū；B本作 n(?)āqū；贝书作 bāqū。

温、马札儿(māǰār)①、秃薛干〔tūs(a)kān〕②想收葬他的躯体,但未
能收起[尸体],[只]取走了他的头。当他们到达畏兀儿地界时,派 117
遣了一个名叫不坚(būkān)的使者到亦都护③处。[亦都护]由于他们彼此间打过仗,便杀掉使者,派遣报信人到成吉思汗处报告了他们的情况。当照烈惕部的首领们归顺了成吉思汗,[接着]又发生敌对关系逃走时,其中有他们的众异密之长塔海-答鲁〔ṭ(a)ğāī-dālū〕④。在途中,篾儿乞惕部的一个异密忽敦-斡儿长〔qūdūq-aūr-ǰ(a)nk〕⑤袭击了他;把他杀死,他的部落也被摧毁。因此,照烈惕部一蹶不振。就是这些!

古儿列兀惕(kūrlāūt)⑥部落

这个部落与弘吉剌惕、额勒只斤和巴儿忽惕部落彼此相近并联合在一起;他们的印记全都是同一个;他们履行血亲关系的义务,并互相[娶]儿媳和[找]女婿。这三四个部落从未与成吉思汗交战、敌对,而他也从未将他们分割,将他们赐予任何人为奴,因为他们不是他的敌人;[成吉思汗]公正地指派他们在国内任职。在他的时代,他们全都遵循义兄弟亲家之道,全都在者台〔ǰ(a)deh〕

① L本作 māḥār;B本作 māǰāyeh;贝书作ǰīūq(但据哈尼科夫抄本又作 māǰār)。

② 贝书作 qūltūqān(但据哈尼科夫抄本,又作 tūskān)。

③ īdīqūt,畏兀儿君主的称号。

④ C,L本作 ṭūğān-dālū;B本作 tğān-wālū。

⑤ S本作 qūdūq-ūrḥnk;C,L,B本,贝书前一词作 qūdūn,后一词在这些抄本中几乎均无识点[按:波斯文ǰ或č脱落识点即成 ḥ]*,想必应读作 orčang(S本)或 očang(C,L本);贝译作 орчинг。

⑥ C,L,P,B本,贝书作 kūrlūāūt(贝译作 курлуг)。

那颜的怯薛中供职。直到现今,他们的后裔还在怯薛中。

在成吉思汗时代,有个大异密额不干(abūkān)那颜是古儿列兀惕-畏马忽惕(aūīmāqūt)部人;他的儿子孛栾台(būrūnktāī)那颜在成吉思汗时代,也是个受尊敬的异密;他的儿子脱儿塔合(tūrtāqā)那颜供职于阿里不哥处,经常伴随着他。

因为[脱儿塔合那颜]未犯过大罪,也未做过任何[恶事],所以忽必烈合罕让他作了大异密,授以中书省臣和宰相〔amīrī dīwān wa w(a)zār(a)t〕之职;没有一个异密地位高于他的。后来,[忽必烈合罕]派遣他到海都的领地上去,[授以]领导权。因为人们全都起来反抗他,忽必烈合罕让他回来。

[脱儿塔合]害了怕,便带着少数那可儿逃去依附于阿里不哥之子玉不忽儿(yūbūqūr)[①]和蒙哥合罕之孙、昔里吉(zīrkī)[②]的儿子兀鲁思-不花(aūlūs-būqā),这两人都在海都方面。直到忽必烈合罕逝世时,他同他们一直在一起。这以后,[脱儿塔合]抓住这两位宗王投奔到铁穆耳合罕处效劳;现今他还在那里。

在旭烈兀汗时,鹰夫(qūšǰī)马祖黑(māzūq)的父亲合剌-禹儿惕赤〔q(a)rā-yūr(t)ǰī[③]〕,是与他同来的一切禹儿惕赤和众异密之
118 长。蒙哥合罕曾和他们谈过话并给予告诫。阿八哈汗时,有个安都思-不花(andūz-būqā)[④],是合剌乞-阿海·马祖黑〔q(a)rākīaqāī

① A本作 yūbūqūr;C,B本,贝书作 būīūqūr;L,B本无识点;P本作 b(?ī?)-ūīūqūr。

② 贝勒津译作 Ширкэ。

③ yīrtčī 或简作 yīrčī,为突厥语安装或架设帐幕并对此进行监督者。

④ C,L,B本作 andūāz;P本作 an(?)dūr;贝书作 aīdūr。

māzūq〕的儿子；他是旭烈兀汗左右的速古儿赤〔š(u)kūrǰī〕。他的父亲死后，他当了众禹儿惕赤之长。现今的马祖黑那颜出自他们的氏族。

这个部落的各氏族，过去和现在都有下列专门的称号：准忽儿斤(ǰūnkqūrqīn)①和畏马忽惕。

旭烈兀汗时任断事官[札鲁忽赤]、曾与合剌乞(ğaraqī)②同赴呼罗珊的失古乞(šīkūkī)那颜，是古儿列兀惕部人。就是这些。

塔儿忽惕(tarqūt)③部落

有个名叫塔儿忽台(tārqūdāī)的人，曾从合罕处来到我国[伊朗]；他是这个部落的人。其他[塔儿忽惕部人]异密的名字和地位不详。但是，在大哈敦之中，有一位极受尊敬的哈敦，即把儿壇把阿秃儿之女[原讹，本书卷一第二分册作：把儿坛之妻]*、四个儿子的母亲，名叫速你古勒(sūnīkul)④旭真的，是这个部落的人。就是这些。

斡亦剌惕(aūīrāt)部落

这些斡亦剌惕部落的禹儿惕和驻地为八河〔s(a)nkīs mūrān〕

① C本作ǰūtkqūqīn；P本作ǰūtkqūrqīn。

② A本标有元音符点作?araqī；B，P本，贝书作ğrğī(贝译作 гырги)。

③ A本标有元音符点作 tarğūt；C，B本作 brğūt；L本作 ab(?t?)rğ(?)ūt；P本，贝书作 trğūt(贝译作 торгут)。符拉基米尔佐夫书作 тархут，为“森林蒙古人”的一个部落(第66页)。

④ 波斯原文标有元音符点；参阅第二分册，作“速你吉勒”。

地区。在古代,秃马惕部住在这些河流沿岸。诸河从这个地区流出,[然后]汇成一条名叫谦河的河;谦河又流入昂可剌-沐涟河①。这些河流的名称为:阔阔(kūk)-沐涟、温(aūn)-沐涟、合剌-兀孙、散必-敦〔s(a)nbī-tūn〕②、兀黑里(aqrī)③-沐涟、阿合儿(aqar)④-沐涟、主儿扯(ǰūrǰeh)⑤-沐涟和察罕〔ǰ(a)ğān〕-沐涟。

这些部落自古以来就人数众多,分为许多分支,各支各有某个名称,兹分述如下……⑥

虽然他们的语言为蒙古语,它同其他蒙古部落的语言[毕竟]稍有差异,例如:其他[蒙古人]称刀子为"乞秃合"(kītūqeh),而他们[称作]"木答合"〔m(u)d(a)ğeh〕⑦诸如此类的词语还有许多。[斡亦剌惕人]一直都有君长。尽管成吉思汗时,他们曾[对蒙古
119 人]进行过一些抵抗,但[很快]就驯顺地屈服了,有如本纪中所述。成吉思汗与他们保持有关系,互相嫁娶姑娘,[相互间]有着义兄弟姻亲关系(andā-qūdāī)。

---

① 蒙古河名后所附之"沐涟"一词,意即河。想必指叶尼塞河(谦河)诸上流而言,本书作者以为该河注入昂可剌(安加拉)河(见汉译本本分册第167页注⑤)。

② 贝书作 ībī-aūsūn(贝译作 Ибей-усун)。

③ B本作 aq(?)ūī;贝书作 aqūt(贝译作 Ухут)。

④ 原文标有元音符点;S本作 aqā;B本作 aū;贝书作 aūq。

⑤ B本、贝书作 ḥurḥeh(贝译作 Хорха)。

⑥ 原文脱漏。

⑦ 贝勒津教授指出:"在纯蒙语中,我们见到有此词(即 китуга——谢麦诺夫注)的另一种较硬的拼写法,作 хотуга 和 хотага,这就使我不禁要把各抄本均作 мудга 之词读作 худга"(见贝勒津本《史集》第1卷,第250页,注⑬⓪)。[汉译者按:波斯文 q 除较 m 多两个识点外,字形与 m 近似,m 疑为 q 脱落识点之讹形,然则原文当作 q(u)dğeh(忽答合)。]

当时，该部落的君主为忽秃合(qūtūqeh)别乞；他有两个儿子：亦纳勒赤(aīnālǰī)[①]和脱劣勒赤(tūrālǰī)，有为蒙哥合罕所娶的一个女儿斡兀立-海迷失(aǧūl-qūīmš)[②]。早先，成吉思汗曾有意娶她为妻，但事情没办成。据说，虽然她是忽必烈合罕和旭烈兀汗的嫂子，她总是称他们为儿子，而他们对她十分恭敬。

成吉思汗曾把自己的女儿扯扯干[③]嫁给这个脱劣勒赤驸马，她给他生了三个儿子：一个叫不花-帖木儿，另一个叫不儿脱阿(būrtūā)；这不儿脱阿以性格孱弱出名；第三个名叫巴儿思[④]-不花。他生了两个女儿；一个是亦勒赤黑迷失(aīl ǰīqmīš)[⑤]哈敦，嫁给了阿里不哥。她是[他的]长妻，他非常宠爱她。她的身材很高，没有[给阿里不哥]生下子女。另一个[女儿]为兀鲁忽乃(aūrgneh)哈敦，嫁给了木秃坚(mūā-tākān)的儿子、察合台的孙子合剌-旭烈兀〔q(a)rā-hūlākū〕。木八剌沙〔m(u)bār(a)k-šāh〕是这个兀鲁忽乃哈敦生的。窝阔台[察合台？[⑥]]非常喜欢[兀鲁忽乃哈敦]，称她为兀鲁忽乃-别里，即称她为儿媳。她曾长期管理察合台的兀鲁思。由上述这三个儿子所生子女分述如下：

不花-帖木儿的子女(farzand)。他有个儿子，名叫术撚〔ǰū-

① B本作 ītālǰī。

② C本作 qūtmīš；L本作 qtmš；B本作 qīmīš；P本、贝书作 qūīmīš(贝译作 Коймиш)。

③ 原文作 ǰīǰākān。

④ 原文各处均作 pārs。

⑤ S,L,B及P本均同此，间或无识点；贝书作 aīlḥ(a)qīš。

⑥ B本为贵由汗，贝书为察合台汗，显然应为察合台汗。

n(a)n〕[①]，阿里-不哥的女儿那木罕(nūmūǧān)[②]嫁给了他；[此外，]他还有两个女儿：完泽(aūlǰāī)哈敦，是旭烈兀汗之妻；另一个名字不详，她嫁给了拔都光荣氏族中的秃罕(tūqān)，她生下了忙哥〔m(a)nkkū〕-帖木儿。

另一种说法如下：这个不花-帖木儿有四个姊妹：一个是古别克(kūbāk)哈敦，她是旭烈兀汗的第一个妻子，术木忽儿(ǰūmqūr)之母；另一个是木八剌沙的母亲兀鲁忽乃哈敦；[第三个]为拔都兀鲁思的君主忙哥-帖木儿之母；第四个为旭烈兀汗的妻子完泽。这个说法是正确的[③]

不儿脱阿的子女。他有两个儿子；一个名叫兀鲁黑(aūlūq)，另一个名叫辛(ḥīn)[④]。两人均曾供职于忽必烈合罕处。成吉思汗曾把[自己]氏族中的一个姑娘嫁给这个不儿脱阿，她的名字和辈分不详，[因此]不儿脱阿当了驸马[古列坚]。

巴儿思-不花的子女。他有两个儿子：一个名叫失剌卜(šīrāp)，另一个名叫别克列迷失〔bīkl(a)mīš〕；两人均曾供职于忽必烈合罕处，为其侍从。全部情况就是这些。

忽秃合别乞的另一个儿子，上述亦纳勒赤的事迹如下。拔都

---

① S本作 ǰūn(?)n；C本作 ǰūš；L本作 ḥū??? n；P，B本和贝书作 ǰūtn(贝译作 Джутен)。

② S本作?ūm?r‘ān；C本作 nūmūq(?)ān；B本作 n(?t?)ūmūqā；贝书作 tūmūqān(贝译作 Томоган)。

③ 整个这一段，贝书中放在“巴儿思-不花的子女”这一部分中，kūbāk 作 kūyāk。

④ S，B本作 ḥ??n；C本作 ḥ?īn；L本作 ḥbn；P本、贝书作 ǰīn。

曾把自己的一个姊妹豁雷-亦客只(qūlūi-aīkaǰī)①嫁给了他。她生 120
了一个儿子,名叫兀勒都(aūldū)②;他有两个儿子:尼克台〔nīkt-(a)ī〕和阿忽(aqū)-帖木儿。他们俩曾在宽撒(qūnǰī)③的兀鲁思里,统率过四千札剌亦儿军队。

与斡亦剌惕部首领忽秃合别乞有亲属关系的驸马兼异密中,有一个腾吉思〔t(a)nkkīz〕④驸马,贵由汗曾把一个女儿嫁给他,他便当了驸马。贵由汗死后,蒙哥汗即位时,贵由汗的宗族和一些异密谋叛。异密们被处死;腾吉思驸马也受到控告,并遭到笞打,打得他大腿上掉下肉来。这以后,他的妻子,[贵由汗的]女儿请求饶[他一]命;他被赐还给了她。阿鲁浑汗的长后忽都鲁(qūtlūq)⑤哈敦,是上述这个妻子给腾吉思驸马生下的女儿。

腾吉思驸马的儿子为速剌迷失(sūlāmīš)⑥和……⑦;速剌迷失的儿子为只者克(ǰīǰāk)⑧驸马。旭烈兀汗的女儿秃都客只(tūdūkāǰ)⑨嫁给了腾吉思驸马;现今只者克驸马的孙子娶她[为妻]。她给他生了几个儿子。

塔儿海〔ṭ(a)rq(a)ī〕驸马是札乞儿(ǰāqīr)驸马的儿子,而札乞

---

① B本作 aī(?)kḥī;贝书作 aīkčī(贝译作 Икчи)。

② B本作 lūd;贝书作 būdūr。

③ B本作 qūlḥī;贝书作 qūlhī。

④ B本作 t(?)n(?)kkr;贝书作 t(a)nkkīr。

⑤ S本作 qūt(?)lūq;B本作 qūt(?ī?)mūq;贝书作 qūīlūn(贝译作 хуйлун)。

⑥ B本作 sūlāmīn。

⑦ A,S本中均缺。

⑧ S,B本大致与此相同(尽管无识点);贝书作 ččāk(贝译作 Чечек)。

⑨ B本作 būdūkāǰ。

儿驸马是不花-帖木儿的儿子。他和他的儿子塔儿海〔ṭ(a)rqāī〕① 驸马都是斡亦剌惕千夫长。塔儿海曾娶旭烈兀汗的女儿忙古-鲁坚〔m(a)nkkū-lūkān〕②[为妻]。她一死,他就继娶了忙哥-帖木儿的女儿阿剌-忽都鲁〔ārā-q(u)tlūq〕[为妻],率军从迪牙别克儿逃出,奔往苫国(šām)[叙利亚];在那里,他的军队被夺,并被分配掉。

旭烈兀汗长子术木忽儿〔ǰūmǧ(u)r〕的长妻那伦(nūlūn)③哈敦,也是不花-帖木儿的女儿和札乞儿驸马的姊妹。(她还有一个女儿,名叫兀儿忽答黑〔ūrǧūd(a)q〕;她嫁给了孙札黑-阿合(sūnǰāq-āqā)的儿子沙的(šādī)[为妻]。现今者别失〔ǰ(a)b(a)š〕和她的姊妹,伊斯兰君主——愿安拉佑其长久在位!——的哈敦宽阇失克〔kānǰ(a)š(i)k〕,都是那个兀儿忽答黑的女儿)④。她有另一个女儿,名叫完者台〔aūlǰ(a)tāī〕⑤,是忙哥-帖木儿的妻子。她给他生了两个女儿;一个是上述阿剌-忽都鲁。在忙哥-帖木儿之后,他的儿子按八儿赤(anbārǰī)⑥娶她[为妻];她给他生了一个女儿,名叫忽秃黑台(qūtūqtāī);撒木忽儿〔s(a)mq(u)r〕之子阿剌卜聘娶了她。

在伊朗和土兰,过去和现在都有很多斡亦剌惕部人异密,但不

① B本作 ṭūqī-ūlā。
② 贝书作 mnkkū-būkān。
③ S本作 n(?)ūlūn;B本作 n(?)rlūn;贝书作 tūlūn。
④ 圆括号内文据B本、贝书增。
⑤ B本作 aīlḥtāī;贝书作 aīnǰītāī。
⑥ B本作 anb(?)ārǰī;贝书作 aīnārǰī。

知他们所属的分支，只有他们相互间知道自己的出身。他们之中，
有一个异密阿儿浑-阿合；但由于[他的]出身而不受人们敬重。据
说，在窝阔台合罕时，他的父亲在荒年里，把他卖给札剌亦儿部的
一个异密亦鲁格-合丹〔aīlūkeh-q(a)dān〕，换了一条牛腿。这个异
密在窝阔台合罕左右担任师傅[atāb(a)k]。当[亦鲁格]派自己的
一个儿子到窝阔台合罕的宿卫怯薛①中去时，他将阿儿浑-阿合 121
连同这个儿子一齐送到了[那里]。由于他是个机灵人，他就逐
渐成了个大贵人，一直升到执掌伊朗国政并任八思哈(bāsqāq)之
职。他的儿子如下：乞来-灭里〔k(i)rāī-m(a)l(i)k〕、塔里阿只
(tārīāǰī)②、捏兀鲁思〔n(a)ūrūz〕、列克集〔l(a)kzī〕、哈只(ḥāǰī)、亦
斡勒-忽都鲁(īūl-qtlğ)③、不勒都黑(būldūq)④和斡亦剌台
(aūīrātāī)⑤，而他的孙子为古列克[kūrāk]等许多个。他也有许多
女儿。他把若干女儿嫁给了君主和异密们。他的儿子捏兀鲁思和
列克集娶了[成吉思汗]氏族的姑娘，当了驸马。亦勒速古儿赤和
他的儿子秃罕(ṭūğān)也是斡亦剌惕部人。

脱黑台别乞，在他被杀的最后一次战争中，在途中未与成吉思汗的军队作战，便屈服了；但他却率领军队向脱黑台别乞杀过去，击溃并杀害了他。就是这些。

---

① 关于怯薛，见汉译本本分册第183页注⑥。

② B本作 t(?)ārī(?)ǰī；贝书作 tārtāǰī。

③ S本作 ī(?)ūl-q(?)tlğ；B本作 ī(?)ūlq(?)t(?)lūq(?)；贝书作 būlqlūq(贝译作 Булуклук)。

④ B本作 īldūq；贝译作 Юлдук。

⑤ B本作 aī(?)rt(?)āī；贝译作 Иртай。

巴儿忽惕〔b(a)rqūt〕、豁里(qūrī)和秃剌思(tūlās)部落[①]

秃马惕部(tūmāt)也是从他们中间分出来的。

这些部落彼此接近。他们被称为巴儿忽惕，是由于他们的营地和住所位于薛灵哥河彼岸，在住有蒙古人并被称为巴儿忽真-脱窟木〔b(a)rğūǰīn-tūkūm〕[②]地区的极边。

在那个地区内住有许多[其他]部落：斡亦剌惕、不剌合臣[būl(a)ğāǰīn]、客列木臣〔k(a)r(a)mūǰīn〕[③]和另一个也在这一带附近、被他们称做槐因-兀良合(hūīn-aūrīānkqeh)的部落；各部都有各自的首领。成吉思汗把他们全都征服了，有关详情见于本纪。

在我国[即伊朗]，阿鲁浑汗的师傅〔atāb(a)k〕绰札罕〔ǰūǰ(a)ğān〕为巴儿忽惕部人；他的妻子[为]不剌罕〔būl(a)ğān〕[④]，儿子为塔兀台(tāūtāī)[⑤]和不剌勒吉-古客勒帖失〔būrālğī-kūk(a)ltāš〕。不剌勒吉之子撒塔勒迷失(sātālmīš)在伊斯兰君主——愿安拉佑其长久在位！——时，是受人敬重的大异密，他娶了忙哥-帖木儿的女儿古儿忒真(kūrdǰīn，俄译作 Курд-фуджин)[为妻]，她原先是起儿漫算端锁咬儿哈的迷失〔sīūrğ(a)tm(i)š〕的哈敦。

---

① B,P 本作 qūālās；C,L 本作 tūālās。

② 关于后来巴儿忽惕人移居到蒙古、察哈尔以及对他们本身的评述，参阅帕拉基·卡法罗夫教长的《1847、1859 年蒙古行纪》(第 159—161 页)。

③ C,L 本作 k(?)rmūǰīn；贝书作 krmūčīn(贝译作 керемучин)。

④ L 本作 blğāī。

⑤ S 本作 nāūtāī；B,P 本作 tārt(?)āī；C,L,贝书作 tārtāī。

塔兀台的儿子为忽都鲁-帖木儿、也先(aīsān)-帖木儿、不剌思(būlās)①和胡勒昆(hūlqūn),他们[现]任千夫长。忽都鲁-帖木儿的儿子塔海〔ṭ(a)ğāī〕,现娶有撒塔勒迷失的妻子古儿忒真;他的儿子为帖木儿和马合谋。过去曾从巴儿忽惕部聘娶者台〔ǰad(a)ī〕那颜之母;者台那颜之父由于追随成吉思汗,被他的叔伯们所杀;
他们还想谋害当时还是个乳婴的者台,但他的亲戚和母亲将他藏 122
在自己的部落中,把他抚养大了转交[给成吉思汗];由于这个缘故,[这个部落]迄今以亲友自命,享有各种权利。

巴儿忽惕部过去和现在都与额勒只斤部有友谊;他们自命为[与他们]有亲属关系并为一体,尽管他们并非出自他们的支系。由此之故,他们互相嫁娶姑娘。

阿里不哥有一妾;她生下了乃剌[nāīrā]②和不花[此处俄译本误作两人,应为一人,即:乃剌〔忽〕不花。——汉译者]*;她是巴儿忽惕的一个分支秃剌思部(tūālās)人。把儿坛把阿秃儿的长妻,[他的]儿子们的母亲速你古勒[sūnīk(u)l]也是巴儿忽惕部人③。就是这些!

秃马惕(tūmāt)部落

这个部落的所在地,靠近上述巴儿忽真-脱窟木[地区]。它也是从巴儿忽惕人的亲属和支系分出来的。[秃马惕人]住在乞儿吉

---

① B本作 b(?)ūlān;贝书作 būlān。

② C,L本作 bāīrā;贝书作 nāīr。

③ 参照汉译本本分册第195页。

思人地区内，是一支非常好战的部落和军队。他们的首领带都剌-莎合儿(tāītūleh-sūqār)曾来到成吉思汗处，归附了[他]。当成吉思汗忙于征略乞台，在那里滞留了六七年[后]回来时，他听说秃马惕[部]又起来作乱了。成吉思汗命令八邻部的纳牙(nāyā)①那颜前往[那里]；[但]据说他得了病。[于是，]他派遣了孛罗忽勒(brgūl)那颜。

这段事将在许慎部落分支孛罗忽勒传记中叙及。

简而言之，他们[蒙古人]打了几次大仗，才征服了秃马惕部落。但孛罗忽勒那颜却在战争中被杀。因为秃马惕人是一个奸诈、不怀好意的部落，所以[蒙古人]屠杀了他们的许多人。

这个部落的异密之中，未闻有贵显者。就是这些！

不剌合臣(būlğājīn)和客列木臣〔k(a)r(a)mūjīn〕部落

这两个部落都住在巴儿忽真-脱窟木地区，靠近乞儿吉思人地区的极边上。他们彼此相近。在我国[伊朗]，未闻有这两个部落的人；这两个部落的异密和非异密之中，都没有有名望的人。

兀剌速惕(aūrāsūt)、帖良古惕〔t(a)l(a)nkūt〕和客思的迷部落②

这些部落类似于蒙古人；他们以熟悉蒙古药剂、用蒙古[方法]
123 很好地治病闻名于世。他们也被称为森林部落，因为他们住在乞

---

① S本作 n(?)āyā；B本作 tāb(?ī?)ā；贝书作 nābāğā。

② C,P,L,I本，贝书作 kstmī(贝译作 кестеми)；B本作 kīštmī。

儿吉思人和谦谦州人地区的森林里①。

森林部落的蒙古人人数很多,他们使[外]人感到迷惘,因为凡禹儿惕[位于]森林地区的一切部落,都被称为森林部落。这样,泰亦赤兀惕部由于他们的营地在蒙古人、乞儿吉思人和巴儿忽惕人地区之间,也是森林部落。

这些部落[兀剌速惕、帖良古惕和客思的迷]的国土,[位于]乞儿吉思人的彼方约一个月的途程处。

成吉思汗的兄弟们和叔伯之中,有一些属于森林部落,有如本纪中所述。简而言之,森林部落很多,因为在一个[部落]分支中,一个兄弟的禹儿惕靠近森林,而另一个在原野上;从他们衍生出的部落就获得了两个名字。

但是,一个森林部落与另一个之间有很多差别,因为从一座森林到另一座森林,往往有一月、两月或十天的途程。

当乞儿吉思人已经称降,而[后又]举叛时,成吉思汗派遣自己的儿子术赤汗到上述这些部落去。他[术赤]* 从冰上通过冻封的薛灵哥等河,侵占了乞儿吉思人[地区]。

在[这次]出征和回师时,他也拿下了这些部落。就是这些!

① 这些部落的所在地,大概为鄂毕、叶尼塞两河上游之间地带。在费舍尔的《西伯利亚史》(圣彼得堡,1774 年)一书所附古西伯利亚地图(图一)上,帖良古惕人被标在鄂毕河上游及其右岸支流托姆河沿岸居住。在"谦谦州"这个部落名称中,无疑含有由乌鲁谦(大水)和谦齐克(小水)汇成的叶尼塞河的上游谦河的名字在内。十七世纪时,叶尼塞河左岸,一条也称作谦的小溪注入处,在西伯利亚总督治下,有个特殊的谦乡,即从谦河得名(参阅米勒尔的《西伯利亚史》第二卷所附十七世纪前半期西伯利亚图,莫斯科-列宁格勒,1941 年)。也许,从后来的住在叶尼塞河上游的卡马什-鞑靼人身上可看到古代的"谦谦州人"。

森林兀良合惕部落

这个部落不属于其他兀良合惕人：他们获得这个名称是因为他们的禹儿惕在森林中。他们从来没有帐篷，也没有天幕；他们的衣服是用兽皮制的；他们没有牛羊，他们饲养山牛、山绵羊和类似山绵羊的哲兰[①]以代替牛羊；他们把它们捕捉来[②]，[加以驯养]，挤乳、食用。他们视牧羊为一大恶习，以至于父母骂女儿时，只消说：
124 “我们把你嫁给一个让你去放羊的人！”她就会悲伤透顶，甚至悲伤得上吊。

在迁徙时，他们用山牛驮载，而且从不走出森林。在他们停留之处，他们用白桦和其他树皮筑成敞棚和茅屋，并以此为满足。当他们割开白桦树时，其中流出一种类似甜乳之[汁]；他们经常用来代替水喝。他们认为没有比这更美好的生活，也没有比他们更快活的人。

诗

鸟儿不知有清水，
整年置喙于脏水。

他们认为，如果人们住在城镇、州郡里和平原上，那就是处于深重的痛苦之中。因为在他们国内，山和森林很多，而且雪下得很

---

① 原文为蒙语 ǰūr，相当于突厥语 ǰairān，即瞪羚属、草原岩羚（Gazella subguttorosa）。

② 原文为突厥-波斯语 ūrūğlāmīšī k(a)rd(a)n，可能出自动词 ūrūqlāmāq，即用套索套颈之法或用一端带有皮圈的细长竿子（套竿）来捕捉野兽。贝勒津作 qūlāmīšī（贝勒津刊《史集》第1卷，第90页）。

大，所以冬天他们在雪面上打到许多野兽。他们制造一种叫做察纳（ǰāneh）①的特别的板子，站立在那板上；用皮带作成缰绳，[将它拴在板的前端，]然后手拿着棒，以棒撑地，[滑行]于雪面上，有如水上行舟。他们就这样用察纳[滑雪板]驰逐于原野上下，追杀山牛等动物。除自己踏着的察纳外，他们还拖着联接起来的另一些[滑雪板]走，他们将打杀的野兽放在上面。即使放上两三千曼②[重荷]，花不了多大力气就可以轻快地行走在雪层上。如果是一个不熟练的人，那么，他的两腿就会分开而撕裂，尤其是在下降和疾驰时。受过训练的人则奔驰得极其轻快。没有见过的人，谁也不会相信这点。

[关于此事的]传说，已达于伊斯兰君主——愿其长久在位！——圣聪，于是他下令将一群[出自]该国的人带了来。他们正是以[刚才]所述的方式那么干的。它已被证明无误。如今[君主]下令，又作了[一次试验]。

突厥斯坦和蒙古斯坦的大部分地区都知道察纳。巴儿忽真-脱窟木地区的豁里、乞儿吉思、兀剌速惕、帖良古惕和秃马惕[等部落]中对它尤其熟悉。因为这种[交通]工具在这些地区[特别]适用。

---

① 喀山-鞑靼语中含义为“滑雪板”或“小橇”的 čāngqya 或 čānğya 大概与此词有亲属关系。

② 大概是指现今还在全伊朗作为正规重量单位使用的小“曼”或大不里士“曼”，一曼等于 640“米斯卡勒”或 2949 克（参阅：穆罕默德·阿里·杰马利-扎德，《甘吉·沙伊甘》，德黑兰，伊斯兰教历 1335 年，第 167 页），虽然在这样的衡量下，未必能够用一个雪橇拖动重达 2000—3000 曼，即 6000—9000 公斤（562.5 普特）的载荷。此处的猎获物重量中，显然有东方所常见的那种夸大。

上述这群人，坚定不移地[固守]那种规矩和习俗，一直住在森
125 林中。但在成吉思汗及其伟大氏族的至尊时代，那里已成为其他蒙古部落的禹儿惕，他们[兀良合惕人]已与其他蒙古人相混杂。现今速勒都思部落的禹儿惕，就在这些森林的附近。

在我国[即伊朗]，没有什么出自这些部落的著名的人。但在成吉思汗时，有一个出自这个部落的异密，名叫兀答赤(aūdājī)，是左翼千夫长。后来，他同他的千户一起，受命守护不儿罕-合勒敦(būrqān-qāldūn)①地方的成吉思汗的大忽鲁黑②。[因此]他们从未到汗国来过。拖雷汗和他的宗族，忽必烈合罕、蒙哥合罕和他们的氏族，全都葬在该忽鲁黑。成吉思汗其他氏族的忽鲁黑在另一个地方。就是这些！

火儿罕(qūrqān)部落

以前，[当]成吉思汗与泰亦赤兀惕部落作战，他征集军队时，这个部落归附了成吉思汗。有关他们的纪事，见于本纪中。但我

① 这里显然指的是埋葬成吉思汗的不儿罕-合勒敦的那块禁地。根据迄今所知，还没有任何一个旅行家发现过那块禁地。关于伊金霍洛地方的成吉思汗陵墓(可能是虚构的)的有趣的报道，请参阅1898年《政府公报》第32、33号上所载《成吉思汗陵墓》一文(并请参阅帕拉基·卡法罗夫教长的《马可波罗华北行纪注释》，圣彼得堡，1902年，第14页)。

② 突厥语 ğurūq 或 qurūq，蒙语 horiğ 或 horiğūl，即禁止他人入内、专供皇室贵人及其家属使用的地方。用符拉基米尔佐夫院士的话来说，"蒙古游牧领主可以随心所欲地宣布其'嫩秃黑'(即属于他的游牧地面——谢麦诺夫注)的某一地段'被禁'，辟出所谓的'禁地'(xoriġ)，以充汗氏族成员的陵园，或供领主狩猎之用。顾名思义，此类'禁地'，当然是绝对不许任何外人进入的"。(符拉基米尔佐夫：《蒙古社会制度》，第112页。)

们不知道，当时和现在这个部落中有谁是大异密。

撒合亦惕〔s(a)qāyīt〕部落①

当成吉思汗与泰亦赤兀惕部落发生纷争之时，这个部落归附了成吉思汗，[从而]扩大了他的军队。有关他们的记载，见于本纪中。但无论当时和过去，没听说这个部落中有何显贵人物。愿至高无上的安拉保佑！

① S 本作 š(a)qāyīt；B，C，L 本作 sqāīt；I 本作 sfāī(?)ī(?)t(?)；贝书作 sqāīt(贝译作 сагаит)。

第　三　编

126 各有君长的突厥诸部落，但这些部落与前编所述突厥诸部以及蒙古诸部均无多大联系和亲属关系，尽管在种族和语言方面与它们相近。

前编所述诸部落，在近代，彼此也没有密切的亲属关系和联系。[以下]这些部落之中，每个部落都曾有君长、自己的禹儿惕和确定的营地；各[分为]若干部落和分支。

210 在现代，前述的其他突厥人和突厥-蒙古人并不特别敬重这些部落，[这]是因为蒙古人的君主们成吉思汗氏族，凭借最高的主的力量，征服并推翻了他们。然而，这些部落在古代却较其他种族的突厥部落更受尊敬和显赫，并且有过有威望的君主。这些部落之中每个部落的故事都将分别追述出来。就是这些！

客列亦惕〔k(a)rāīt〕部落

他们的宗支和分支；除了以后——只要最高安拉愿意！——将在《成吉思汗纪》和其他纪传中述及者以外，有关他们的若干纪事，[有关]客列亦惕部的禹儿惕、夏营、冬营地点的详情。

王汗本人的夏营为：塔兰-古泄兀儿（ṭālān-kūsāūr）、答班〔d-

(a)bān〕[①]和纳兀儿(nāūr)[②];他的右翼军的禹儿惕为:秃勒速坛(tūlsūtān)[③]和札勒速坛(ǰālsūtān)[④];左翼[的禹儿惕]为:亦剌惕(‘īlāt)、塔剌惕〔t(a)rāt〕、爱只额(āīǰīeh)[⑤]、古秃坚〔kūt(u)k(a)-n〕[⑥]、兀鲁惕(aūrūt)[⑦]、兀古鲁惕(ūkūrūt)、亦列惕〔yīl(a)t〕和帖儿的惕〔t(a)rt(i)t〕。

冬营地:兀帖勤〔aūt(a)kīn〕[⑧]-沐涟、斡伦-古儿勤(aūrūnkūr- 127
kīn)、脱失(tūš)、巴剌兀〔b(a)rāū〕、失列(šīreh)、忽鲁孙(qūlūs-ūn)、斡脱古-忽兰(aūtkū-qūlān)、札剌兀儿-忽兰〔ǰ(a)lāūrqūlān〕[⑨]。

[下面]谈谈他们的情况。

他们曾有过出自本部落的受敬重的君主。当时在那些地区里,他们较其他部落更有势力。耶稣——祝他安宁!——的召唤达到他们处,他们就皈依了他的宗教。

他们是蒙古人的一种;他们住在斡难、怯绿连[两河沿岸]蒙古人的土地上。那个地区邻近乞台国边境。[客列亦惕人]曾多次与一些人数众多的部落,特别是乃蛮诸部为敌。

---

① I 本作 diār。

② I 本作 bādūr;S 本作 n(?)āūr。

③ S 本作 tūlūtān。

④ S 本作 ǰālūtān。

⑤ S 本作 aīǰeh;I 本作 aī(?)ḥīeh。

⑥ S 本作 kūtkr。

⑦ S 本作 aūrū。

⑧ 汉文作“乌德鞬”,为哈剌和林附近的一座山名,邻近浑河或鄂尔浑河(布列什奈德:前引书,第 1 卷,第 240、259 页)。兀帖勤-沐涟大概是指流经那里的一条小溪(S 本脱漏“沐涟”一词)。

⑨ 贝勒津书中没有关于王汗的夏营和冬营的记载(贝勒津《史集》,第 1 册)。

在也带该把阿秃儿和成吉思汗时，他们的君主为王汗。他们曾有过交情，[成吉思汗的父亲和他本人]曾多次给王汗以帮助和支持，有如本纪中所详述者。最后，他们之间终于发生敌对，互相打起仗来。因此，他们[客列亦惕人战败后]作了成吉思汗的俘虏和奴隶；这些情况都将于本纪中叙及。

在王汗之时，只儿斤[原文 ḥrqīn，为 ǰrqīn 之讹写]* 部落的首领名叫曲克(kīūk)把阿秃儿，为一万户的古列延(kūrānī)的长官；他的禹儿惕在合剌温-只敦〔q(a)raūn-ǰīdūn〕[①]和赤乞儿-主勒古儿[②]。

当成吉思汗击溃王汗，[王汗的]部落溃逃时，曲克把阿秃儿有四个儿子：木亦讷黑(mūīnūq)、撒儿塔兀〔s(a)rtāū〕、亦老罕(aīlāūkān)和赛罕-阔阔出(sāīqān-kūkǰū)；这次战败时，他们惊慌失措，便商定了归顺成吉思汗。他们带着一百个人来为他效劳。在[成吉思汗]与泰亦赤兀惕、合塔斤以及撒勒只兀惕部作战时，他们是他的随从，替他出过力气。他们在为他[成吉思汗]效劳中，成为了受尊敬的异密；他们的氏族人数很多。现今他们的部落中有许多人供职于合罕处或在其他各兀鲁思中木亦讷黑有一个儿子名叫蒙哥(mūnkkā)，[其后人为]* 都思番·伊宾·不忽思-不花·

① 大概是指合剌屯(汉文作“黑林”)地方，拉施特所转写成的 qarāūn，也是“黑林”之意(qarā 即“黑”，oi(属格作 oyin)即“林”)。这个地方在发源于肯特山的土拉河畔(土拉河畔有库伦城，即今蒙古人民共和国首都乌兰巴托)。帕拉基·卡法罗夫教长曾提到土拉河附近山上的密松林和沿岸的绿树丛。据蒙文原始资料，合剌温(或合剌屯)地方，为成吉思汗的主要营址(布列什奈德，前引书，第 2 卷，第 291 页，注 707；帕拉基教长，《蒙古行纪》，第 91、113 页)。拉施特书此处有一个合剌温-只敦，在另一处(后文)还有个合剌温-合卜札勒，不知是否指同一个地方——合剌温峡谷？

② 原文 čīkr-ǰlğr，俄译作 Чикир-Джулгур，正确与否，并无把握。

伊宾·蒙哥·伊宾·木亦讷黑(dūzfān bn būqūz-būqā bn mūnkkā
bn mūīnūq);他曾同一个名叫曲乞(kīūḥī)的别速惕(yisūt)[①]部人
一起,奉灭里-帖木儿[②]之子明罕-昆〔m(i)nkqān-kūn〕之命,出使
来到陛下处。这些客列亦惕人有许多部落和宗支;他们全是王汗 128
的臣仆。兹分述[如下]:

客列亦惕。据说古代有个君王;他有七个儿子,肤色全都是黑黑的。因此之故,他们被称为客列亦惕。后来,这些儿子的各后裔分支逐渐获得了专门名号。到了最后,客列亦惕便用来称呼其中有一个君主的那个[部落]分支了;其余的儿子们都成为那个作了君主的兄弟的仆从,他们都不是君主。[但是,]安拉最知道!

只儿斤(ǰīrqīn)。他们是王汗诸部落中的一个受尊敬的英雄部落。做过泄剌失长官(šiḥneh)的不主惕-撒鲁只儿-忽带〔b(u)ǰūd-s(a)rūǰīr[③]-qūdāī〕,还有他的兄弟合黑合(qāqḥeh)[④]、秃海〔ṭ(u)ğāī〕和忽都鲁-不花必阇赤,以及他的儿子也速迭儿〔yīsūd(a)r〕[⑤]和都思拜(dūzbāī)[⑥],都出自这个部落。成吉思汗请求王汗派遣他的大异密阿赤黑-失伦〔aǰīq-š(i)rūn〕[⑦]出使于他,这个人也是该部落的人。

---

① S本作 bīsūt。

② 从“在王汗之时”起以迄此处,均为贝书所无。

③ A 本作 srūḥīr;B 本作 srūkhīr;C 本作 srūǰī(?)r;贝书作 srūǰīr;L,P 本作 srūḥī(?)r。

④ B本作 bāğḥeh;C,L 本作 qāqǰeh;P 本作?āqǰeh;贝书作 bāqǰeh(贝译作 Багча)。

⑤ S本作 ī(?)sūdr;B本作 ī(?)sūdūr;C本作 bīsūdār;L本作 y(?)ī(?)sūdār;I本作 y(?)ī(?)sūdr;贝书作 bsūdūr(贝译作 Бесудур)。

⑥ S本作 dūrb(?)āī;B本作 drb(?)āī;I本作 dūrī;P,C,L,贝书作 drbāī(贝译作 Дербай)。

⑦ B本作 aǰī(?)q;C本作 ačī(?)q;L本作 aḥī(?)q;贝书作 aǰīq。

董合亦惕①。出自这个部落的，有班昔勒〔b(a)nsīl〕②那颜和他的儿子秃黑鲁黑鹰夫(ṭūğlūq-qūšǰī)。与阿里纳黑(alīnāq)一起得名的泰出(tāīǰū)把阿秃儿和他的儿子，内乱时叛变的合赞(ğāzān)，也[是这个部落的人]。

撒合亦惕(集校本讹写作 sāqīāt)*。他们也是一个部落。

土别兀惕③。阿里纳黑(ʻlīnāq)把阿秃儿、阿勒赤-秃惕合兀
129 勒〔alǰī④-t(u)ṭğāūl⑤〕和他的儿子撒迪(sātī)⑥，就是这个部落的

---

① B本作?ūn(?)lʻāt；C，L本，贝书作 tūnkqāīt krāīt。[集校本作 qūnkqāīt，《秘史》作董合亦惕，《亲证录》作董哀。]*

② S本作 b(?)nsīl；B，P 本作 b(?)ī(?)sīl；C 本作 bīsīl；L 本作 bn(?)sīl；I 本作 nbsīl；贝书作 bīsīl。

③ C，L本，贝书作 tūbāūt；P，B 本作 t(?)ū?āūt。但在我们的原文(据 A 本)——标有元音符点——以及上列诸本中，这个词其实应读作 tūmāwūt。[《秘史》作土别干，《元史》作土别燕。]*

④ A 本作 a?ǰī；S 本作 īǰī；B，P 本作 alḫī；C 本作 īḫī；L 本作??ḫī；贝书作 alǰī(贝译作 алчи)。

⑤ 关于 tūṭğāūl(tūṭqāūl)一词所指的官衔和称号，请参阅贝勒津教授刊本《诸汗诏敕》(第 2 卷，第 30、31 页，注⑫)和布达戈夫《突厥-韃靼方言比较辞典》(第 1 卷，第 743 页)中所作的推测。tūtğāūl 一词，无疑源于突厥语动词 tutqālāmāq，意为：1)捉住、阻留、延缓；2)搂摸；从算端巴布尔的札记看来，在 15—16 世纪的中亚细亚，系指野兽在夏季和冬季所循的途径或路线，而在成吉思汗及其紧挨着的几个嗣位者的蒙古时代，则指一种专门的官员。贝勒津教授译此词为"稽查者"或"关吏"，看来是指守卫在路旁、城门或边境上的警官或关卡岗哨长官而言；这无疑使贝勒津得以武断地认为："关吏就是俄国的税吏(мытник，由'通过税'мыт 一词派生)。"而这个词在诸侯时代的旧斡罗思，系指在市场上征收各种交易税的官吏(мытный двор 交易税征收所，即是由这个词来的)。例如，在南斡罗思诸侯斗争中有一段故事：弗拉基米尔·姆斯齐斯拉维奇来到别勒戈罗德城时，当地的王公鲍里斯·尤利伊奇还平静地同亲兵们和别勒戈罗德的神父们在草棚中宴饮，要是没有一个税吏(мытник)把吊桥扯起来，王公就会被劫走(斯·姆·索洛维耶夫：《俄国通史》第 1 卷，"公益"版，第 426 页)；——从这段故事可以想到，税吏不仅在路旁，而且也在桥边，向运往市场的各种贸易物征收捐税。但是，蒙古的 tuṭğāūl 是否也执行这些职务，这还是个完全没有搞清的问题。

⑥ S本作 b(?)tānī。

人。现今额不干-必阇赤也是这个部落的人①。

阿勒巴惕(albāt)。出自这个部落的亦勒卜客儿(īlbkr,俄译据B本、贝书作 Илангиз)司膳(宝儿赤),[曾是]成吉思汗大哈敦孛儿帖旭真的侍臣;他是成吉思汗的千户中的一个百夫长。

王汗的祖父名为马儿忽思〔m(a)rǧūz〕,他[又]被称做不亦鲁黑汗。

当时,塔塔儿诸部人数很多,很强大,但经常称臣于乞台和女真的君主。那时,塔塔儿王公的首领名叫纳兀儿(nāwūr)-不亦鲁黑汗。他在捕鱼儿-纳兀儿地方有禹儿惕。有一次,利用机会[俘]获了客列亦惕人的君主马儿忽思-不亦鲁黑,[把他]送到了女真君主处。女真君主将他钉到"木驴"上杀害了。

过了一些时候,马儿忽思-不亦鲁黑汗的妻子忽秃黑台-赫里克只〔h(a)rīkǰī〕——赫里克只[意]为光艳动人,由于她容貌很漂亮,美丽动人,故被称以此名——因为他们的禹儿惕靠近塔塔儿诸部,便派人去说道:"我想送给塔塔儿君主纳兀儿-不亦鲁黑一百只公绵羊、十匹母马和一百'酝都'(ūndūr)马湩。""酝都"[一词],是指用皮子缝成,载于大车上的一种特别庞大的袋子;每袋可装五百"曼"马湩。[忽秃黑台]想为丈夫报仇:便在这些"酝都"中藏了一百名全副武装的勇士,并将袋子置于车上。他们到达后,便将公羊交给厨师,要他们准备起来,并且说道:"宴饮时,我们用车把马湩

① 此处在晃(董)合亦惕这个标题下所述者,在贝勒津教授刊本中,全被置于朵孛兀惕标题之下;而在贝书中置于董合亦惕-客列亦惕标题下者,在我们的原文中却又置于秃马兀惕标题之下。(贝勒津《史集》第1册,第96页。)

运来。”入席以后，他们拉来了载着“酝都”的那一百辆大车，面对着他们[举行宴会]的地方停住，并卸了下来。勇士们出来后，就和君主之妻[忽秃黑台]的其他仆从一起，抓住了塔塔儿君主，将他和在场的大部分塔塔儿部异密们都杀死了。这件事之所以有名，是因为马儿忽思汗的妻子用这个办法替自己的丈夫报了血仇。[在其他蒙古册籍中]还有如下记载：忽儿札忽思-不亦鲁黑汗在斡儿塔-巴剌合孙〔aūrtā-bāl(a)qāsūn〕[①]地方有[自己的]禹儿惕；他把在牙黑-牙卜罕(yāğ-yābğān)[②]的禹儿惕给了古儿汗和王汗，而把合剌合思-不鲁忽思(qārāğās-būrūğūs)[③]地方的禹儿惕给了台-帖木儿太师和余剌-马忽思(yūlā-māğūs)。[忽儿札忽思]说道：“如果他们在一起，就不得安宁；我一旦死后，无论从夜至晨，从晨至夜，他们是都不会放弃客列亦惕人的兀鲁思的！”因此，他让他们互相分开。

130 他的妻子秃剌海迷失(tūrāğāīmīš)[④]惯施巫术。每次丈夫出去打猎，她都立即使他从马上跌下来。因为他在她的手中不得安宁，就吩咐他的一个妾去杀害她。事情就这样地干了。后来，他想到了儿子们，想瞒住此事。他对[自己的]两个妾，都找了个[适当]借口，把她们杀掉了。过了一些时间，[忽儿札忽思-]不亦鲁黑汗也去世了。

王汗对台-帖木儿太师和余剌-马忽思说：“父亲在世时，我们

---

① 据I本补入。

② S本 y(?)ābğān。

③ 第一字母无识点，故此种读法乃出于推测。S本中书写此词，完全未加识点。

④ S本作 aūtūrağ(?)āī(?)mš。

曾相约射箭，不许射不中。为什么现在要把兀鲁思交给额勒只带[alǰītāī]去管？”他以这种方式把他们从[他们]自己的地方吸引到自己处来。一旦有了机会，他又向他们进攻；他们[逃出了性命]，来到脱黑塔处。脱黑塔说：“我们为什么要为他们去冒战争和侵袭的风险呢？！”于是他将[台-帖木儿太师]和余剌-马忽里两人抓起来送交给王汗；他就把他们俩杀掉了。后来，古儿汗说道：“我哥哥的眼泪还没干，他背上的肉也还没变硬，你怎么就杀死兄长，残害起弟弟来了。兀鲁思怎能存在呢？！”因此，古儿汗洗劫了[王汗]，迫使王汗逃走。王汗带了一百个人出亡，逃脱了[追击者]。也速该合罕站在他这方面，收容了他。这以后，[也速该]说道：“我们应当与这个人订交”，于是与他结成了义兄弟[安答]。在此情况下，忽图剌合罕[对也速该]说：“与这个人结交，不是一件好事，因为我[很]了解他。还不如与古儿汗结成安答吧，因为他有和善的性格，而这个人却杀害过自己的兄弟，用他们的血沾污了光荣的旗帜。现在他落得个[一无所有]：山牛未射中，倒把驴冢作了自己的大营；正因为如此，他才来寻求咱们的庇护。”也速该把阿秃儿不同意[他所说的]，他同王汗结成了朋友和义兄弟。他去攻打古儿汗，赶跑了他，把他的兀鲁思给了王汗①。

[上述]马儿忽思有两个儿子：一个名为忽儿札忽思(qūrǰāqūz)②-不亦鲁黑，另一个名为古儿汗。河中和突厥斯坦的君主古儿汗们，为哈剌契丹人。而这个古儿汗为客列亦惕君主马儿忽思

① 从“王汗对台-帖木儿太师……说”起，以迄此处，为贝书所无。

② A本作qūrḥāqūr；B本作qūǰātūr；I本作qūǰāqūr；贝书作qūǰātūr。

的儿子。[这一点务必记住,]不要搞错。忽儿札忽思-不亦鲁黑的儿子:一个名为脱斡邻勒〔ṭūğ(u)rīl〕,他被乞台君主称为王汗,王汗这个名字也就是“国王”的意思;另外几个名为:额儿客(arakeh)[①]-合剌、台-帖木儿[②]太师、不花-帖木儿、亦勒台(īlqeh)-桑昆[③]。亦勒合是名字,桑昆为“公子”之意。同样,札阿绀孛(ǰākambū)原名客列亦台〔k(a)rāīdāī〕[④]。当唐兀惕人捉住他时,见他十分机灵,便称他为札阿绀孛,即“国家的大异密”;“札阿”意
131 为“国家”,“绀孛”意为“大”[⑤]。总而言之,当他们的父亲去世时,名为脱斡邻勒的王汗,被派遣到边境上去担任指挥。其他两个儿子,台-帖木儿太师和不花-帖木儿据有了父位。王汗到来,杀了这两个兄弟,重新占据了父亲的宝座。

额儿客-合剌逃走,向乃蛮部落寻求保护;乃蛮部帮助了他:将国家[从王汗手中]夺回,交给了他,而王汗则被赶走了。成吉思汗的父亲再次帮助了王汗,赶跑了额儿客-合剌,重新夺回了王汗[所曾据有]之位,交还给了他。

王汗之叔古儿汗又来了,他逼走王汗并据有其位。成吉思汗再次帮助王汗,赶走了古儿汗,将王位交还给了王汗。王国终于归他所有。札阿绀孛始终与其兄王汗一致。有一次,古失鲁克汗之

---

① 原文标有元音符点。

② A本作 tāītmūr;B本作 bāīt(?)mūr;贝书作 bāī-tīmūr。

③ B本作 sān(?)kūn;C,L,I本和贝书作 sānkūn。

④ B本作 krāndāī;I本作 krābdāī。

⑤ 整个此段,贝勒津按其所刊布之原文本译作:“亦勒合”为名字,桑昆即“公子”。当唐兀惕人擒获他时,见他是个相当敏捷的人,便称他为札阿绀孛,即国公和可尊敬的王公。札阿为“国”,绀孛为“可尊敬的”(贝刊《史集》第1册,第68页)。

弟乃蛮君主不亦鲁黑汗的一个名叫可克薛兀-撒卜剌黑〔kūks(a)ū-sāprāq〕[①]的异密，带着军队前来，洗劫了王汗之弟亦勒合-桑昆和札阿绀孛的全部财产，[以及]王汗的部分禁地(uğrūqhā)。在此之后，王汗将军队交给他的儿子鲜昆〔š(a)nkūn〕[②]，派他去追敌人；同时还求援于成吉思汗。成吉思汗派出了孛斡儿赤[③]那颜、木华黎国王和赤老罕[ǰ(i)lāūqān]把阿秃儿。此事将于本纪中叙及。

札阿绀孛有四个女儿：一个名叫亦必合(abīqeh)[④]别吉，为成吉思汗自己所娶；另一个名叫必克秃忒迷失(bīktūtmīšī)[⑤]旭真，他聘娶给了[他的]长子术赤；第三个名叫唆儿忽黑塔尼，他聘娶给了幼子拖雷汗；她是四个儿子：蒙哥合罕、忽必烈合罕、旭烈兀汗和阿里不哥的母亲。[札阿绀孛的幼]女嫁给了汪古惕君主的儿子。据说，当成吉思汗制服了汪古惕人，他们归顺了之后，他想取得[札阿绀孛的]这个女儿并占有她；[但]无论怎样搜寻她，也没能找到。

王汗有两个儿子：一个名叫鲜昆，意即公子，另一个名叫畏忽[⑥]。畏忽有个女儿，名叫脱忽思(dūğūz)[⑦]哈敦；[成吉思汗]为拖雷汗聘娶了她，而在[拖雷]之后，她又为旭烈兀汗所娶。她是旭烈兀汗的长后。

① B，I，C 本和贝书作 sāīrāq；L 本作 sāīrāt。

② A 本作 šnkūn；S，C，L，I 本，贝书作 snkūn。

③ S 本作 b(?)ūrǰī；S，I 本，贝书作 būrǰī。

④ B 本，贝书作 abqeh(贝译作 абка)；C，L 本作 abīqeh。

⑤ A，S，B，I 本中，此词 tū 之后为一丢失识点之字母，贝勒津将此名读作 Биктуймиш，但 C 本中此词标有完全的识点，作 bīktūtmīš。

⑥ A 本作 abqū；B，C，L 本作 aīqū；贝书作 aīğūr。

⑦ C，L 本作 dūqūn；B 本作 dqūr；I 本作 dqūz；贝书作 dūqūr。

脱忽思哈敦的兄弟为撒里札(sārīǰeh)和……[缺]。在脱忽思哈敦斡耳朵里的秃黑塔尼〔tūqt(a)nī〕[1]哈敦，也是她的一个姊妹。
132 撒里札的女儿兀鲁克[ūrūt]哈敦，为阿鲁浑汗之妻和王储合儿班答〔kh(a)rb(a)ndeh〕的母亲。今犹健在的亦邻真〔aīr(i)nǰīn〕，是兀鲁克哈敦的兄弟。他们的亲属有很多人在忽必烈合罕处供职，现今他们的后人秃黑(tūq)-帖木儿·阿剌忽里合(arāqūrīqeh)和忽必来〔qūbīl(a)ī〕，还在那里。上述这些人，是王汗之弟亦迪-忽里合(yīdī-qūrīqeh)的兀鲁黑(后裔)。王汗的一个女儿察兀儿(ǰāwūr)别吉，为鲜昆的母亲所生，成吉思汗曾想聘娶她[2]，但此事未获允可，因此[成吉思汗]颇为不满。成吉思汗的女儿火臣别吉，曾受聘于鲜昆的儿子，但后来她嫁给了成吉思汗的舅父豁罗剌思部人孛秃驸马。

当古儿汗驱逐王汗时，成吉思汗的父亲也速该把阿秃儿曾去援助，赶走了古儿汗。[古儿汗]带了约三十个人逃往唐兀惕地区[3]，再也没有露面。因此，王汗与也速该把阿秃儿结成了义兄弟[安答]。

---

① B本作 tūqt(?)n(?)ī；贝书作 tūqtī(贝译作 Туктай)。

② 贝书作"曾聘娶给成吉思汗之子术赤"。

③ 拉施特书原文中，用 wilāyat-i tankqūt 这两个词来表达"唐兀惕地区"这个概念；前一词意为"地区"或"国家"。唐兀惕帝国的汉文名称，在中世纪时为西夏或河西(黄河之西)。唐兀惕国在蒙古人中也以河西或合申之名著称(布列什奈德：《中世纪研究》第1卷，第184、185页)。唐兀惕国(西夏)崛起于公元十世纪，一直存在到1227年为成吉思汗征服时为止。九世纪初，它合并了中国西北边区的一些小王国，同一世纪三十年代，唐兀惕人又占取了戈壁沙漠之南的额济纳河谷，在那里建立了一座亦集乃城，该城以蒙文名称哈剌浩特为我们所知，对学术界提供了一系列非常精彩的古代文物，如各种语言的抄本、绘画以及各种日常生活用品。我国学术界将哈剌浩特的卓越发现归功于著名的苏联旅行家普·克·科兹洛夫(参阅他的最新版《蒙古和阿木多以及哈剌浩特城遗址》，莫斯科，1947年)。

另一次,如前所述,在与额儿客-合剌发生内讧时,他帮助了王汗,将王位从额儿客-合剌处夺回,交给了王汗。额儿客-合剌逃走了。[①]

当王汗在最后一次与成吉思汗作战时,他被击溃后逃走;在涅坤-兀孙〔n(a)kūn-aūsūn〕[②]地方,[王汗]被太阳汗的两个异密:豁鲁-速别出(qūrū-sūbāūǰū[③])和丁-沙勒(tīnk[④]-šāl)擒获;因为他们[对他]有夙怨,便杀掉了他,将头颅带给了太阳汗。他不赞成[这样做],便下令惩处他们,说道:"你们为何杀死这样一位年高的伟大君主?应当[将他]活着带来!"他吩咐把王汗的头颅用银子镶起来;他把它安置在自己的宝座上,保存了许久,以示尊崇。

王汗失败的原因之一如下:蒙力克〔m(u)nklīk〕[⑤]-额赤格[⑥]之子帖卜-腾格里[tab-tankrī],曾从客列亦惕分支只儿斤[原文 ḥīrq-ūn,即 ǰīrqīn 之讹写]* 部落中,聘娶一个名为合丹把阿秃儿的姑娘。当王汗对成吉思汗起了恶念时,他派人去告诉帖卜-腾格里 133
说:"让我们一起行动起来,我从这边,你从那边!"帖卜-腾格里[将此事]报告了成吉思汗,[他便]采取措施,扑灭了[这个阴谋]。

就这样,有一天,太阳汗对[王汗]的头颅说道:"讲话呀!"据

① 系 I 本所增。

② 大概此即库伦以南,吉尔嘎兰图与多伦两驿站间的天然境界和山口诺贡-达巴。(参阅帕拉基教长《蒙古行纪》一书中,普·波兹德涅耶夫对旅蒙日记所作的评注,第 206 页。)

③ C,L 本作 b(?)āǰū;贝书作 bāǰū。

④ L,B 本作 tī(?)nk,ī 无识点;贝书作 tnk(贝译作 Тунг)。

⑤ S,L 本作 mnklī(?)k。

⑥ S 本作 aī(?)ǰkeh;I 本作 aīčkeh。

说，这时，[头颅]吐了几下舌头。太阳汗的异密们说道："这是不祥之兆！要是毁灭不降临到国家和我们头上，那才怪呢！"事情果然如此。

[王汗之]儿子鲜昆，带了一些人从其[父]被害之处逃出。在蒙古地区边境上有一座城，名为亦撒黑（aīsāq）①。[鲜昆]经过那里前往吐蕃地区，并想在那里住下来。吐蕃居民驱逐了他，他的那可儿们四散，于是他从那里逃了出来。在忽炭〔kh(u)t(a)n〕和可失哈儿〔kāšğ(a)r〕境内有个苦散（kūsān）②国（wilāyat）。那里有个算端名叫乞里赤-合剌〔q(i)līǰ-q(a)rā〕。他在该国中一处名为察合儿-客赫（ǰahār-kahah）③的地方，搜索到鲜昆，杀掉了他，捕获了他的妻子和孩子。过了一些时候，[乞里赤-合剌把他们]送到了成吉思汗陛下处，并归顺了他。在成吉思汗和王汗时，有许多异密出自这个部落。有个异密，名叫兀卜赤里台-古邻〔aūbčarīt(a)ī④-kūrīn〕把阿秃儿。"兀卜赤里台"意为"红果"；在蒙古地区，红脸常被比拟为红果，而那个异密的脸就像那红果。这人就是曾禁止札木合薛禅带着嘲笑、表示遗憾地谈论成吉思汗的那个异密。还有另一个异密，名叫忽里-昔里温（qūrī⑤-sīlīūn）太师。

---

① B本作 aīsāq；I本作 ansāq；贝书作 aīnšān。

② "可失哈儿"系指以同名城市为首府之东突厥斯坦或中国突厥斯坦。忽炭为东突厥斯坦昆仑山北麓之绿洲或城市，自远古以来即为一定居中心。苦散，大概即库车（布列什奈德：《中世纪研究》第2卷，第230、232、315页）。参阅后文242页注③。

③ 原文标有元音符点。

④ S本作 aūbḥritī；B本作 aūbčrit(?)ī；I本作 bḥrī(?)t(?)ī；C本作 aūbǰrī(?)taī；L本作 aūb(?)ḥrī(?)tī；贝书作 aūīǰīrī（贝译作 Убджир）。

⑤ B本作 qūzī。

王汗有一个大异密，名为奎-帖木儿〔kūī-t(i)mūr〕①。

当成吉思汗与王汗友好，有着父子[之谊]，[成吉思汗]以儿子身份坐在王汗身旁时，这个异密的座位就已高于[成吉思汗]，他经手成吉思汗与王汗之间的一切事务和谈话，并与[成吉思汗]友好。当成吉思汗战胜并打倒了王汗、其子鲜昆及其众异密，未被杀死的人都归顺于他时，这个奎-帖木儿凭着旧谊和往昔的和睦关系，来为成吉思汗效劳，他对他很尊敬。老老小小，都相信他的话。奎-帖木儿是一个身躯佝偻的老人。他有许多妻子，并特别宠爱其中的一个。有谣言传来说，鲜昆仿佛在乞儿吉思国重新得势，[奎-帖木儿]便抛弃家室和全部财产出走了。他流浪了许久，但并未找到鲜昆。由于他已出亡，[成吉思汗]便将他的爱妻给了晃豁坛部的 134
一个大异密脱栾扯儿必〔tūlūī-č(a)rbī②〕。[脱栾扯儿必]也有许多妻子，但自从娶了她之后，就抛开了别的妻子，[全部]时间和她在一起过。后来，奎-帖木儿既没有找到鲜昆，又没有了资财，便[重新]来为成吉思汗效劳。由于深厚的旧谊，并且他已非常老了，成吉思汗开恩赦免了他的罪，降旨道："我们怎能加罪于这样的老人呢?!"当时奎-帖木儿跪下禀告道："你赐给了我生命，如果你再开恩把我的爱妻也赐还给我，那就是[你对我的]格外恩典了!"成吉思汗对脱栾扯儿必说道："你怎么说呢，还不还?"由于脱栾扯儿必体会到成吉思汗[在这句问话中]的意思，他答道："尽管我也爱她，但怎能违旨呢?"便[将她]交了出来。有人问这个妇人道："这

---

① B本作 kī(?)tmūr；贝书作 kū-tīmūr(贝译作 Угутимур)。

② P，B本作 ǰūbī；I本作 ḥrb(?)ī；C，L本作 ḥrbī。

些异密都有那么多妻子，何以不管谁娶了你，就爱你胜过一切呢？”她答道：“所有妇女的体格彼此都差不多，[但]既然男人强有力又是主君，妻子不过是[他的]附庸，她就应当千方百计地使丈夫满意，做到不使丈夫不满，顺从丈夫的心愿，按他的意志操持家室。如果她能做到这样，那么，丈夫对她的爱无疑就会加深起来。”

还有一个异密，[名叫]辉都(qūīdū)。当王汗图谋把成吉思汗抓起来，而王汗的马夫[阿黑塔赤]把带(bādāī)和乞失里黑(qīšlīq)[把这件事]通知了成吉思汗时，这个辉都就脱离王汗，带着他所有的一个妻子、一个三岁儿子、一头骆驼和一匹“哈儿浑忽里”〔h(a)rq(u)nq(u)rī〕、即浅黄色马迁出，来到成吉思汗处。由于他表现出如此真诚的向往的心意，[成吉思汗]降旨让他把自己的部落客列亦惕人和董合亦惕人收集起来；辉都把他们编为一个千户。他的儿子忽儿塔合〔qūrt(a)qeh〕①曾统辖[这个]千户；而他的兄弟阿必失合〔āb(i)šqā〕②则曾供职于合罕处，担任受信任的主要的书记官[必阇赤]。

这个辉都有二十四个儿子；长子名为秃古儿(tūkūr)必阇赤；他是个百夫长，曾前来伊朗供职于旭烈兀汗处充任书记官；他曾从报达为他运出[哈里发的]帑藏和[全部]财富铸为大批金巴里失〔bāl(i)š〕③。阿里纳黑〔‘(a)līnāq〕是他的儿子；起初他在篾儿乞

① S本作 qūrīqeh；C、L本，贝书作 qūrtqeh(贝译作 Хуртага)。

② B本作 ab?š‘ā；贝书作 abūšqā。

③ 巴里失，自成吉思汗时代起就著名的一种蒙古货币单位。有金巴里失、银巴里失；据波斯史家瓦撒夫(14世纪时人)的记载，金巴里失和银巴里失每个约重五百米斯卡尔(约2.25公斤)。一金巴里失值二千底纳儿；一银巴里失值二百底纳儿，一纸巴里失值十底纳儿(参阅巴托尔德在《伊斯兰百科辞典》I，第621页，Balish条下所写的短文)。

惕诸部(aqwām)之一秃答黑邻部〔q(a)ūm tūdāqlīn〕人忽出儿〔qūč(u)r〕的千户中。以前,忽出儿供职于阿里纳黑的祖父辉都的千户中。由于辉都的基本千户和他的儿子们全都留在那里[合罕处]、留在自己的氏族〔h(u)ǰāūr[①]〕中,[忽出儿]便从诸千人队中 135
征收了赋税(qūbǰūr)[②]送到我国[即伊朗]。旭烈兀把忽出儿从辉都的千户中抽调出来;由于他为人机灵,他便派他管辖那几个千户中的一个千户。辉都的儿子秃古儿,即阿里纳黑的父亲,也在他的千户中当一名百夫长。忽出儿死时,阿里纳黑尚幼。旭烈兀汗把千户交给阿里纳黑统辖。

阿里纳黑的儿子为:忽儿迷失(qūrmīš)驸马、忽秃剌(qū-tūleh)、不忽带〔būğ(u)dāī〕、阿儿巴(arpeh[③])和札兀都儿〔ǰāūd(u)r〕。

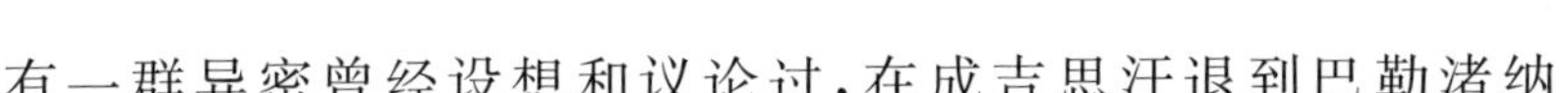

有一群异密曾经设想和议论过,在成吉思汗退到巴勒渚纳

① huǰāūr(忽札兀儿)为一蒙古词,贝勒津教授读作 ходжор,并认为源于蒙语动词 hoǰrahu,即“留在后面”,因此,此词意为“留于后方(蒙古)者”(见贝刊《史集》卷 I,第 106、263 页,注210)。符拉基米尔佐夫院士将 nuǰaur 译作“根源、氏族”(见《蒙古社会制度》,第 53、78 页)。

② 忽卜出儿,意谓牧地和向牧群征收的百分之一数额的税,因此,按此词的原意,主要向游牧人征收,而在蒙古国内,属于军人阶层的蒙古人也要缴纳忽卜出儿(巴托尔德:《安尼曼努彻清真寺波斯文壁铭》,圣彼得堡,1911 年,第 32 页)。这种情况也为拉施特所证实。据他说,“过去,在他们[蒙古人——谢麦诺夫注]的习俗和惯例还存在的时候,每年从全体蒙古军队中,以马、羊、牛、毡、克鲁惕[即干羊酪——谢麦诺夫注]等物作为忽卜出儿,分给贫困的斡耳朵和亲兵们”。(拉施特:《史集》第三卷,阿伦德斯译自波斯文,莫斯科-列宁格勒,1946 年,第 281 页。)

③ I 本作 adbeh。

(bālǰūneh)[①]去后，他们对王汗发起夜袭，将他赶走，然后自己来做君长；他们是下列诸人：答里台[②]-斡惕赤斤、阿勒台-主不黑(altāīǰubūq[③])、忽察儿(qūčar[④])别乞、札木合薛禅、忽木-巴邻(qūmbārīn[⑤])、速额该〔sūāk(a)ī〕[⑥]、秃海〔t(u)qāī〕[⑦]、塔鲁(ṭālū[⑧])、塔塔儿人忽秃忽惕[⑨]。当王汗觉察了他们的阴谋后，就摧毁了他们。其中答里台-斡惕赤斤、忽木-巴邻、客列亦惕部人撒合亦惕以及晃豁坛的伯叔乞里克讷惕人忽真(qū ǰīn)，全都归附了成吉思汗。阿勒台、忽察儿和忽秃忽惕跑到太阳汗处去了。他们曾怀疑成吉思汗勾结太阳汗，而他们自己却全都跑去了。当成吉思汗战胜太阳汗后，就把他们全都抓住杀掉了。鲜昆的异密之中，有必勒格别乞和秃丹(tūdān)[⑩]。他们就是成吉思汗曾说过，要他们出使到他那里去的那两个人。他们是鲜昆的伴当。阿剌(alā)-不花和塔亦儿(ṭāīr)，也是王汗的两个受尊敬的异密。就是这些！

① 湖名，位于外贝加尔地区，赤塔以南，图喇河从该湖流出(布列什奈德，前引书，第1卷，第296—655页)。

② S,A 本作 dārīt(?)ī;B 本作 dārī(?)t(?)ī;I 本作 dārāītī;C,L,贝本作 dāraītī。

③ B 本作 ḥūdūq;I 本作 ǰūq;C,L 本作 ḥbūq;贝书作 ǰūbūq。

④ 标有元音符点。I 本、贝书作 qūǰr(贝译作 Худжир)。

⑤ S,I 本如此;B,C,L 本作 b(?n?)ārī(?)n;贝书作 nārīn。

⑥ B 本作 sūālī。

⑦ B 本作 t(?b?)ūqāī;L 本作 t(?b?)qāī;贝书作 būqāī(贝译作 Бугай)。

⑧ 在此词之后,C,L,I 本中增出 mankqūt 一词。

⑨ S 本作 qūtūqūb;P,B,I,C,L 本,贝书作 qūtūqūt。

⑩ C,L,I 本作 tūdāūn;贝书作 tūdān。

乃蛮(nāīmān)部落

该部有若干分支。

在成吉思汗时代之前,乃蛮君主为纳儿乞失-太阳(nārqīš-tāyānk)和阿尼阿惕(anīāt)[①]合罕。当他们击溃乞儿吉思部时,阿
尼阿惕合罕未曾去见其兄纳儿乞失-太阳,也未给他送去礼物[②]。 136
纳儿乞失召了他去,拥抱了他的头;当他们彼此分开时,[纳儿乞失-太阳]说道:"好像我们谁也不给谁馈赠,莫非我不愿[见]您?!"

不亦鲁黑和太阳,都是阿尼阿惕合罕的儿子。当太阳汗同[他的兄弟]分离后,不亦鲁黑在移牧时[凑巧]从[他的牧地]前面经过,相距得很近,太阳汗的[其他]帐幕的顶部,看来就像载到了骆驼上。这时太阳汗说道:"我也是一个君主;如果不亦鲁黑来到这里停下,那就是他看得起[我们的款待],如果不来,那也就随他便吧!"不亦鲁黑没有停留就走了。太阳汗说:"我们准备接待他们作客;既然他们走了,我们就款待自己吧!"在这次宴会上,忽巴迭斤〔qūbād(a)kīn〕歌唱着说道:"请你们想一想,当额尼阿惕合罕和纳儿乞失-太阳在一起的时候,他们并没有使乃蛮兀鲁思中每个人都成为异密,每个妇女都成为贵妇,也没有生下很多子女。你们两个,好像公牛的一只角和母牛的一只角,是唯一的一对。而今你们

① S,I 本作 aīnāt。

② 原文为 neh bār neh t(i)kš(i)mīšī k(a)rd。tikšimīšī 一词为突厥语过去时形动词加波斯语词尾 ī 所构成的名词;显然起源于动词 tīkmak,即"站在…… 面前"、"呈现";其含义有二:(1)晋谒君主;(2)献给他的礼物(布达戈夫:《突厥-鞑靼方言比较辞典》,I,第 368 页)。

弟兄俩不和，动荡不宁得像海洋般的四分五裂的乃蛮兀鲁思，又将托付给谁呢？”

太阳汗听了这番话后，双颊发红，于是他说道：“请告诉不亦鲁黑：‘我们错了，请在一个适当的地方等我们前去’，至于他是否出来会见我，那就是他的事了。”不亦鲁黑答道：“有这样一个著名的谚语：常常有人跻于尊贵而无智慧，而他们此后却往往很幸福。只要我们健在，总会相见的！”［说罢，］他就从路上转向另一方向移牧而去。由于他们虽是兄弟，彼此间却不和睦，最高真理便使他们的境况发生了变化。

乃蛮人的禹儿惕列举如下：

夏营地：塔剌黑（tālāq）为他们君主的禹儿惕；札只阿（ǰāǰīeh）-纳兀儿是他的帐殿［斡耳朵］所在。

冬营地：阿答里-阿卜合〔ād(a)rī-abqeh〕①山，巴黑剌思-斡鲁木〔b(a)qr(a)s-aūlūm〕；阿只里黑（āǰīrīq）-纳兀儿和阿剌-亦惕邻河（alā-ītrīnk）②。

这些［乃蛮］部落都是游牧［部落］③，有些人住在多山之地，有些人住在平原上。如前所述［?］，他们所住的地方如下：大［也客］阿勒台，哈剌和林〔q(a)rāqūr(u)m〕（窝阔台合罕曾在那里的平原

① 或许应作 aīqeh，相当于蒙语 yeke。很难确指此山及其后所列诸地在何处。

② 从本节开端以迄于此，皆为贝勒津教授刊本所无。

③ 原文为 ṣ(a)ḥrān(i)šīn；贝勒津译作“草原部落”；但现今塔吉克语中的 ṣaḥrānišīn 或俗语中的 sarāšīn，均指游牧人而言，与之相对的是 šahrnišīn 或 šahršin 一词，即“定居居民”，不分其为城市或乡村居民。

上建有雄伟的宫殿)，阿雷-昔剌思山(alūī①-srās)和阔阔-也儿的 137
石山(康里部也住在那一带)，也儿的石-沐涟，即也儿的石河，位于该河与乞儿吉思地区之间并与该国边境毗连的群山，这些山一直延伸到蒙古斯坦地区、到王汗所住的地区(因此，乃蛮人经常与王汗发生纠纷，互相敌对)、到乞儿吉思地区以及与畏兀儿国毗连的沙漠边境。这些乃蛮部落及其君主都受人尊敬而又强大；他们有一支庞大而又精良的军队；他们的习俗与蒙古人相似。

他们的君王在古时名为古失鲁克汗或不亦鲁黑汗。“古失鲁克汗”意为强大的君王。据说，称为古失鲁克，还有另一原因：该部落有过一个君主，曾统治过妖魔和人，[对他们]具有强大的威力，甚至挤妖魔的奶，用它作成酸奶、都黑②、乳湩来饮用。后来，异密们说：“这是罪过！”那君主才放弃了此事。这是一种[神话]故事。“不亦鲁黑”这个名称则意为“发号施令者”。但他们的君主们，每人都另有一个父母用以称呼[他们本人]的本名。

乃蛮部太阳汗有[两个]异密，名为豁鲁-速别出(qūrū③-sūbā-

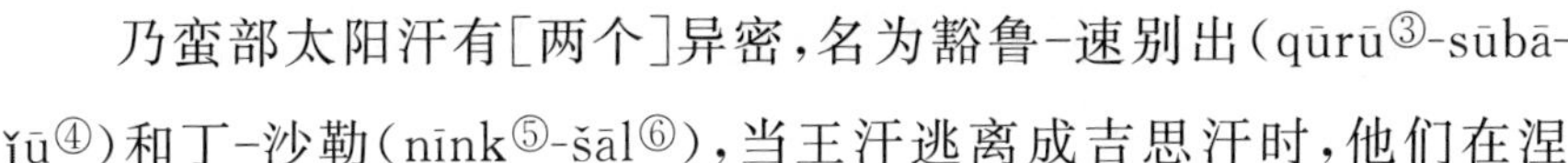

ǰū④)和丁-沙勒(nīnk⑤-šāl⑥)，当王汗逃离成吉思汗时，他们在涅

① C本中标有元音符作alwī。

② dūğ系酸奶掺水加以搅拌，将奶油在皮桶中捣制而获得的一种饮料，油被捣成小团并从其余液体中取走，剩余的液体即为都黑，天热时用作可口的清凉饮料。其突厥名称为aīran。

③ B本作qūrūsū；贝书作qūdūsū。

④ B本作b(?)āmū；I本作bāǰūd；C，L本作b(?)āǰū；P本作b(?)āḥū。

⑤ S本作t(?)īnk；B本作plnk；C，L本无识点；贝本作tnk(贝译作Тунг)。

⑥ B，L本作sāl。

坤-兀孙〔n(a)kūn[1]-aūsūn[2]〕地方捉住王汗,杀死了他,并将他的头带给太阳汗;他不赞成这样做,将头颅用银镶起来,并在[自己的]宝座上放置了一些时候,有如客列亦惕[部落]分支[篇]中所述者。

太阳汗与成吉思汗之间作战的经过情形如下:太阳汗向汪古惕君主阿剌忽失-的斤(alāqūš-tīkīn)[3]发出一个通知,要他来同他会合,以便与成吉思汗作战。阿剌忽失-的斤通过名为……[缺][4]的使者,向成吉思汗送去了[有关此事的]口信。[成吉思汗]决定与太阳汗作战。太阳汗召集了一支大军,并有其他部落的下列许多异密来与他会合:

138 塔塔儿部落,篾儿乞惕君主脱黑塔(tūqtā)[5],合塔斤部落〔q(a)t(a)qīn〕[6],客列亦惕大异密阿邻太师(alīn[7]-tāīšī[8]),朵儿边部落,斡亦剌惕君主忽秃合别乞〔qūtūqeh[9]-bīkī〕,撒勒只兀惕部落〔q(a)ūm〕,札只剌惕部人〔az q(a)ūmǰāǰīrāt[10]〕札木合薛禅。

还在作战之前,札木合薛禅就已离[开他们]而去。合撒儿将

① B本作 bāūn。

② C,L本作 aūsū。

③ B本作 t?nk。

④ 贝书作"名为 būrīān"。

⑤ A,S本作 t(?)ūqtā;B本作 tūqīā;I本作 tūqtāī;C,L本作 tūqā。

⑥ A,I本作 qt(?)qīn;S本无识点;B本作 m'īn;贝书作 qtqīn。

⑦ S,B本作 al?n;I本作 aūlīn;C,L本作?ālīn。

⑧ A,S,C,L本作 tā??šī;I本作 tāīšī;P本作 mā?? šī;B本、贝书作 māmīšī。贝勒津将这整个名字读作"Алынмамиш"(贝译《史集》,I,第110页)。

⑨ C,I,L本和贝书作 qūtūğeh。

⑩ A,S本作 ǰāḥīrāt;C,L本作 ǰāǰīrān;B本作 ǰām?rāt;贝书作 ǰāǰīrāt(贝译作 дзаджират)。

成吉思汗的中军列成战阵[①],他们进行了厮杀,乃蛮人被击溃;太阳汗被杀。就在这次战争中,乃蛮军队从纳忽-昆(nāqū-qūn)[②]上滚跌下来。太阳汗所宠爱的一个妻子古儿别速(kūrbāsū)[③],在太阳汗被杀后,被带给了成吉思汗,成吉思汗娶了她。

成吉思汗击溃乃蛮人并杀死太阳汗之后,虎儿年,他在斡难〔aūn(a)n〕[④]河流域,竖起九尾白纛(tūq),举行大会和大宴;并[在那里]被尊为成吉思汗。这以后,成吉思汗出师想去抓住太阳汗的兄弟不亦鲁黑汗;[当时]那人正在猎鸟[⑤],[成吉思汗]出其不意地在他打猎时擒杀了他。古失鲁克和他的一个兄弟,两人与[不亦鲁黑汗]在一起;他们逃了出来,向也儿的石河逃去。古失鲁克在最后的一次战争中,曾与脱黑台(tūqtā)[⑥]别乞在一起,后者被杀之后,他就逃奔到哈剌契丹古儿汗那里去了。

不亦鲁黑汗众异密的名字分列如下:也迪-秃黑鲁黑(yītī[⑦]-tūqlūq[⑧]),他在作战的第一天曾身先[士卒],但他的马肚带松脱,遂为成吉思汗的军队所擒。

---

① 在原文中,这一行动是用突厥-波斯语过去完成式动词 yāsāmīšī kard 来表达的;源于突厥语动词 yāsāmaq,即"作完、建成、布置;装备、收拾"。

② B 本作 bāqūq(?)ūn;L 本作 b(?)āqūqūn;P 本作 tātūqān;贝书作 bāqūqūq(贝译作 Багухун)。

③ 贝译作 Гурбасу。

④ A,S,P 本作 aūn(?)n;C,L,I,B 本作 aūīn;贝译作 Онон;即前述与额尔古纳河汇流成黑龙江的石勒喀河的右岸支流鄂嫩(斡难)河。

⑤ 原文为突厥语过去式形动词加波斯语词尾 ī 而成的名词 qūšlāmīšī,即"鸟猎,猎鸟",源于动词 qūšlāmaq,"猎取禽鸟,带鸟(即鹰、雕、鹫之类)行猎"。

⑥ B 本作 tūqsā。

⑦ B 本作 mīšī;C,L,I 本作'īdī;A,S 本作 y(?)ītī;贝书作 m?tī(贝译作 Мэдэ)。

⑧ B 本、贝书作 tūqlūn。

可克薛兀(I,L,C 本和贝书作 kūksākū)-撒卜剌黑〔s(a)prāq〕,这个名字的含义为“胸口疼”;他有雷鸣般的声音;捣毁王汗兄弟们的家室的就是他。

拖雷汗有一个妻子,名叫领昆(līnqūm)[1]-哈敦;她是古失鲁克汗的女儿;古失鲁克汗被击溃时,她当了俘虏。她[给拖雷汗]生下了一个儿子,名为忽睹都(qūtūqtū)[2];他早年去世。[拖雷汗]有一妾,名为伯撒剌黑〔b(a)ksār(a)q〕,是乃蛮部人;她是末哥(mukeh)[3]之母。这个伯撒剌黑是忽必烈合罕的乳母,她把自己
139 的儿子末哥给了另一个[妇人哺育]。因此,她受到人们的尊敬。有关详情,将于有关拖雷汗氏族分支的[篇章]中记述。

在与成吉思汗敌对之前,乃蛮人有个君王,名为亦难赤-必勒格-不古汗〔aīnān ǰ-b(i)lkeh[4]būkū-khān〕。“亦难赤”一词意为信仰;“必勒格”为尊号,[意为]“伟大的”。不古汗是古代一个伟大的君主,畏兀儿人和许多[其他]部落都带着高度的敬意[怀念]他,并说他是从一棵树中诞生的。总之,这个亦难赤-必勒格-不古汗是一个受尊敬的君主,有[若干个]儿子。他的长子的本名为拜-不花(bāī-būqā);乞台君主们称他为大王[I,C,L 本作 tāī-wānk,俄译误作 Ай-Ван]*,在汉语中意为“汗之子”。

这个称号在乞台人那里是一个中等[意义]的称号:乞台君

---

① B本作 l?sqūm;S 本作 ltbqūm;I 本作 lī(?)nqūm;L 本作 l??qūm;贝书作 līnqūm。

② A 本作 qūtūq(?)tū;B 本作 qūt(?)ūqū;I 本作 qūtūqt(?)ū;贝书作 qūtūqū。

③ A 本原文中标有元音符点;贝译作 Мэкэ。

④ C,L 本作 bākeh;贝译作 Йекэ。

主从未无故滥授称号。而今他们还有这种惯例;他们的称号非常多,与各部落和各地区相应的[各种]品级又极其适当。他们授人以称号时,各按其称号即可知悉各自的等级和[权]限,[例如,]在一次集会上有一百个人出席,那么,按照他们所被授予的称号,就可以明确地知道,谁有什么样的职位,谁应坐在什么地方。

因为无人懂得乞台词汇,所以拜-不花被称为太阳汗。[亦难赤-必勒格汗]还有一个儿子,名为不亦鲁黑汗。

父亲死后,两[弟兄]为了父亲所宠爱的一个妾而争吵起来;他们互相成为敌人而分开了。有些异密和军队投靠于一个兄弟,另一些则归附于另一个兄弟。但是,世袭的宝座为太阳汗所有,因为他是长子。他所在的地方靠近平原,而不亦鲁黑汗则在前述山中。他们相互间的关系非常坏。他们的父亲还在世时,就从[两兄弟的]脾气和天性中,看出了他们将来要敌对和骄横,并且说过:"我知道,只要太阳汗在我的位子上哪怕是坐上几天,不亦鲁黑汗就绝不会[与兄]和睦相处。不亦鲁黑汗就像一头骆驼,不到狼吃掉它半条腿时,他是不会挪动的!"最后果然如此。

太阳和不亦鲁黑在成吉思汗同王汗作战时也曾多次参战;他们每个人都各自行动而不互相支援,有如[成吉思汗]纪中所述。在成吉思汗与王汗失和之前,他们虽然曾与乃蛮人打过仗,但都未能把他们征服。成吉思汗消灭了王汗后,他就对太阳、不亦鲁黑及乃蛮诸部开战。如前所述,他击溃了他们,并且摆脱了他们。

与乃蛮人相近，禹儿惕与他们毗邻的诸部落中，有一个别帖斤(tīkīn)[①]部落。该部落有个君主合迪儿〔qād(i)r〕-不亦鲁黑，合迪
140 儿为[阿拉伯语]“伟大”、“强盛”的意思。由于蒙古人不懂这个名字，他们就说成了合只儿〔qāǰ(i)r〕[②]汗。有一些蒙古药剂，现今称做“合只儿”，古时候[却称为]“合迪儿”，即峻烈药剂。这个合迪儿-不亦鲁黑汗及其祖先的王国，较王汗、太阳汗以及客列亦惕和乃蛮其他君王的国家为大，而且合迪儿-不亦鲁黑汗也比他们更为著名和受尊敬。过了一些时期之后，上述君主们才逐渐比他们强大起来。

成吉思汗把这个别帖斤部并入了汪古惕部，[从此以后]他们就在一起游牧。他曾从的斤部为自己的氏族娶过姑娘，并且也曾把[她们]给予汪古惕[部]的异密们。她们和乃蛮部的姑娘，都以秀丽著称。合迪儿汗的儿子们是成吉思汗时代和……之时[③]……在我国[即伊朗]，不过一二人出自别帖斤部落。就是这些！

汪古惕(aūnkūt)部落

在成吉思汗时以及在此以前，汪古惕诸部属于乞台君主阿勒坛汗的军队和徒众之列。[该]部落〔q(a)ūm〕很特别，但与蒙古人相类似；他们有四千帐幕。尊号为阿勒坛汗的乞台君主们，[为了]

---

① S本作 t(?)ī(?)kīn；B本作 sī(?)kīn；C，L本作 b(?)tkīn；I本作 nī(?)kīn；贝书作 bīkīn。

② B本作 qākh(a)r。

③ B本，贝书中空格。

保卫自己的国家以防御蒙古、客列亦惕、乃蛮以及附近地区的游牧人，筑了一道城墙，这道城墙在蒙古语中称为兀惕古[atkū][1]，突厥语则称为不儿忽儿合(būrqūrqeh)[2]。[这道城墙]从女真海岸[3]开始，顺着乞台、至那和摩至那之间的哈剌-沐涟河岸[延伸出去]；这条河的上源，则在唐兀惕和吐蕃地区内[4]。[城墙的]任何一处，都禁止通行。起初，这城墙被托付给这个汪古惕部，责成他们守卫城墙。

在成吉思汗时，汪古惕人的君长名为阿剌忽失-的斤-忽里(alāqūš-tīkīn-qūrī[5])。阿剌忽失是名字，的斤-忽里为称号。他对成吉思汗暗怀向往之心。当乃蛮太阳汗与成吉思汗为敌进行斗争时，曾派人到阿剌忽失-的斤处去，要他同他齐心协力对成吉思汗作战。阿剌忽失将这个情况报告了成吉思汗。此事在乃蛮诸分支之[篇]中已附带述及，在[成吉思汗]纪中将予以详述。

后来，当成吉思汗攻打乞台地区时，阿剌忽失出于对阿勒坛汗的怨恨，将[他所防守的城墙]关口转交给了成吉思汗；因此成吉思汗对他大为赏识[6]，降旨将一个女儿赐给他[为妻]。阿剌忽失

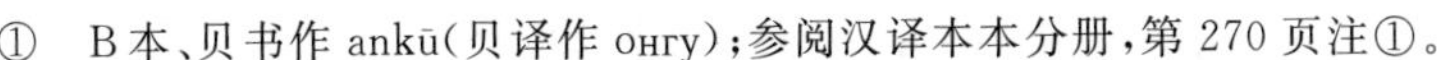

① B本、贝书作 ankū(贝译作 онгу)；参阅汉译本本分册，第270页注①。

② B本作 b(?)ūrqūrqeh；I本作 būrqeh；C,L本和贝书作 būqūrqeh。

③ 即从"满洲海"，也即从渤海湾起。

④ 哈剌-沐涟(蒙语 qara-müren)，即黄河。在布列什奈德的《中世纪研究》(第1卷)所附地图《亚洲中部》中，中国长城的走向，一直画到发源于青海湖以北山岭的额济纳河上游。

⑤ B本作 qūr??；C,L本和贝书作 qūrīn。

⑥ 原文为 b(i)siār sīūrğāmīšī k(a)rdeh。

141 说:“我已经老了,我有一个兄弟,名叫必讷亦(bīnūī)[1],他曾当过君王,死后,乞台阿勒坛汗将他的儿子镇国〔š(a)nkūī〕[2]带到乞台去作质。您可否将这个姑娘给他,让他到这里来!”成吉思汗降旨答道:“可以!”阿剌忽失-的斤便悄悄地派人去[告诉了]侄子,让他前来。[镇国]来了,当他抵达离那里不远的坚都克〔k(a)ndūk〕村时,他的叔父和父亲的异密们派人[告诉他]说:“你不能[到这里]来,因为你的叔父阿剌忽失要杀掉你。你暂停一下,等我们先把他杀掉!”镇国停留了下来,[这时],异密们便杀害了阿剌忽失-的斤。镇国来到后,为成吉思汗效劳。成吉思汗将自己的女儿阿剌海别吉赐给他[为妻];她的年岁比窝阔台合罕小,但比也可(īkā)[3]那颜大。此后,她就被称为阿剌海别吉(alāğāī-bīkī)。[就]在这时,成吉思汗降旨道:“是谁杀死了我们的这位亲家阿剌忽失-的斤?把凶手带来,让他偿还血债!”镇国跪下禀告道:“全体汪古惕人彼此合谋杀死了他。如果把他们全部杀掉,这[对您]有什么好处?”成吉思汗降旨道:“既然如此,就把下手杀他的那个人带来吧!”凶手被带来后,成吉思汗下令将他连同[他的]整个氏族一起杀掉了。

阿剌海别吉同镇国生了一个儿子,名叫安古带(ankūdāī)[4];拖雷汗的一个女儿[嫁]给了安古带,她幼于蒙哥合罕而长于旭烈

---

① S本作 b(?)īnūī;B本作 ī(?)b(?)ī(?)n(?)ūī;I本作 b(?)ībūī;C本作 b(?)īn(?)ūī;L本作 b(?)ī(?)n(?)ūī;贝译作 Есуй。

② B本作 sn(?)kūn;贝书作 šīkūn。

③ B本作 m?keh。

④ B本作 n(?)kūdāī;C,I,L本和贝书作 nkūdāī(贝译作 Негудай)。

兀汗。但他没有子女。

从这段历史中可见，有姑娘从成吉思汗氏族嫁到汪古惕部落，也有娶自他们的。因此，阿鲁浑汗的母亲海迷失〔qāīm(i)š〕[1]哈敦是汪古惕部人。

从这个部落出身的一批著名官长［如下］：在成吉思汗时代，他们之中有个千夫长名叫爱-不花［āī-būqā］[2]，而在前来我国［即伊朗］者之中，有成-帖木儿［ǰīn-t(ī)mūr］[3]，他是以前与班昔勒〔bī-s(i)l〕[4]那颜一同前来的。成-帖木儿的儿子们[5]，有很多个在花剌子模；他将女儿［们］嫁给君王们。玉速甫〔yūs(u)f〕的儿子马忽儿(māqūr)，［现今］在脱脱左右；忽儿秃合〔qūrt(u)qā〕的儿子现在我国。

成-帖木儿及其诸子的传记如下。在旭烈兀汗来到伊朗之前，窝阔台合罕 为了统率军队和掌管行政，派遣一个名叫班昔勒那颜的异密，以统师〔amīr-ī l(a)šk(a)r〕之衔［到这里来］，他是客列亦惕的一个分支土别亦惕(tūmāīt)[6]部人。现今他的后裔之中，留下有秃黑鲁黑-忽失赤(tūqlūq-qūšǰī)、诸兄弟和诸亲属。上述成-

① C,L 本作 qātmīš;B 本作 qābmš。

② A 本作 aīb(?)ūqā;B 本，贝书作 aītūqā;C 本作 āī(?)b(?)ūqā。

③ S 本作 ḥn(?)tmūr;B 本作 čī(?)tmūr;C,I 本作 ǰīn-tīmūr;L 本作 ǰīntmūr;A 本作 ḥītmūr;贝书作 čīntīmūr。

④ B 本作 šīl;L,I 本作 b(?)ī(?)n(?)sl;C 本作 b(?)īsl;贝书作 bīsīl。

⑤ 在 C,L,I,B 本和贝刊《史集》(第 117 页)中，均有几行补充。它们插在原文"成-帖木儿的儿子们"之后："如下：花剌子模长官古赤(kūč)-帖木儿和翁古-帖木儿，翁古-帖木儿的儿子们为玉速甫、忽儿秃合。古赤-帖木儿的儿子们有许多在花剌子模；他将女儿们嫁给了君王们。"

⑥ 贝书作 tūbāwūt(贝译作 Добоyr)。

142 帖木儿是作为那可儿[随同班昔勒那颜]前来的。与他一起来的有：也速迭儿〔yīsūd(a)r〕[①]宝儿赤之父、乃蛮部人古勒-不剌惕〔k(u)l-b(u)lād〕和也速儿〔y(?)īsūr〕札鲁忽赤，以及一个担任书记官[必阇赤]职务的畏兀儿人阔儿古思(kūrkūz)。

阔儿古思的儿子为：忽都鲁-不花、牙亦剌黑(yāīlāğ)-不花和其他兄弟们。现存的忽都鲁-不花的儿子为：畏兀儿台(aīğūrtāī)[②]和合赞把阿秃儿。

成-帖木儿死去时，班昔勒那颜命令阔儿古思前往合罕处禀报此事。忽勒-不剌惕对班昔勒那颜说道："不应当派遣他去，因为他是畏兀儿人，不会完成此事，他是去为自己办事情！"班昔勒没有听从，他派阔儿古思前去了。

[阔儿古思]到合罕处效劳时，为自己弄到了伊朗地区的八思哈(bāsqāq)[③]一职。他一[回]来，成-帖木儿的儿子斡脱古(atkū，俄译作 Онгу)-帖木儿就[和他]争吵起来[④]，他去到了合罕陛下

① B 本作 y(?)ī(?)sūr；C，L 本作 bīsūdr；S，I 本作 y(?)īsūdr；P 本作 y(?)īsūdz；贝书作 bīsūr。

② B 本，贝书作 aūīğūrbāī；P 本作 aūīğūrt(?)āī；A，C，L 本作 aīğūrtā。

③ bāsqāq，指蒙古大汗[合罕]在伊朗的全权代表。他监督当地政权，使它的措举不损害蒙古当局和它的利益。为行使自己的全权，八思哈拥有武装力量和一批相应的官吏。"八思哈"一词，大概并非如同我们的东方学家们所认为的源于突厥语动词 bāsmaq(压、榨、挤)，意为"压迫者、镇压者"；而是"守护者、监护人"的意思。(见 A. A. 谢麦诺夫：《关于金帐汗国的"八思哈"一词问题》，苏联科学院通报，文学语言编，第 2 卷，1947 年，第 2 期，第 137—147 页。)

④ 原文 tamājāmīšī 为突厥词加波斯语尾-ī，意为争吵、龃龉(参阅：布达戈夫，《突厥-鞑靼方言比较辞典》第 1 卷，第 375、376 页及所引波斯史家瓦撒夫和法国卡特麦尔(《蒙古史》)的话)。

处,[从合罕处]获得了自己父亲的职位,并带来了一个负有使者职责的异密阿儿浑(arğūn)。他来此之后,阔儿古思说:“我们是两只羊头,一个锅里容不下!”他们两人就这样争吵着去到了合罕处,[互相]敌对。为斡脱古-帖木儿负有使命前来的异密阿儿浑,对权位渴望在心;[最后,]他们两人的职位被授予了他。

后来,有一次阔儿古思从一座桥上经过,察合台的妻子的一个侍臣撒儿塔黑-古彻兀〔s(a)rtāq-k(u)čāwū[①]〕来到了那里。他们彼此交谈起来。阔儿古思问道:“你是谁?”[撒儿塔黑]答道:“我是撒儿塔黑-古彻兀。”阔儿古思说道:“我是阔儿古思-古彻兀”,并夹杂了一些粗鄙的话。撒儿塔黑说:“难道我不会去告发你?”阔儿古思说:“你要向谁去告发我?”[在此之前]不久,察合台已去世。撒儿塔黑-古彻兀将所说的话对察合台的妻子重述了一遍。她愤怒已极,便派人到窝阔台合罕处报告了[此事]。合罕下了一道[特]旨,要把他捉住,用土填[他的]嘴。圣旨到达之前,阔儿古思已到了呼罗珊。[阔儿古思]听说来了一个使者要抓他,便逃到徒思的一个残堡中。使者带来了圣旨,命班昔勒的儿子秃巴带 143
(tūbādāī)[②]捉拿阔儿古思。

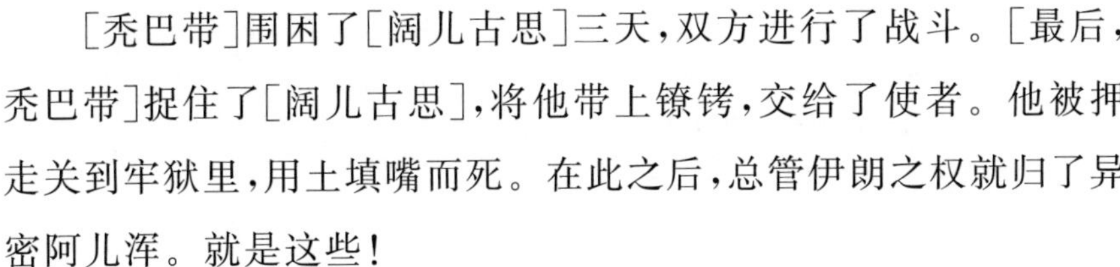

[秃巴带]围困了[阔儿古思]三天,双方进行了战斗。[最后,秃巴带]捉住了[阔儿古思],将他带上镣铐,交给了使者。他被押走关到牢狱里,用土填嘴而死。在此之后,总管伊朗之权就归了异密阿儿浑。就是这些!

① C,I,L 本作 k(u)ǰāū;P 本作 kǰāūr;B 本、贝书作 kǰāwūr(贝译作 Куджор)。

② C,I,B,L,P 本作 tūbdāī;贝书作 tūğlūq。

唐兀惕〔t(a)nkqūt〕部落[①]

这个部落大部分住在城市和村镇里，但它非常好战，并拥有庞大的军队。唐兀惕人曾多次与成吉思汗及其宗族[兀鲁黑]作战。他们的君主名叫龙-沙答儿忽(lūnk-šādarğū)。在唐兀惕人国内，有许多由城市、村落和堡寨组成的领地，还有许多走向不同的山脉。整个[国家]位于一座横亘其前的大山之旁；山名阿剌筛[alsāī][②]。这个国家的边境附近就是乞台[③]。南家思、蛮子〔m(a)nzī〕[④]、成-帖木儿都在这个国家的附近。

在窝阔台合罕时代，那里常有[蒙古]军队，在忽必烈合罕时曾派遣……[原阙]。

以前，蒙古人称这个地区为合申(qāšīn)[⑤]。窝阔台合罕的儿子、海都的父亲合申死后，禁用合申的名称。从此，这个国家重新被称为唐兀惕，迄今还称以此名。在成吉思汗和窝阔台合罕时代，

---

① 关于唐兀惕国，见汉译本本分册，第216页注2。至于后来的唐古特人和他们所在的地区，见我国著名旅行家恩·姆·普尔热瓦里斯基的杰作《蒙古里亚和唐古特人地区》(共二卷，圣彼得堡，1875—1876年；新出的第二版，莫斯科，1946年)。

② B本作 a(?)n(?)k?sāī；P本作 aksāī；L本作 lsāī；贝书作 ankšān(贝译作 Иньшань)。《秘史》第265节作阿剌筛。大概指现今宁夏自治区贺兰山(蒙语作 alaša 或 alağša)山脉，它沿着河套从西南向东北延伸。

③ 关于乞台一词，见汉译本本分册前面第89页注③。

④ 关于南家思和蛮子，见汉译本本分册，第89页注③和俄译本第二分册77页注3、4。

⑤ 如前所述(汉译本本分册，第220页注③)，唐兀惕地区以合失(kaši)或河西(koši)之名为蒙古人所知。克拉普罗特译出了拉施特书中有关部分，那上面说：唐兀惕人之国又称河西，这在汉语中意即“大河之西”(布列什奈德，前引书，第1卷，第185页注⑱)。

曾几度前往该地区并派去军队；因为唐兀惕人是一个好战而又强大的部落，所以经常起来作乱。他们终于被征服了，[但后来]重又举叛。

第一次，成吉思汗夺取了大部分篾儿乞惕部落之后，他于相当于[伊斯兰教历]601 年①的牛年，对该国[唐兀惕]发动了战争。

在该国境内有一座十分险要的堡塞，名为里乞(līkī)②，还有
一座名为阿撒-轻鲁思(asā-kīnklūs)③的大城；蒙古人攻占了它 144
们，进行了洗劫。他们攻打[唐兀惕]地区后，驱走了境内的大批骆驼。此后第三年，即[蒙古人]称为讨来・亦勒的兔年，在秋冬时，成吉思汗率领千军万马出征和占领那个地区。大部分地方为他所征服。在第四年，即[蒙古人称]为抹邻・亦勒的马年，夏天，成吉思汗在斡耳朵里，秋天，他[再次]出征，攻下了唐兀惕人的一座较重要的城市阿里孩〔ārī④-q(a)ī⑤〕。凡有未屈服的[唐兀惕人]和堡寨之处，他都加以征服。成吉思汗巩固了[他]在唐兀惕国的政权后，娶了他们的君主龙-沙答儿忽的一个女儿；他在那里留下一个长官(šiḥneh)和一支军队守卫该国。塔乞忽年，即鸡年，[成吉思汗]带着自己的斡耳朵出征大食(tāzīk)⑥国。在那里过了一些年月，成吉思汗听说唐兀惕王又起来作乱了。[成吉思汗]激起了

① 伊斯兰教历 601 年从公元 1204 年 8 月 29 日开始，到 1205 年 8 月 17 日止。由于突厥年是从春分即 3 月 9/22 日开始的，因此所述之事发生于公元 1205 年。

② B 本作 lī(?)kī；C，L，I 本作 līkr；贝书作 līkī。

③ B 本作 āsākītklūs；C，L，I 本作 asāk? sklūs；P 本作 asākīn(?)klūs。

④ S 本作 arrī；贝书作 arīq。

⑤ B 本作 fī；贝书缺。

⑥ 成吉思汗西征“大食国”，即 1219 年出征花剌子模王马合谋之国。

一股[惩罚唐兀惕王的]劲头，但因为他年岁已高，知道并断定归天之时已近，所以他将儿子们、众异密和近臣们召到身边，[立下了]有关国家、王位、王冠、宝座、军队以及诸子[封地]分封的遗嘱和训示。

那年秋天，他出征合申。该国君主龙-沙答儿忽求饶道："我惊惶失措，做了坏事；只要[成吉思汗]对我放宽期限，同意认[我]为子，并对此起誓，我就出去[见他]。"成吉思汗起了誓，并对他放宽了一定期限。这时，[成吉思汗]已患病，他留下了遗嘱：他死之后暂不发丧举哀，不让敌人知道此事，于规定期限内出来，[他们一出来]，就全部抓起来，一个个都杀掉。

那海·亦勒年春，即狗年春，龙-沙答儿忽出来了，他和全体城民都被交给了复仇之剑，[他的]王国被占领。猪年初，成吉思汗的灵柩运到斡耳朵里举丧；他的死去才为世人所知①。

出自唐兀惕部落的异密很多。成吉思汗曾从他们之中带来一
个兀察罕〔aū ǰ(a)ğan〕②-那颜；当他十五岁时，成吉思汗将他收养
为子，称他为五儿。他统辖成吉思汗的主要千户。当时作了规定
并被当作惯例：各千户都不得超过一千[士兵]，主要千户[或大千
145 户]也不例外。这个千户全部由属于成吉思汗各斡耳朵及其本人
的人组成。供给军队的各[种税赋徭役，如：]合兰〔q(a)lān〕、兀剌
黑(aūlāğ)、首思(šūs-ūn)、因合儿札黑〔anğ(a)r ǰāğ〕、阿儿合木赤

---

① 成吉思汗之死，按志费尼的记载，为伊斯兰教历 624 年 9 月 4 日，即公元 1227 年 8 月 18 日(《世界征服者史》，I，莱顿-伦敦，1902 年，第 144 页)。

② B 本作 ḥğān；I 本作 aūǰğāī；贝书作 čğān(贝译作 Чаган)。

〔arğ(a)mǰī〕[①],等等,全都用来公正地供应成吉思汗千户以及直属于他本人的那些人。而这[一切],全都按照兀察罕的话发放。在窝阔台合罕时,窝阔台任命兀察罕那颜统率驻扎在乞台边境上的全部军队,此外还授予管理乞台之权,凡在乞台境内的诸王和异密全都受他管辖。还有一个异密,名叫不劣(būreh)那颜,也是成吉思汗从唐兀惕带来的。当兀察罕那颜被授以重任时,这个不劣那颜便统辖了他的千户。他是[成吉思汗之妻]孛儿帖旭真大斡耳朵的大异密,兼管其他三个斡耳朵。在我国,阿术[āǰū][②]速古儿赤[s(u)kūrǰī][③]和他的儿子脱黑鲁勒札[ṭ(u)ğr(u)lǰeh][④],是这个部落人。

事情的缘起和有关不劣的故事如下。十三岁时,他从唐兀惕[地区]当了俘虏被押送了来。他在斡耳朵里放牧牛群。有一次,

---

① 这几个名词的含义如下:合兰为贡赋;兀剌黑为提供车马的徭役,即遇军旅往来,政府的急递或信差过境,如有马匹倒毙之类情形时,居民必须提供马匹和驮畜;首思,即对于过境的大官及其马匹,以及使臣及其随从人员等供应的粮秣;因合儿札黑,此词未获明确解释,贝勒津教授译作含义模糊的 повинность(徭役),而且没什么根据地认为它出自突厥语动词 indarmak,“使服从”(inmak、“服从”的使动态);最后一词阿儿合木赤,贝勒津所作的解释也同样不能令人满意,他认为这个词“其实就是突厥-蒙古语的……绳,但我在此处宁读为 armagān,即礼品”。armağān 是一个波斯词,为什么要用它来替换“阿儿合木赤”,殊不可解(贝勒津:《答剌罕诏敕》,第 40 页;贝勒津:《史集·蒙古史》,第 1 册,第 267、268 页;注 245;布达戈夫:《突厥-鞑靼方言比较辞典》,第 2 卷,第 21 页;阿·阿·谢麦诺夫:《前布哈拉汗国田赋租税制度概述》,塔什干,1929 年,第 6 页)。

② L 本作 āḥū;B 本作 dūrāǰū。

③ 关于“速古儿赤”一词,参阅本分册第 152 页注 10;但大概应从 B 本读作 šūkūrčī,即 šükürčī——带伞者,撑伞盖者。

④ A,S 本作 ṭğrlḥeh;L 本作 ṭğrkǰeh;I 本作 ṭğrāǰeh;贝书作 ṭğrīǰeh(贝译作 Торуджа)。

成吉思汗在猎取野兽时看见了他。[不劣]将自己的帽子置于棍端,恭恭敬敬地站立着,端着一只碗。成吉思汗问道:“你在干什么？这是什么?”他回答道:“我是唐兀惕人,是你带来的遭受劫掠的成批人群中的一个孤独忧愁的孩子。我把帽子放到棍端说:‘让我们两个之中有一个当上司吧。’帽子比我高,所以我就伺候它!”成吉思汗很喜欢这番话,又因为从他身上看出了能干和心灵成熟的迹象,便把他带到自己的大斡耳朵里孛儿帖旭真处,[在那里],他在[汗的]厨房中担任烹调。因为幸运帮了他的忙,[不劣]便逐渐腾达,当上了百夫长。后来,他又当了[成吉思汗]直属千户的长官。在窝阔台合罕时,当乞台国被完全征服后,[合罕]将那个地区以及在那个国家里的军队,完全交给了他。就是这些!

146 **畏兀儿部落**

按本书导言中所述,挪亚——愿他平安!——的儿子阿不勒札汗即雅弗的儿子的卜-巴忽亦的儿子合剌汗的儿子乌古思,由于他皈依了一神教而与诸叔、兄弟、侄儿们打仗,其中某些人帮助他,而另一些被他打败并夺取了领地后,他举行了大会,抚慰了亲属,异密和战士们,对一群与他同心同德的亲属授以“畏兀儿”之名。这个词在突厥语中为“团结、协助”的意思。这个名称包括了所有这群人及其后裔分支以及他们的氏族[兀鲁黑]。因为这些部落之中,有些部落已各以某种原因获得其他名称如:哈剌鲁、合剌赤、钦察,所以畏兀儿[的名称]就归剩下的[诸部]所有。按照这样的定义,一切畏兀儿人都是他们的后裔〔n(a)sl〕。当然,由于岁月悠久，诸部落分支及其宗支的情况已不甚为人所知，难以详细逐一确举其起源；由于这个缘故，避免和前面的记载相矛盾，他们全被看作突厥的一个分支。因此，虽然他们的记载已载入乌古思的分支中，但在本章中，似仍有必要按照畏兀儿人[自己]所叙述的，对于类似突厥的诸部落加以复述。又因为他们的传说和事迹极为丰富，故凡其册籍中所载事件以及有关他们信仰的记载，已辑为专史，作为这部吉祥史书的附录。此处仅摘录与[此]分支有关的一部分。

据说，畏兀儿斯坦地区（wilāyat）有两座非常大的山；一座名为不黑剌秃-不思鲁黑（būqrātū-būzlūq），另一座名为兀失浑-鲁黑-腾里木〔aūšqūn①-lūq-t(a)nkrīm〕；哈剌和林山位于两山之间。窝阔台合罕所建的城，也用那座山的名字来称呼。两山之旁有一座名为忽惕-塔黑（qūt-ṭāq）的山。这些山区内，有一处地方有十条河，另一处地方有九条河。在古代，畏兀儿诸部的驻地就在这些河流沿岸、[这些]山里和平原上②。沿着十条河流居住的[畏兀儿]，称为温（aūn）-畏兀儿，而住在九河[地区]的，称为脱忽思（tūğūz）-畏兀儿。那十条河称为温-斡儿寒（aūn-arğūn）③，它们的

① B本作 as'ūn；贝书作 asqūn（他将此词与后一词相连，译作 Ашканлук）。

② 指注入贝加尔湖的色楞格河右岸支流鄂尔浑河上游的山地。鄂尔浑河上游由许多小河相汇而成。从邻近其南的杭爱山北坡，也有一些小河流下，注入湖泊中。关于成吉思汗最初几个继承者的驻地哈剌和林城，参阅布列什奈德《中世纪研究》（第1卷，第122页，注304）和马列因译：鲁布鲁克《东方行记》，圣彼得堡，1911年版，第93、94、106、107、109—111、118、121、122、133、138、140、141、146、147、161、164、165页。

③ 原文实为 arğūn；C，L，B本作 arqūn；I本、贝书作 aūrqūn（贝译作 Орхон）。

名字依次如下：亦失里克〔aīīšl(i)k〕①、兀丁格儿〔aūt(i)nk(a)r〕②、
147 不乞思（būqīz）③、兀思浑都儿〔aūzq(u)nd(u)r〕④、秃剌儿（tūlār）⑤、塔儿答儿（tārdār）⑥、额迭儿（adar）、斡赤-塔宾（aūǰ-tābīn）⑦、合木剌卜忽（qamlabkhū，俄译作 Камланджу）⑧和兀的刊（aūtīkān）。

在前三条河畔住有九个部落，在[其次]四条河畔住有五个部落；沿第九条合木剌卜忽河居住的部落，称为隆（lūnk）⑨；住在第十条兀的刊河畔的，为合马黑-额的古思（qamaq⑩-ātīkūz⑪）部落。除沿着诸河居住的这些部落外，就在同一区域内，还有 122 个部落，但其名不详。

① L 本作 aī(?)nsnkl；B 本作 aī(?)n(?)škl；C 本作 aībstkl；I 本、贝书作 aīškl（贝译作 Ишкуль）。

② B 本作 aūt(?)īkr；I 本作 aūtn(?)kīs；C 本、贝书作 aūtīkr（贝译作 Утигер）。

③ C，I 本作 būqīr；B 本作 b(?)ūqtr；L 本作 b(?)ūqī(?)r；贝书作 tūq?r。

④ A 本作 aūzq?dr；L，B 本作 aūrqn(?)dr；S，I 本作 aūzqndr；C 本，贝书作 aūrqndr（贝译作 уркандур）。

⑤ L 本作 t(?)ūlū；I 本作 tūlr；B 本作 tūlūr；贝书作 tūlū。

⑥ L 本作 b(?t?)ārdār；B 本、贝书作 bādār。

⑦ B 本作 aūkh-bāīn；L 本作 aūkh-t(?)āb(?)ī(?)n；I 本作 aūč-tā'īn；贝书作 aūč-tābīn。

⑧ S 本作 qlānǰū。在我们的原文中，此词标有元音符点。布列什奈德博士引用了拉施特书中谈到畏兀儿人古代村落的这一段，考定了其中某些河流和地方：如额迭儿为色楞格河上源之一依德尔河，Камланджу 为土拉河与色楞格河相汇处附近的一个地方；兀的刊（汉文作乌德鞬），在浑河或鄂尔浑河附近。

⑨ C，L，I，B 本和贝书作 aūnk。

⑩ 我们的原文[A 本]* 中标有元音符点。C，L，I 本作 qmn；B 本作 qmn(?)；贝书作 qhn（贝译作 Кахан）。

⑪ 前一部分 B 本作 āī；后一部分 kūz 为 S 本所无，B 本、贝书代之以 kūīnd，L 本作 kūr。

过了若干岁月和世代，这些畏兀儿部落还没有指定的君长。在任何时候，各部落中都是通过暴力争夺，由某人作了本部落的异密。后来，所有各部为了共同利益举行了会议，并在会上议决："除非有一个能向全体发号施令的全权君主，我们别无出路。"全体一致满意地从诸部中最聪明的额必失里克〔abīšl(i)k〕①部落选出一个名为忙古台〔m(a)nkūtāī〕的人，授以亦勒-亦勒迪必儿〔aīlaīlt(i)b(i)r〕②之号。[他们]还从兀思浑都儿〔aūzq(u)nd(u)r〕部落[选出]另一个具有[良好]品性的人，把他称作古勒-亦儿勤(kūlaīrkīn)；他们让这两个人作了[全]民族〔ǰ(u)mhūr〕和诸部落的君主(pādšāh)。他们的氏族[兀鲁黑]统治了百年之久。

[畏兀儿人]所记载的他们的惊人事迹、奇异事件以及他们的某些信仰，按照他们所述，极其详尽地记载于《畏兀儿人篇》的专史中，作为这部吉祥史书的附录。

在近代，畏兀儿人商定如下：他们称自己的君主为亦都护(aīdīqūt)，即"幸福之主"。在成吉思汗时代，亦都护为巴剌术黑(bāraǰūq)③。当古儿汗成为河中和突厥斯坦各国的战胜者时，亦都护前去向他表示完全屈服。古儿汗向他派去了一个长官

① L本中为六个无识点之b+kl；I本作ab(?)šik；C本作abīstkl；B本、贝书作aīškl(贝译作Ишкуль)。

② L本作aīltb(?)r；B本作aī(?)ltī(?)rī(?)r；贝书作aīltrīr(贝译作Илтирир)。

③ 在我们的原文[A本]中，此词标有元音符点。I本作bārḥūq；L本作b(?)ārḥūq；B本作bāūrḥq；贝书作bāūrǰq(贝译作Баручак)。

148 (šiḥneh),名少监〔šāūk(a)m〕①。当[后者]逐渐掌握了大权后,他便向亦都护、[他的]异密们和畏兀儿诸部施展出强暴手段,索取额外的税赋;他们都对他感到厌恶。正在这时,传来消息说:成吉思汗已征服了乞台地区,紧接着,又传来了关于他的威武强大的传闻。亦都护作出暗示,将这个长官处死于哈剌-火者〔q(a)rā-khūǰeh〕②的村庄里。为表明对哈剌契丹的敌对态度和对成吉思汗的驯顺,[亦都护]向成吉思汗派去了[由]名为合勒迷失-合塔〔qālmīš③-q(a)tā〕、乌马儿-斡忽勒〔'm(a)r-aū ğūl〕和塔塔儿(tātār)[的数人组成]的使团;成吉思汗抚慰了来使,并降旨让亦都护前来陛见。他服从了圣旨,荣膺[成吉思汗]特示之垂青和恩赐而归。当[成吉思汗的]战无不胜的军队征讨古失鲁克汗时,[亦都护]遵旨带着三百人出征,立下了英勇功勋。后来,他获得许可后,带着他的近侍和部队返回。当成吉思汗进军大食地区时,[亦都护]奉旨带着他军队出征。他充任宗王察合台和窝阔台的侍从,在攻占讹答剌时,曾显示过奋勇。在此之后,他同异密塔儿拜(tārbāī)④和也速儿

---

① 贝书作 šādkm(贝译作 Шадкем)。

② 显然即后来吐鲁番地区的库车(拉施特和其他波斯语作家作哈剌-火者)。吐鲁番地区当时以畏兀儿斯坦(马可波罗作 Icogoristan)之名著称,亦即畏兀儿人之国。据马可·波罗说:"其中有许多城郭和堡寨,首邑名哈剌-豁可"(J. Frampton 和 N. M. Penzer 刊本《马可·波罗行纪》,第 43 页)。关于这些地方的过去的畏兀儿文化遗迹,参阅 S. A. 斯坦因:《西域考古记》,伦敦,1933 年。亦都护首府遗址在今哈剌-和卓附近,现今当地居民称之为"伊迪库特·沙赫里",即亦都护之城(斯坦因书,第 261 页)。

③ L 本作 q(?)t(?)ā?lš;B 本作 qt(?)ālmš;C,L,贝书作 qtālmš(贝译作 Каталмыш)。

④ L 本作 tūb(?)āī。

(yaīsūr)①,以及一个[军]畜草料供应人②,一同前往成吉思汗处,进入那个地区。当成吉思汗到达其老营、到达大斡耳朵里,宣布出征唐兀惕人时,亦都护曾奉旨从别失八里(bīšbūlīğ)③率领军队来为成吉思汗效力。

由于这些丰功伟绩,他博得[成吉思汗对他]特殊增加的恩宠;成吉思汗把自己的女儿许配给了[亦都护],[但]由于成吉思汗逝世而未能举行[婚礼]。[亦都护回]到了别失八里。窝阔台合罕 149
即位后,履行了父亲许下的[婚]约,将阿勒屯(altūn,俄译作Алтан)别吉赐给了亦都护。但在他来到[窝阔台合罕大营]之前,阿勒屯别吉已经死了。过了一些时候,[合罕]又将阿剌只(alāǰī)别吉许配给他,但在她被交给他之前,亦都护死去了。他的儿子乞失马因〔k(i)šmāīn〕前往臣事合罕,他当了亦都护,并娶了阿剌只

① L,B本作b(?ī?)ī(?)sūr;I本作bī(?)sūr;贝书作bīsūr。

② 原文(各本)作'lāf。贝勒津教授译此词为"行军粮";B. A. 茹科夫斯基教授为拉德洛夫院士翻译此处时,曾有如下议论:"我决定认为'lāf是一个专有名词,因为d(a)r ṣḥbt 'lāf mtūǰeh šdn(与草料一起前往)这个短句在我看来是难以设想或很不可能的"(见贝译《史集·蒙古史》导言,第128页;拉德洛夫:《关于畏兀儿人问题》,《帝国科学院集刊》第22卷附录第2本,圣彼得堡,1893年,第42页)。但是,拉施特在写一个异教的蒙古异密的名字时,未必会加上一个阿拉伯安母',因此,可以认为此处应读作allāf,即阿拉伯语"供应粮食或牲畜草料的商人"的意思。

③ 别失八里(五城,系突厥语的意译),为畏兀儿人的首府。这个名称在某个时期曾用以称呼位于天山东支南北的整个畏兀儿国,该国除别失八里外,还有其他城市(如哈剌和卓、鲁克泌等城)。在成吉思汗及其后嗣时代,从蒙古通往西亚的大商道经过别失八里。克拉普罗特在他那个时代,曾将别失八里的位置与现今东天山北麓的乌鲁木齐城混为一谈(见布列什奈德:前引书,第2卷,第27页注30)。根据晚近资料,别失八里遗址位于距乌鲁木齐150公里的济木萨城附近(见:格·符·多勒别热夫:《别失八里遗址之探查》,东方学部集刊,卷32,第77—121页)。

别吉，但不久他也死了。他的兄弟撒邻迪〔sāl(i)ndī〕，按照脱列哥那(tūrākineh)哈敦之命，据有兄位，作了亦都护，他非常强大和受人尊敬。在此期间所发生的他们[畏兀儿人]的其他事迹，只要荣耀的安拉乐意，将另为叙述。这个部落〔q(a)ūm〕过去和现在显贵的哈敦和异密，就是上述这些。

别克邻[①]〔b(a)krīn〕部落

他们又称篾克邻〔m(a)krīn〕。他们的营地在畏兀儿斯坦的险峻山岭中。他们既非蒙古人，又不是畏兀儿人。因为他们生活于山岭特别多的地区，所以他们惯于走山路，他们全都擅长攀登崖壁。[这个部落]总共有一个千户。他们归顺了成吉思汗并[向他]称臣，他们的官长则仕奉于成吉思汗。由于他们所在的地区邻近海都兀鲁思的边境，海都便把他们并吞了。当时他们的异密，名叫只难赤(集校本作khītānǰ；贝书作 ǰīnānǰ，俄译从贝书)[②]。在成吉思汗时，该部落首领将[自己的]女儿献给了他。成吉思汗非常喜欢她，对她很宠爱；她名叫木哥(mūkāī)哈敦；但他未从她生下子女。成吉思汗曾下诏让别克邻部落将自己的姑娘们进献上来，以便为自己或儿子们挑选喜爱的人。成吉思汗死后，[他的]这个妻子为窝阔台合罕所娶。他爱她胜过其他诸妻，因此她们都嫉妒她。察合台也爱这个木哥哈敦。在他得知

---

① 从此页(《别克邻部落传》)起，到本分册之末，全为奥·伊·斯米尔诺娃所译。

② 显然是古突厥专名亦难赤的一个突厥方言形式。

窝阔台合罕娶她之前，他曾派人去说道：“父亲［遗留下］的诸母和美妾[①]之中，把这个木哥哈敦给我！”窝阔台合罕回答道：“我已 150
经娶了她；如果信早一些来，我就把她送去了；假如他还看中别的人，我可以给［他］！”察合台说：“我要的是她，除她而外，我别无所求。”合罕也未同她生下子女。合申之妻、海都之母，是别克邻部落人。她名叫昔卜乞捏（sīpkīneh）[②]。这个部落的一个宗支（ṭāīfeh），随同旭烈兀来到［伊朗］，他们在我国，属于擅长攀登山崖的人。

乞儿吉思（qīrqīz）部落

乞儿吉思和谦谦州为相邻的两个地区；这两个地区构成一个地域〔m(a)ml(a)k(a)t〕。谦谦州是一条大河[③]，这个地区一方面与蒙古斯坦相接，它的一条边界与泰亦赤兀惕诸部所在的薛灵哥河［流域］相接；［另］一方面与一条称为昂可剌-沐涟的大河［流域］相接，直抵亦必儿-失必儿[④]地区边境。谦谦州的［又］一方面与乃蛮诸部所在的地区和群山相接。豁里、巴儿忽〔b(a)rğū〕、[⑤]

---

① 原文中是一个不认识的波斯词复数 bārīgānān，可能从波斯词 bārīk（“清秀、温柔”）派生而来，但也可能抄写有误，应作 yārīgānān（C 本作 yārīgānān），即“爱妻，心爱的女人”。因此将原文中出现的这个词译作“美妾”。

② L，I 本作 sīkīneh；B 本作 sī(?)kīneh；P 本作 siīkīneh；C 本作 sīpkī(?)neh；贝书作 sbkīneh（贝译作 Себкина）。

③ 关于此河，见汉译本本分册，第 205 页注①。

④ 见汉译本本分册，第 121 页注①。

⑤ S，C 本作 b(?)rğū；L，P，B 本作 b(?)rğ(?)ū；贝译作 Баргут。

秃马惕(tūmāt)①和巴牙兀黑(bāyāūk)②等部,其中有的是蒙古人,居住在巴儿忽真-脱窟木③地区,也邻近这个地区。在这些地区,有很多城市和村落,游牧人也很多。他们君主的尊号均为亦纳勒(aīnāl),尽管每个君主另有[自己的]名字,这个地区中的显贵姓氏为也迪(yīdī)。它的君主为……[缺]。另一地区名为也迪-斡伦(yīdī-aūrūn)④,该处君主名为兀鲁思-亦纳勒[arūs-aīnāl]。

在来年,即兔年,相当于603年诸月⑤,成吉思汗派遣了阿勒坛(altān)⑥和不忽剌〔būq(u)reh〕⑦为急使,到这两个君主处去,召[他们]归顺。那两个君主派遣了自己的三个异密兀鲁惕-兀秃术(aūrūt⑧-aūtūjū⑨)、额里克(alīk)-帖木儿和安乞剌黑(anqīrāq,

① C,L,B,I本作qūmāt。

② B本作b(?)āī(?)lūk;C,I本,贝书作bāīlūk;L本作b(?)āīlūk。[俄译作байаут。]*

③ 如汉译本本分册,第122页注①所述,巴儿忽真-脱窟木,大概即流入贝加尔湖的一条主要河流巴尔古津河。该河长达300公里,前120公里流经荒谷,然后经过“巴尔古津草原”,流入峡谷,注入贝加尔湖。巴尔古津为外贝加尔地区最北边的地区,气候严寒,多山,大部分为森林所覆盖。(见《苏联百科辞典》第4卷,第706页;《布罗克豪兹和额弗隆百科辞典》第5卷,第53、54页。)

④ A本作aūzūn;S,I,C,L本作aūrūn;P,B本,贝书作aūrn(贝译作Урун)。也迪-斡伦意为“七处”、“七地”(俄语之рундук(大箱子),即源于urūn、urūnduq)。

⑤ 伊斯兰教历603年,从公元1206年8月8日到1207年7月27日。

⑥ B本,贝书作albān;P本作alb(?)an。

⑦ S,L本作b(?t?)ūqreh;B本、贝书作tūqreh。

⑧ B本、贝书作aūrūq。

⑨ P,B本作at(?)jū;I本作aūīḥū;L本作aūt(?)ḥū;C本、贝书作aūījū(贝译作Иджу)。

俄译作 Аткирак)[1],带着一只白鹰,作为臣下对尊长表示的敬意[2],与他们一同回来,[向他]称臣。

过了十二年,虎年,住在巴儿忽真-脱窟木和拜鲁克(bāīlūk) 151
的一个部落秃马惕作乱时,由于这个部落邻近乞儿吉思人,[蒙古人]为了讨平他们,便向乞儿吉思人要军队;他们不给,也作起乱来。成吉思汗派遣自己的儿子术赤率领军队前去。乞儿吉思人的首领为忽儿伦(qūrlūn)[3];[蒙古人的异密]不花[4]打先锋;他击溃了乞儿吉思人之后由第八条河[5]返回。术赤赶到时,谦谦州河已封上了冰。他从冰上通过,讨平了乞儿吉思人而归。

哈剌鲁(qārlūq)部落

尽管在《乌古思传》中已提到了这个部落,但因为在成吉思汗时,他们曾前来觐见,有关他们的记载见于《成吉思汗纪》中,所以这里也从有关他们的篇章中,摘述一二。在成吉思汗时代,哈剌鲁人的君长名为阿儿思兰汗(arslān-khān)。当成吉思汗派遣八鲁剌思部人忽必来〔qūbīlā(i)〕那颜去到那里时,阿儿思兰便归顺了,并出见了忽必来。成吉思汗将[自己]氏族中的一个姑娘给了他,并降旨称他为阿儿思兰-撒儿塔黑台,即大食人阿儿思兰,并说道:

① B本作 at(?n?)qrāq;I 本作 atqrāq;C 本作 aīqīrāq;贝书作 aīqrāq(贝译作 Айкирак)[S本作 anqīrāq(?)]*。

② 原文为jihat-i aūljāmīšī;关于 aūljāmīšī 一词,见汉译本本分册,第160页注1。

③ C,L,I 本作 qūrlūq;B本作 t(?)ūlūn;P 本作 tūlūn;贝书缺。

④ S,L,P 本作 b(? n?)ūqā;C,I,贝书作 būqā[A 本 nūqā,俄译作 Нока]*。

⑤ 指汇流成叶尼塞河上游的河流之一。

“怎能称他为阿儿思兰汗呢!”

钦察〔q(i)bǰāq〕部落

尽管《乌古思传》中已提到了他们,按照上文提及哈剌鲁人的同样原因,这里对钦察部落也提一下。在成吉思汗时,钦察人的首领是出自钦察部落的一个异密,名叫宽阇〔kūnǰ(a)k〕,曾任成吉思汗的众速古儿赤(sūkūrčīān)之长。他有个儿子,名叫忽木儿必失-宽彻(qūmūrbīš-qūnǰī)①;他是一个熟练的猎人。有一次,他曾奉使前往伊斯兰君主处——愿他长久在位!他们[父子俩],都属于钦察王族。但是安拉最知道也最贤明!

① S本作 qūmūrb(?)š-q(?)ūn(?)ǰī;L本作 ūbūmūkūmūrb(?)ī(?)š-q(?)ūnḥī;I本作 u?ūmūb(?)ī(?)škūmūr-qūnǰī;C本作 uyūmūkūmurbīš-qūnǰī;P本作 qūmūr?īs-fūlḥī;B本作 q?m?rmīš-qūlḥī;贝书作 q?m?rmīš-qūlǰī(贝译作 Қамармиш-Қулджи)。

第 四 编 152

昔时即称为蒙古的突厥诸部落，[以下]将详为阐述的众多部落均由其中所出。

有关这些部落的部分故事，将引用于朵奔伯颜和阿阑-豁阿的历史中。这些蒙古部落包括两部分：迭儿列勤〔d(a)rl(a)kīn〕蒙古和尼伦〔nīrū'(u)n〕蒙古。迭儿列勤蒙古指一般蒙古人，而尼伦[蒙古]则指出自贞洁之腰，即出自阿阑-豁阿之腰和氏族者，此传说在蒙古人中间尽人皆知、广为流传。

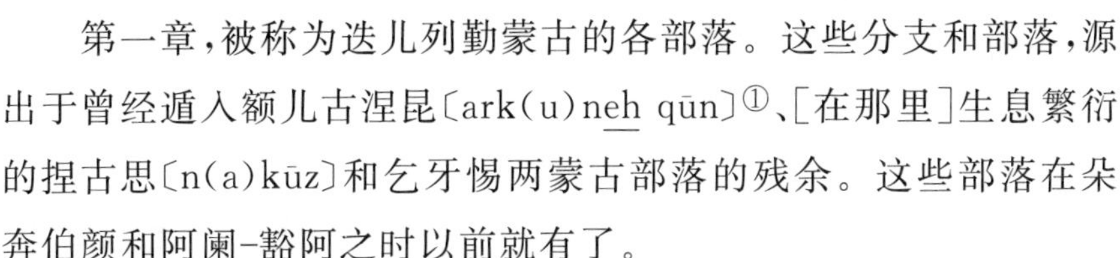

第一章，被称为迭儿列勤蒙古的各部落。这些分支和部落，源出于曾经遁入额儿古涅昆〔ark(u)neh qūn〕①、[在那里]生息繁衍的捏古思〔n(a)kūz〕和乞牙惕两蒙古部落的残余。这些部落在朵奔伯颜和阿阑-豁阿之时以前就有了。

第二章，被称为尼伦蒙古的各部落。这些部落，是在阿阑-豁阿的丈夫朵奔伯颜死后，后来从阿阑-豁阿的氏族衍生出来的。

阿阑-豁阿属于迭儿列勤蒙古的一个分支豁罗剌思(qūrūlās)部落。按蒙古人的见解，[阿阑-豁阿]于[其]夫死后，曾感光而受孕，生下了三个儿子；属于这三个儿子氏族的，即称为尼伦。“尼

① 即到额尔古纳河。

伦”意为“腰”。此贞洁之腰表明他们[三子]起源于[灵]光。

属于阿阑-豁阿及其诸子氏族的部落，分为三部分，分述如下：

第一部分，到第六代以前，即合不勒汗所属的一代以前出于阿阑-豁阿氏族者。诸子、诸侄及其氏族[兀鲁黑]中的所有这些人，概被称为尼伦。合不勒汗的兄弟们及其氏族，也被称为尼伦。

第二部分，虽为尼伦、但被称为乞牙惕（qīāt）者。这些部落是从阿阑-豁阿第六代合不勒汗后裔形成的宗支（ṭāīfeh）。

第三部分，虽起源于尼伦乞牙惕部落与阿阑-豁阿纯洁氏族，
153 并出自其第六代直系后裔合不勒汗，但被称为孛儿只斤〔b(u)rǰ
(i)qīn〕乞牙惕的各部落。它们的起源如下：它们出自合不勒汗之孙、成吉思汗之父也速该把阿秃儿。

第　一　章

从遁入额儿古涅昆的捏古思和乞牙惕氏族所出、在朵奔伯颜与阿阑-豁阿时代以前即已存在的宗支和部落，即被称为迭儿列勤的突厥-蒙古诸部落。

按照这部吉书序言中所详述，蒙古诸部落是全体突厥诸部落的一个集团，他们的外貌和语言彼此相似。整个这个民族，起源于先知讷黑——祝他安宁！——的儿子，被称为不勒札汗[阿不勒札汗]并为突厥诸部落共同始祖的雅弗。但因为经历了久远的年代和漫长的岁月，时日之久远成了事情遗忘的原因，突厥人既无书册又无文字，所以他们未能写下四五千年的编年史，除了距今[最]

近,经口头流传到他们,并由他们教给子孙的若干传说外,就再也没有确切可靠的编年史了。

这些部落有彼此相邻的禹儿惕[游牧营地]* 和地区,并且明确规定,各部落的禹儿惕从哪里到哪里。

他们的全部禹儿惕,在现今称为蒙古斯坦的地区,从畏兀儿国边境起一直延伸到乞台和女真①边界。这些地域及有关详情已记述于前。大约距今两千年前,古代被称为蒙古的那个部落,与另一些突厥部落发生了内讧,终于引起战争。据值得信赖的贵人们[所转告]的一则故事说,另一些部落战胜了蒙古人,对他们进行了大屠杀,使他们只剩下两男两女。这两家人害怕敌人,逃到了一处人迹罕至的地方,那里四周唯有群山和森林,除了通过一条羊肠小道,历尽艰难险阻可达其间外,任何一面别无途径。在这些山中间,有丰盛的草和[气候]良好的草原。这个地方名叫额儿古涅-昆。"昆"字意为"山坡",而"额儿古涅"意为"险峻";这个地方意即"峻岭"。那两人的名字为:捏古思和乞颜(kīān)。他们和他们的后裔长时期居留在这个地方生息繁衍。

他们的各个分支渐以某个名称著称,并成为一个单独的斡巴黑(aūbāq)②;斡巴黑[一词系指]属于某支和某氏族的那些人。这

① 关于乞台和女真,见汉译本本分册,第 89 页注③和第 114 页注⑤。

② 斡孛黑,即氏族。关于此词,参阅符书第 46 页起。顺便说说,在 B 本、贝书中,没用这个词,而用的也是"氏族"之意的一个突厥词 umāq。此词也和 uimāq 一样,有时被拼写作 aimāq,顺便说一下,aimāq 也指现今阿富汗北部的某些游牧部落,例如那里有 čār-aimāq(即四部落):ǰamšīd,taīman,fīrūzkūh 和 hazāraič。(参阅:谢麦诺夫:《哲木失氏和他们的国家》,载《俄国地理学会突厥斯坦分会通报》第 12 卷,塔什干,1923 年,第 161—174 页。)

154 些斡巴黑又复[繁衍]分为多支。现今在蒙古诸部落中已经查明，凡出于这些分支的人，多半互为亲属，他们都是迭儿列勤-蒙古人。“蒙古”〔m(u)ğūl〕一词，最初作萌古〔mūnk(u)〕，意即“孱弱”和“淳朴”。乞颜在蒙古语中，意谓从山上流下的狂暴湍急的“洪流”。因为乞颜人勇敢、大胆又极其刚强，所以人们以这个词为他们的名字。乞牙惕为乞颜的复数；在这个氏族中，近于始初的那些人们，在古代被称为乞牙惕。

当这个民族在这些山里和森林里生息蕃衍，[他们所占的]地域显得日益狭窄不够时，他们就互相商量，有什么好办法和不难[做到]的办法，可使他们走出这个严寒的峡谷和狭窄的山道。于是，他们找到了一处从前经常在那里熔铁的铁矿产地。他们全体聚集在一起，在森林中整堆整堆地准备了许多木柴和煤，宰杀了七十头牛马，从它们身上剥下整张的皮，[用那些皮]做成了风箱。[然后]在那山坡脚下堆起木柴和煤，安置就绪，使这七十个风箱一齐煽起[木柴和煤下面的火焰]，直到[山]壁熔化。[结果，]从那里获得了无数的铁，[同时，]通道也被开辟出来了。他们全体一起迁徙，从那个山隘里走出到原野上。据说，源于乞颜的一个主要分支曾拉过风箱。以捏古思之名著称的部落和属于它的分支的兀良合惕部落，也曾拉过风箱。

另一些部落声称[曾参加]拉风箱，但上述诸部落不承认它们[有过此事]，并且肯定地说，由若干分支组成的弘吉剌惕部落(关于该部将于后文详述)，也是在额儿古涅昆从捏古思和乞颜所出的一个[部落]，未经商议就先于他人出了[峡谷]，用脚踩坏了其他部落的炉灶。那些部落肯定地说，弘吉剌惕人的有名的足疾，就是由

于他们未与他人商议，[最]先走出[峡谷]，莽撞地用脚踩了他们的灶火才造成的；由于这个缘故，弘吉剌惕部感到很苦恼。

有一群现在住在这里并曾见过额儿古涅-昆的蒙古人肯定地说，虽然这个地方很艰苦，但尚未达到[所说的]那种程度，他们熔山的目的，[只]是为[自己的]光荣开辟出另一条路。

因为阿阑-豁阿的丈夫朵奔伯颜出身于乞颜氏族，而阿阑-豁阿出自豁罗剌思部落，所以如前所述，成吉思汗的世系起源于他们。因此，人们没有忘记那座山、熔铁和打铁的事，在成吉思汗的氏族中有这样一种习俗和规矩：他们在除夕之夜，准备好风箱、熔铁炉和煤，把少许的铁烧红，放到砧子上锤打，展延[成条]，[对自 155
己的解放]表示感激。

尽管由于如上详述的原因，这个部落在古代被称为乞牙惕，但在朵奔伯颜之后，由于从他产生出很多部落、分支和宗支(qabīleh)，各宗支都有某一名称加以识别，乞牙惕的称号反而湮没无闻了。

后来，阿阑-豁阿第六代后裔合不勒汗生有六个儿子。因为他们全都是勇士、尊贵的大人物和王子，所以乞牙惕又成了他们的称号。从那时起，[合不勒汗的]某些子孙被称为乞牙惕，其中他的一个儿子、成吉思汗的祖父把儿坛把阿秃儿的子孙，也被称为乞牙惕。当时把儿坛把阿秃儿有个名叫蒙格秃-乞颜[①]的长子，“蒙格秃”意谓“多痣之人”，他的颈上就有一颗大痣。他是个大勇士，现

① B本作 mūnkeh wa qīān；L 本作 mūn(?)kdū-qī(?)ān；贝书 mūnktūqīān(贝译作 Мэнгету-Кыян)。

今住在钦察草原地区的很多乞牙惕人，都起源于他的氏族、他的堂兄弟和族人们。虽然按照上述权威说法，成吉思汗、其祖先和兄弟们，都属于乞牙惕部落，但是，乞牙惕-孛儿只斤成了成吉思汗之父也速该把阿秃儿子孙的称号；他们既是乞牙惕，又是孛儿只斤。“孛儿只斤”在突厥语中，[意谓]蓝眼睛的人。他们的[肤]色微黄。他们很勇敢又极大胆，因此他们的英勇受到传诵。当其他部落相互间发生战争时，各部落寻求他们[孛儿只斤人]应承[支持自己方面]，跑来[给他们]很多礼物，请求他们以武力相助。各部落借他们的支援而征服和打败[自己的]强敌。蒙古人那里所知道的有关他们的情况，就只有以上所述的很少一点。按照后文所将详述的情况，从他们产生过很多部落。有关诸部落的记述冗长烦琐的主要原因，是由于尼伦部落和成吉思汗的祖先，全都属于一个分支，属于曾经遁入额儿古涅-昆的那两个人的氏族。他们曾长期在那里生息蕃衍；从他们产生出被称为迭儿列勤-蒙古的各支派、分支和部落。从他们的后裔、从[他们的]腰中产生了许多部落。从朵奔伯颜和阿阑-豁阿所出并分衍为许多氏族的那些部落，将在第二、三部分中详加阐述。在近代，在成吉思汗及其驰名的宗族时代，从捏古思和乞牙惕这两个部落中出过一些异密。现在，在伊朗国中，千夫长札兀儿赤(ǰāūr ǰī)①及其子千夫长合剌〔q(a)rā〕、速卜台(sūbtāī)②，都属于捏古思部落。以前在阿八哈汗康宁在位时，由木华黎国王氏族中的一个札剌亦儿部人札兀忽儿(ǰāūqūr)所掌

① I本作ǰārūǰī。

② 贝书作 sūbāī[俄译作 Сунитай]＊。

管的那个千户中，有很多属于这个捏古思部落的人，但其中并无显贵者。尼伦部落有一个分支，也被称为捏古思，它源于察剌合-领 156
昆〔ǰ(a)r(a)qeh līnqūm〕的两个儿子坚都-赤那和兀鲁克臣①-赤那。察剌合-领昆曾娶其兄屯必乃〔tūmb(i)neh〕②汗的妻子——哈敦，从她生出了这两个儿子。他们的后裔和氏族被称为赤那，又称为捏古思。熟悉这些部落及其分支的人，能够把这两种捏古思人区别开来。

这些捏古思人出自坚都-赤那和兀鲁克臣-赤那的子孙，另一些人则为出自另一些妻子的察剌合-领昆后裔。他们全都是泰亦赤兀惕诸部的祖先，在有关泰亦赤兀惕[诸部]的篇章中将详细阐述。因为捏古思和乞牙惕两部落是在蒙古部落被歼灭后从它分出来的分支，所以它们的事迹，各自成为[单独的]编年史的起源；[被歼]以前的[情况]不能详述，就没有必要提起了。

在阿阑-豁阿及其诸子之前，从它们所出、被称为迭儿列勤-蒙古的氏族、分支和后裔，我们将分别依次详细叙述，并附以与记述[各]分支有关的部分故事，兹详列如下：

兀良合惕〔aūrīānkq(a)t〕部落

这个部落出自上述乞颜和捏古思的氏族，另有一群人被称为"森林兀良合惕人"，但这些人与他们不同。这个森林部落[住在]巴儿忽真-脱窟木境内，那里住有豁里、巴儿忽惕和秃马惕诸部落；

① L，B本作 alkḥi(?)n；C本作 alkḥīn；I本、贝书作 alkǰīn(贝译作 Улукчин)。

② B本、贝书作 tūmneh；I本作 tūmnbeh。

它们彼此相近。正如前篇所述，他们的部落和[部落]分支，不是原来的蒙古人。

兀良合惕人声称，他们曾帮助并参加过点燃额儿古涅-昆的七十座炉。

他们有这样一种习俗：当闪电大作时，他们就咒骂天、咒骂乌云、咒骂闪电，并向它们喊叫。如果闪电落到牲畜身上，牲畜倒毙了，他们就避开它，不吃它的肉。他们坚信，只要他们这样做，雷声就会停止。其他蒙古人却相反：打雷时他们不出帐幕，害怕地坐[在家里]。据说，在蒙古斯坦经常打雷。蒙古人认为闪电出自某种类似于龙的动物，而且在他们的地区上，居民[仿佛]亲眼见到它怎样从天上降落到地上，以尾击地，蜿蜒而动，并从口中喷出火焰。显然，一位诗人在写以下一段诗描绘乌云和闪电时，是注意到这个[传说]的。

诗

它宛似一头鳄鱼，驰骋嬉戏于太空①，

它那怒气冲冲黑黝黝的躯体，仿佛从海中升起；

157 它对人世间发了怒，咆哮如龙，

从他的口颚牙齿之间，喷出烈火浓烟。

说话可信、享受尊敬的一些蒙古人，对此断言道：我们不止一次[亲眼]见过这种现象。

---

① 这行诗末尾的动词，在各抄本的书写上都有毛病，不是在这里就是在那里漏掉音点；以读作 ba pū bāzad 较好。这首四行诗的韵律为四音步的，分为开端之后的三个音节和一个短音节，中间带有停顿，其图式如下：

⏑ ⏑́ — | ⏑́ ⏑ ⏑́ — | ⏑́ ⏑ ⏑́ — | ⏑́ ⏑ ⏑́ — | ⏑́ (⏑)

在蒙古斯坦地区，寒冷异常，尤其是在它那称为巴儿忽真-脱窟木的地区：[那里]连续不断地打闪电。他们还说，如果把酒或酸马奶、淡奶和酸奶洒出在地上，闪电多半会打在牲畜身上，尤其是马身上。如果洒出了酒，那就会发生更严重的后果，闪电准会打到家畜身上或打到他们的家里。由于这个原因，[蒙古人]做所有这些事时，都很小心谨慎。如果有人从脚上脱下毡袜(aūğ)，想在太阳下晒干它，那也会发生上述那种灾祸。因此，他们要弄干[自己的]毡袜时，就把帐幕(khargāh)之顶遮起来，在帐内[将它]晾干。在他们那里，这些征兆很灵验，这是这个地区所独具的。因为在这些地区经常打雷，成为居民的重大灾难，所以居民就把它与某些坏现象联系到了一些。他们又说，由于各种缘故，妖魔①会来到他们面前，[同他们]谈话。在那个领地上，有许多诸如此类荒诞无稽之说和难以数计的珊蛮(qām)，——尽人皆知，妖魔常与他们谈话，——其中也包括靠近最遥远的居民区边界的那个地区。那个地区称为巴儿忽，又称为巴儿忽真-脱窟木。那里珊蛮最多。

在成吉思汗时代，从这个兀良合惕部落出了个大异密者勒篾(ǰalmeh)②-兀赫(aūheh)③。"兀赫"意谓莽夫、强盗和勇士。因为他具有这些品质，所以被呼以此名。当时，他属于怯薛④长之列，

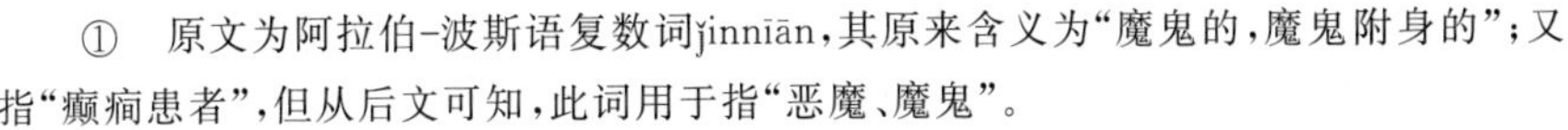

① 原文为阿拉伯-波斯语复数词ǰinnīān，其原来含义为"魔鬼的，魔鬼附身的"；又指"癫痫患者"，但从后文可知，此词用于指"恶魔、魔鬼"。

② B 本作 ḥlmeh；I 本作ǰmleh。

③ B 本作 aūhd；C，L 本作 aūhmeh；贝勒津译作 Джалма-Оха(见贝译《史集》第 1 分册第 143 页)，但其旁所引原文作ǰmlehūheh。

④ 关于"怯薛"一词的意义，见汉译本本分册，第 183 页注⑥。

而且除两三异密外，再也没有人高过他了。他死在成吉思汗时代。他有两个儿子：一个名为也速-不花太师（yīsū būqā tāīšī）①，他继承父位，属于左翼异密之列；另一个为也孙-不花-塔儿乞〔ṭ(a) rqī〕，曾掌管一个千户（hazār<u>eh</u>），属于左翼异密。他是成吉思汗的箭筒士（qūrǰī，豁儿赤）②长。不花的祖父和斡格来豁儿赤氏
158 族，都是他[成吉思汗]* 的近侍（mulāzim），蒙受他的恩荫，甚为显贵。

也速-不花被称为太师（tāīšī），太师在汉语中意为有学问的教

① S本作 y(?)ī(?)sū-būqā-t(?)āī(?)šī；B本作 y(?)ī(?)sū-b(?)ūqā-bāšī；I本作 y(?)īšū-būqā-tāīšī；C本作 y(?)ī(?)sū-būq(?)ā-tāī(?)šī；L本作 y(?)ī(?)s?ū-būqā-tāī-(?)šī；P本作 y(?)ī(?)sū-b(?)ūqā-t(?)āī(?)šī；贝书作 bīsū-būqā-tāīšī。

② qūrǰī 一词，显然源出于蒙语 xorci——射手（参阅符书第 90 页）。雅金甫修道士也是用“сайдашник”，即“弓箭骑士”这个词来译 хорци 的（见他的《成吉思汗家族最初四汗史》一书，圣彼得堡，1829 年，第 383 页）。成吉思汗一开始称汗，就立即以其亲兵建立起一个射手——豁儿赤集团，这无疑是处于侍卫地位的他的直属护卫军的前身。但从另一方面看，qūr 在突厥语中意为“武器”，由此衍生的 qūrčī 一词，当为“携带武器者”以及照管自己君主宫殿的人。（穆罕默德·吉雅撒丁：《ğiyās al-luğāt》，卡温波尔，1899 年，第 398 页。布达戈夫：《突厥-鞑靼方言比较辞典》，第 2 卷，第 73 页。）贝勒津教授认为此词出自 qūrūq，即“严禁触犯的、禁止的”，指“设置于禁地的”卫士而言（贝译《史集》第 1 卷第 1 分册，第 229 页注 34）。在 17 世纪的布哈拉汗国中，我们见到有 qūrčī 一词，意为卫士、护卫（例如，在我所收藏的一个 1323（1905）年抄本，穆罕默德·优素福-孟什著《tarih-i mukim-hani》第 37—40 页上伊马木-库里汗的黑夜历险故事中）。在晚期的布哈拉，qūrčī 指非正规军中的军事人员，其职责为巡守弹药之类军火物资；他们服从于一个“豁儿赤长”，即 qūrčī- bāšī。就这些巡守人员或卫士的作用而言，可能相当于帖木儿的那些担任守卫耕地的士兵 qūrčī。

在西方，qūrčī 一词在伊朗经历了相当大的演变：在塞非朝伊朗，它是指贵族世家子弟所编成的兵团，此兵团的指挥官称为 qūrčī-bāšī。在土耳其，qōriǰī（大概与 qūrčī 并非同出一源）指担任卫戍职务的士兵和护林人（比昂希和基费：《突厥-法语辞典》第 2 卷，巴黎，1850 年，第 519 页）。

师(bakhšī)和伟大的导师,他在窝阔台合罕时已十分衰老,坐在车上行动,声音微弱。由于这个原因,窝阔台合罕称他为也速-不花太师,[这]就成了他的名称。现任千夫长的合剌兀纳-术班〔q(a)-rāūneh-ǰūbān〕是他的侄儿。速别台〔sūb(a)tāī〕把阿秃儿也属于这个部落。他有个儿子叫帖木儿-不花[宝儿赤];帖木儿-不花的儿子为拜忒迷失(bāītmīš)①、宽阇〔k(u)nǰ(a)k〕②和忽都鲁-火者。他们的族人为:巴因札儿(bāīnǰār)③、拜答儿(bāīdār)④,阔阔-亦勒客(kūkā-aīlkā)及其子万夫长哈儿合孙〔h(a)rqāsūn〕。哈儿合孙无子。他有个侄儿,名叫阿失-不花(āšībūqeh)⑤。而者勒篾-兀赫氏族中有千夫长撒儿班(sārbān),和以前曾任千夫长的纳邻(nārīn)⑥-阿合马,他的儿子为哈散〔ḥ(a)s(a)n〕⑦-讷邻、阿勤只〔aq(i)nǰī〕⑧,他的侄儿玉龙(aūrūnk)-帖木儿为火者那颜之子,他们也都是他的亲族。罕都忽儿〔h(a)ndūqūr〕万户中的斡儿忽塔(aūrqūtā)和他的儿子成(ǰīnk)-帖木儿,也属于他们的氏族。在成

① S本作 b(?)āī(?)t(?)mī(?)s;P,B本作 b(?)āī(?)t(?)mš;I本作 bāī(?)t(?)mtš;C,L本作 bāī(?)tmī(?)š;贝书作 bātmīš。

② A本和贝书作 knǰk(贝译作 кенджек);B本作 kn(?)ǰī(?)k;C,I本作 kūnǰk;L本作 kūnḥk。

③ S本作 b(?)āī(?)lhār;B本作 b(?)āskhā;I本作 b(?)āb(?)ī(?)čār;C,L本作 bāīnǰār;贝书作 bāskhār。

④ S本作 aī(?)ldār;B本作 baī(?)ndār;C,L本作 pāīdār;P本作 b(?)ābdār;贝书作 bāīndār。

⑤ S,I本作 ašī-būqā;B本作 asī(?)-b(?)ūqā;贝书作 aīšbūqā。

⑥ B本作 īārī(?)n;C,L本作 tārīn。

⑦ C,L,I本作 ḥsīn。

⑧ A本作 aqnḥī;B本作 aq(?)nḥī;C,L,I本和贝书作 aqnǰī(贝译作 Акинджи)。

吉思汗时代,森林兀良合惕部落出过一个千夫长,名叫兀答赤(aūdāǰī),为右翼异密。

159 成吉思汗[死]后,他的子孙们带着自己的一个千户,在称为不儿罕-合勒敦①的地方,守卫着成吉思汗伟大遗骸②所在的他们的森严禁地(ğūrūq),不参加军队,并且直到现今,他们还固定受命[守卫着]遗骸。在成吉思汗的子孙中,拖雷汗、蒙哥汗以及忽必烈-合罕的子孙和他的氏族的伟大遗骨,也安置于上述地方。据说,有一次成吉思汗来到了这个地方;在平原上长着一棵很绿的树。他十分喜爱这棵树的翠绿清新。[成吉思汗]在树下消磨了一个时辰,他产生了一种内心的喜悦。在这种情况下,他对众异密和近侍们说道:"我们的最后归宿应当在这里!"因为他们[曾经]听他说过这些话,所以在他逝世后,在那里,在那棵树下,营建了他的宏大禁地。据说,就在那年,这片平原由于大量生长的树木而变成了一座大森林,以致完全不可能辨认出那头一棵树,任何人也不知道[它]究竟是哪一棵了。成吉思汗其他子孙的伟大遗骨则在别的地方。

这兀答赤氏族,由于他们是普通奴隶③,自古以来不把姑娘嫁给[外人],也不娶[自外人]。曾与哲别那颜一同来到伊朗的异密速别台把阿秃儿,也出自兀良合惕[部落]。他有个儿子,为右翼千夫长,名叫阔阔出。在速别台之后,他据有父位④。他[速别台]的

① 关于此禁地不儿罕-合勒敦,见汉译本本分册,第122页注①。

② 原文 yāsūn,直译:"骨"。

③ 原文作 aūtālū būğūl=蒙语 ötöle bogol,普通奴隶(见符书,第68、69页)。

④ 此处所述有关异密速别台把阿秃儿及其子阔阔(贝译作 кунджу)的文字,全从C,L,I本补入;A本将这段文字不适当地置于有关兀良合台的记载之后。

另一个儿子名叫兀良合台〔aūrīākq(a)tāī〕。在蒙哥合罕时,他曾任大元帅〔l(a)šg(a)rk(a)š-ī b(u)z(u)rg〕。当蒙哥合罕派遣自己的兄弟忽必烈合罕率领十万[1]军队到合剌章[2]国之时,那支军队的统帅即为兀良合台。蒙哥合罕曾下令让忽必烈合罕和军队全都听命于兀良合台。那个国家离合罕驻所很远,约有一年的途程,那里的气候又极恶劣、潮湿,因此全军都生了病。此外,这个国家人烟稠密,军队众多,每天在各个停驻之处都得作战。由于这两个原因,那十万军队回来的,还不到二万。

这兀良合台是极受尊敬的人,干出过许多大事。他们[速别台 160
和兀良合台]的子孙现供职于合罕处。速别台把阿秃儿有个侄儿,名阿术汗[3]。他曾与伯颜一起,以军队异密之衔,被派遣出征至那和蒙古人称为南家思的摩至那[4]。他在七年内征服了那块领地。

在成吉思汗时代,成吉思汗之弟拙赤-合撒儿身边有一个名叫札兀儿合-亦剌罕的人,出自这个部落。他也就是曾被成吉思汗派去,同照烈惕部人合里兀答儿(qālīūdar)[5]一起,代表拙赤-合撒儿

① 蒙语 tümen(突厥语 tūmān),意为“万”;相当于旧俄语“тьма”,在从前的外交事务衙门中用这个词翻译东方诏敕中的 tümen 一词。

② 从中国元朝历史可知,蒙古统帅兀良合台曾奉命出征中国西南部的云南省,也即拉施特书中的合剌章。马可波罗曾游历过中国的这一部分,他称之为 Caraia(或 Caraya,Caragiar,Carajan,кaraian)。据他说,此处有七个隶属于大汗的领地。大汗的一个总督,他的一个儿子,也先-帖木儿管辖该地;居民为异教徒,繁殖大量马匹。(布列什奈德:前引书,第 1 卷,第 121、183、184 页;特兰普顿译《马可波罗行纪》(英译本,有彭泽的序文、注释、附录)第 81 页。)

③ S,I 本作 aǰū;贝书作 aūǰū。S 本、贝书作 qān;I 本作 qāān。

④ 原文ǰīn[=阿拉伯语 ṣīn],欧洲语言中的 china,chine 即由此而来,皆指中国而言。原文 māǰīn,如汉译本本分册,第 89 页注③所说,指中国南方。

⑤ C 本作 qālīūrdr;B 本、贝书作 qāltūdār。

出使于王汗的那个人；他使王汗丧失了警惕后，成吉思汗就向王汗发动了进攻。这段故事详述于照烈惕[部落]之篇中。有关这些兀良合惕诸部落及其异密们的故事很多；现在就写这么些。安拉保佑！

弘吉剌惕〔q(u)nq(i)rāt〕部落

这个部落出自曾经遁入额儿古涅-昆的那两个人的氏族。如前所述，据说这个弘吉剌惕部落，未经商议，就先于他人突然走出[峡谷]，以致踏坏了其他部落的炉灶。蒙古人断言，弘吉剌惕人处常见的足疾就是这种行为的后果，他们的罪孽落到了他们的脚上。在遥远的过去，其他蒙古部落都愤恨弘吉剌惕人，因为他们最先走出并成为它们的反对者；在它们中间，这是家喻户晓的。

从弘吉剌惕部落分衍出了[另一些]部落，各有其一定名号。因此，在列举[突厥-蒙古诸部落]时，各个[部落]的名称都是分别记载的。但因为它们基本上[全都]是这个部落的分支，它们的禹儿惕都在合剌温-只敦[①]的那边与亦乞剌思、豁罗剌思部落在一起，所以为叙述时便于理解，这些部落的名称和情况，也都在此主支中一并详为述及。据说，他们[弘吉剌惕人]的起源如下：从一个金器[②]里，生出了三个儿子，这话大概是个隐喻。意思是说，生出这三个儿子的那个人，生性聪颖，[品格]完善，言行态度和教养都很卓越出众。他被比拟作金器，首先由于这种说法为蒙古人所使

---

① 关于合剌温-只敦地方，见汉译本本分册，第 212 页注①。

② 原文作 bastū-i zarrīn。bastū 一词在旧波斯语中有两个含义：(盛油、果酱等物用的)陶罐，或搅奶油用的小桶，通常为木制，也有铁制的。

用，因为他们有这样一种习惯，他们见到君主时就说："我们见到了君主的金颜！"，所指的是［他的］金心。 161

这种比喻和说法，也被使用于其他部落中间，因为金子是人所需要的、极纯洁无瑕的贵重之物。显然，他们应当是指此而言，否则，人类从金器生出［这话］，就是不可理解的，就成为凭空虚构了。简而言之，这三个儿子的名字以及从他们每个人所出分支的［名称］，如以下所详列：

长子，主儿鲁黑（ǰūrlūq）-篾儿干。他是现今弘吉剌惕所属诸部落的祖先。

第二子，忽拜〔q(u)bāī〕[①]-失列（šīreh）。他有两个儿子：亦乞剌思（aīkīrās）和斡勒忽讷惕（aūlqūnūt）[②]。

第三子，秃速不-答兀（tūsubuū dāū'ū）[③]。他有两个儿子：合剌讷惕〔q(a)rānūt〕[④]和弘里兀惕（qūnkliūt）[⑤]。

长子主儿鲁黑篾儿干。因为从弘吉剌惕部落之根（asl）中产生了若干分支，正如下文所叙及的，它们各有其专门的名称并以这些名称著称，所以弘吉剌惕这个名称就留归了［他们之中的］某些人所有，现在他们还以这个名称为人们所知。主儿鲁黑篾儿干是这个部落的祖先。"篾儿干"一词意谓神箭手。他同他的弟弟忽拜-

① S本作 qb(?)āī；C本作 qīāī。

② S本作 aūlqūn(?)ūt；B本作 aūlqūtūt。

③ A本标有元音符点；S本作 t(?)ūsbū- dāūn；B本作 t(?)ūsb(?)ū-dāū；贝书作 tūsbūdāū（贝译作 Тосбода）。

④ B本作 frān(?)ūb；I本作 qrālūt。

⑤ B本作?ūklī(?)ūt；P本作 tūn(?)ī(?)kn(?)ūt；贝书作 qūnkliūt（贝译作 Хунглиют）。

失列关系很坏。有一次，他对他发了火，想向他射过箭去。忽拜-失列慌忙俯身马上，将头贴到胸侧，并打量着他：他射出箭来了没有。他的哥哥看到他的脸，可怜他起来，压下怒火想道：“我怎能杀弟！但箭已在弦，怎能不射将出去，教训他一下！”于是只射穿了他的耳朵和环甲，没有伤及他的脸。由于这样，他那“神箭手”［篾儿干］的名声增大了。

弘吉剌惕部落［所占据的］地区，为延伸于乞台、蒙古两地之间，类似于亚历山大城墙的兀惕古(aūtkūh)①城墙之境，即称为兀塔只阿(atǰīeh)②之地，他们现在还住在那里。在各个时期，从这些弘吉剌惕人中间，出过许多异密和贵妇。现将［这方面］所知者，记述于下。

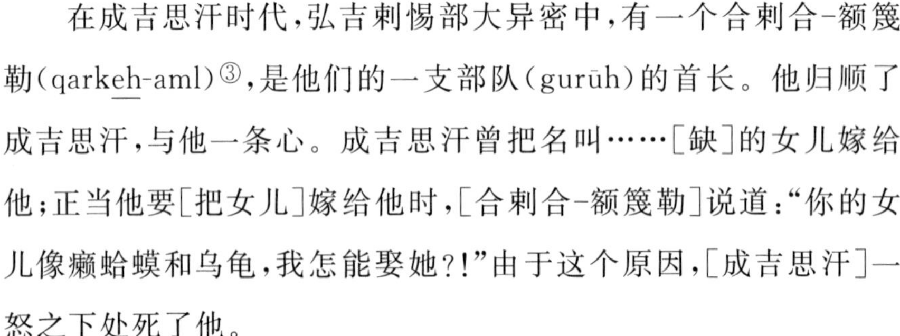

在成吉思汗时代，弘吉剌惕部大异密中，有一个合剌合-额篾
270 162 勒(qarkeh-aml)③，是他们的一支部队(gurūh)的首长。他归顺了成吉思汗，与他一条心。成吉思汗曾把名叫……［缺］的女儿嫁给他；正当他要［把女儿］嫁给他时，［合剌合-额篾勒］说道：“你的女儿像癞蛤蟆和乌龟，我怎能娶她？！”由于这个原因，［成吉思汗］一怒之下处死了他。

---

① B本作ankūh；P本作wān(?)kūh；贝书作ankūh(贝译作Онгу)。从前后文可知，这里谈到的不是“万里长城”，而是指金朝政府为防御蒙古诸部入侵，在边境上修筑的所谓“新长城”。

② B本作aūīḥneh；I本作abḥīeh；C本作atǰīeh；L本作anḥteh；P本作at(?)ḥteh；贝书作aūtǰīeh。

③ S，P，C，L，I本和贝书作trkeh(贝译作Терке)；B本作tūkeh。第二词B本和贝书作īl。

弘吉剌惕人还有另一支部队，其首长为德(daī)那颜。他有两个儿子：阿勒赤(ālǰī)[①]那颜和火忽(hūqū)[②]那颜，以及一个名叫孛儿帖兀真[③]的女儿。成吉思汗年轻时曾向她求婚，但她的父亲[对此]百般阻拦。由于阿勒赤那颜与成吉思汗友好，他竭力让这个姊妹嫁给了他。她的年岁比阿勒赤那颜大。德那颜有个兄弟名叫答里台(dārītāī)[④]；他有四个儿子：合塔(qtā)、不禹儿(būyūr)[⑤]、塔忽答儿(tākūdār)和主亦忽儿(ǰūīqūr)[⑥]。他们和他们的子孙，大多数娶成吉思汗氏族的姑娘，或将[自己的姑娘]出嫁到他的[氏族]。他们的官秩(manṣab)很高，因此得以列座于[成吉思汗]诸子之上，他们全都是左翼异密。现今也还有许多出身于他们直系后裔的驸马，供职于合罕处以及窝阔台、察合台和术赤的领地[兀鲁思]中。父亲名叫不剌罕〔b(u)lğān〕那颜(曾经聘娶过忽秃黑秃[⑦]之女客勒迷失(kālmīs)[⑧]-阿合)的撒勒只兀台驸马，以及曾任急使、从脱脱兀鲁思前来的额不干驸马，都出身于这个部落。在伊朗地区，阿八台(ābātāī)[⑨]那颜和他的儿子纳儿不儿

① 贝书作 ailčī；B，P 本作 an(?)ǰī。

② 贝书作 hūqūtū。

③ 大概应作 Фуджин，即夫人。

④ B 本作 dārhān。

⑤ I，P，B 本和贝书作 būbūr。

⑥ I 本作ǰūnqūr。

⑦ S 本作 qūt(?)ūq(?)tū；C，L，B，P，I 本作 qūtūqū；贝书作 qūtūqr(贝译作 Хотогор)。

⑧ S 本作 kāmlīš；B 本作 kāī(?)lmš；C，L，I 本作 klmīš。

⑨ S 本作 yātāī；P 本作 abāt(?)āī；B 本作 ab(?)ābāī。

(nārbūr)[1]、兀惕蛮(aūtmān)[2]、忽都鲁-帖木儿，以及他们的其他子孙，也出自弘吉剌惕部落。不剌罕哈敦和怯烈门哈敦两人，都出自阿八台氏族。不剌罕哈敦为兀惕蛮的女儿，怯烈门哈敦为忽都鲁〔q(u)tl(u)ğ〕-帖木儿的女儿。在成吉思汗时，有一个被称为阿勒出[3]那颜的受尊敬的异密，名为迭儿客(dārkeh)驸马。他有个名为申窟〔š(i)nkkū〕[4]驸马的儿子。成吉思汗从弘吉剌惕其他部落中拨出四千壮士赐给[5]他；并把自己的女儿、拖雷汗之姊秃马伦嫁给他，派他到秃马惕[6]地区去，直到现今，他们的后裔都住在那里。

巴牙兀带[7]-合儿巴坛〔h(a)rbātāī〕[8]是弘吉剌惕人，是从那里来的。巴牙兀带出自弘吉剌惕的一个分支斡勒忽讷惕[部落]。关于这点，将于[下文]叙及。

163 在成吉思汗时，还有另一个名叫秃忽察儿的异密，由于他曾修筑过堤坝，被称为答兰-秃儿合黑秃-秃忽察儿(dālān tūrqāqtū

① C,L本作n(?)ārīūz;B本、贝书作bārs;I本作bārbūr;P本作n(?)ārs。

② S本作aūnmān;贝书作aūtmān(贝译作Утеман)。

③ P,I本也作ālǰū;B本、贝书作anǰū。

④ B,C本作sn(?)kkū;I本作šnkū;贝书作šnkkū(贝译作Шинкку)。

⑤ 原文作tūsāmīšī kardeh。

⑥ A本作tūmāūt;C,L本作tūǰāt;B本作tūmāūt;P本作t(?)ūmāī(?)t;贝书作tūmāt。这里显然是指秃马惕部所住的地区。《北使记》曾提到该部，称之为“途马”。(见布列什奈德书，第1卷，第28页。)

⑦ C,L,I本作bāyāūdāī;P本作b(?)āī(?)ūdāī;B本、贝书作bātūdāī。

⑧ P,B本作hrb(?)āt(?)āī;C,L,I本作hrbātāī;贝书作hrtātāī(贝译作Эртатай)。

tūqūčār)①。

在我国[即伊朗],住在八的吉思(bādğīs)②境内的合剌兀纳思千户的异密别乞③把阿秃儿,是他的孙子。他曾侍从成吉思汗左右。当[成吉思汗]出征乞台时,曾派遣他率领两千骑兵到自己的后方去巡逻(qarāūlī),因为他深怕已被他征服的蒙古、客列亦惕、乃蛮等部落[重新]叛变,——这可真不得了!——从后方袭击他。还有另一个大异密,他是成吉思汗的近臣(mulāzim),名叫合台(qtāī)④那颜。这里[即伊朗],秃带(tūdāī)哈敦左右的灭里(mlk),是他的子孙。旭烈兀汗的两个哈敦忽推(qūtūī)哈敦和篾儿台(mrtāī)哈敦,以及木昔(mūsī)驸马,是上述灭里的堂姊妹兄弟。拖雷汗之子术里客(ǰūrīkeh)⑤有个名叫不剌合(būlğa)的哈敦。她是阿勒赤(ālǰī)那颜的孙女,但在阿勒赤那颜的宗支中没有

① 对于此处,大概不得不同意贝勒津教授所说:"这个词[按:指秃忽察儿]* 的波斯译词脱误得太厉害,我不打算将它还原,况且其蒙语称号著录得很正确,解释起来也无困难。"异密秃忽察儿的蒙语称号 dālān-tūrqāktū,贝勒津解释为源于蒙语的 dalank——"堤"和 torgakhu——"以堤阻拦"(见贝刊《史集》导言:关于突厥与蒙古诸部落,译文第 280 页注 307)。

② 八的吉思,为也里与撒剌哈夕之间的广大地区,有十分优良的牧场可供游牧人及其大群牲畜作为夏营地。八的吉思又以其四周山上庞大的阿月浑子树丛和巨大的桧柏林驰名。15 世纪时,在帖木儿王朝末代速勒坛-忽辛-米儿咱时,八的吉思运出大量羊马之类的牲畜、谷物、出色的阿月浑子果和木材,供应也里城及其四周地区(见伊思菲咱里:《也里州志》,乌兹别克共和国科学院东方抄本研究所抄本,登录号:第 788 号(大概为 16 世纪抄本),第 38—43 页)。

③ A[,S]本作 nbkī;B 本、贝书作 bīkī;I 本作 b(?)ī(?)kbī;P 本作 b(?)ī(?)kī;C,L 本 nīkī。

④ S,I,P 本作 qt(?)āī;L 本作 qiāī;B 本、贝本作 qbāī(贝译作 Хубай)。

⑤ A 本作ǰūrī(?)keh;C,L,I 本和贝书作ǰūrīkeh。

[她]。忽必烈合罕有个名叫察必(jābūn)哈敦的皇后，是阿勒赤那颜的女儿，极为贤淑美丽。他很爱她，她生有四子、五女，有如在他的宗支[之篇]中所著录。这个哈敦的汉语称号为“皇后”①，即正后。她死后，忽必烈合罕继娶了她的内侄女，纳陈驸马之女南必〔n(a)mbūī〕②哈敦，从她生有一子，名为奥鲁赤(āğrūğǰī)③。窝阔台合罕之子阔出〔k(u)rǰū〕④的哈敦名叫合塔合失(qtāqāš)⑤，是
164 阿勒赤那颜的孙女。失烈门(šīrāmūn)即出自此哈敦。阿勒赤那颜[还]有一个幼于纳陈的儿子，名叫赤窟(jīkū)驸马。娶成吉思汗之女秃马伦[为妻]的带儿海(dāīrkāī)驸马，也出自弘吉剌惕[部落]。[但是，]安拉最知道！就是这些。

第二子为忽拜-失列(qbāī-šīreh)。他有两个儿子：亦乞剌思(aīkīrās)和斡勒忽讷惕(aūlqūnūt)。

亦乞剌思。亦乞剌思所有诸部都出自他的氏族和后裔。蒙哥合罕的长后忽秃黑台哈敦，出自此部落，她是孛秃驸马之子忽勒带(hūldāī)驸马的女儿；孛秃驸马曾娶成吉思汗的长女火臣(fūǰīn)别吉[为妻]。

斡勒忽讷惕。斡勒忽讷惕诸部全都出自他这一系。娶成吉思

---

① A本作 qūn(?)qū；B本作 qūtq(?)ū；C,L,I本和贝书作 qūnqū(贝译作 Хуан-хуа)。

② A,I本作 n(?)mbūī；L本作 bmnūī；P,B本作 n(?)ḥb(?)ūī；贝书作 tǰīūī(贝译作 Теджиуй)。

③ P本作 aḥrq(?)ūn(?)ḥī；B本作 aḥrqūn(?)ǰī；贝书作ǰrqūīǰī(贝译作 Чаргуйчи)。

④ B本作 kūḥr；P本、贝书作 kūǰr(贝译作 Куджер)。

⑤ B本作 q(?)t(?)āq(?)t(?)ās；C,I本前二音节作 qtā；L本前二音节作 q(?)tā；P本作 qt(?)āq(?)t(?)āš；贝书作 qtāqtāš(贝译作 Хадакташ)。

汗幼女阿勒塔伦为妻的泰出驸马，出自他的部落。有关他的故事太冗长，以后再记述。他有个名为术真拜(ǰūǰīnbāī)①的儿子，娶蒙哥合罕的女儿失邻；她死后，其妹必赤合(bīǰīqeh)②又嫁与了他。也速该把阿秃儿的妻子，成吉思汗的母亲月伦(aūālūn)③旭真(fūǰīn)，出自这个部落。

兀剌儿驸马的儿子泰出(ṭaīǰū)④驸马，娶成吉思汗幼女阿勒塔鲁罕(altāluqān)⑤为妻，也出自这个部落。他是月伦旭真的兄弟。

第三子为秃速不-答兀忒。他有两个儿子：合剌讷惕(qrānūt)⑥和弘里兀惕(qūnklīūt)⑦。这个弘里兀惕曾娶父亲之妻，她给他生过一个名叫迷薛儿-玉鲁(mīsar-ūlūk)⑧的儿子。他也娶了父亲之妻，她给他生了一个名叫豁罗剌思的儿子，豁罗剌思所有诸部都出自他的氏族。他还娶了一个乞台妇人，她也给他生了一个儿子，名叫额勒只斤(aīlǰīkīn)。所有的[额勒只斤人]都出自他这一系。下

---

① S本作 ǰūḥī(?)nb(?)āī；B本作 ḥūḥī(?)n(?)qāī；L本作 ǰūḥīniāī；I本作ǰūǰīnbāī；贝书作 ǰūǰnsāī(贝译作 Джочинсай)。

② A本作 biḥīqeh；S本作 b(?)ī(?)ḥīqeh；B本作 s(?)ḥī(?)qeh；I本作 biḥīqeh；P本作 b(?)ī(?)ḥī(?)feh；C,L本作 b(?)ī(?)ḥīqeh；贝书作 sǰīqeh(贝译作 Саджига)。

③ S,L,I本如此；A本作 aūkālūn；P,B本和贝书作 aūlūn(贝译作 Олун)。

④ B本作 bāḥū；P本作 t(?)āǰū；贝书作 bāǰū；[A,S,L,I本作 tāǰū]*。

⑤ P,B本作 alt(?)āl(?)ūqān；贝书作 altālūn。

⑥ B本作 qrātūt；P本作 qrān(?)ūt。

⑦ S本作 qūnklī(?)ūt；B本作 qūn(?)klī(?)ūq；P本作 qūn(?)klīūq；C本作 q(?)ūnklīūq；贝书作 qūnklīūt(贝译作 Хунглиют)。

⑧ 波斯原文标有元音符点。

面分别对各支加以详细说明。

由秃速不-答兀忒的这些儿子[所出]，成为三个单独部落的这三个分支，详列如下：

合剌讷惕。这合剌讷惕是秃速不-答兀的长子。称为合剌讷惕的整个部落，就起源于他。

弘里兀惕。这弘里兀惕有一个儿子，名叫迷薛儿-玉鲁（mīs-araūlūk）。"玉鲁"意为"无所畏惧的人"；此词也有"尸体"之意。这[迷薛儿-玉鲁]有个习惯，他一睡就三天不醒。他力气很大，据说帐幕（khimeh）的柱子拿在他手里，就跟拿一条鞭子一样。[又]据说，春天，他在湖[纳兀儿]岸上拣了一些螺蚌放到袋子
165 （tūbareh）里，想把它们烤熟了来吃。他带着这只装满螺蚌的袋子，一到路上就靠着袋子大睡起来，一连三天未醒。因为他不动弹，一只叫作亦鲁[1]的鸟，以为[这]是座小山，便在他背上下了个蛋。这迷薛儿-玉鲁曾娶父亲的一个妻，她给他生了一个名叫豁罗剌思的儿子，豁罗剌思所有诸部都出自他的氏族。尽管从豁罗剌思人的根源（aṣl）说来，他们从阿勒坛·忽都合（qūdūqeh），即金器生出，与弘吉剌惕人和亦乞剌思人同出于一个根源，彼此为长幼宗亲（āqāwaīnī）的关系，但他们经常彼此敌对和作战。当成吉思汗在巴勒渚纳（bālǰīūneh）时，豁罗剌思人[击]溃了以不秃克（būtūk）[2]汗为首领的亦乞剌思人；亦乞剌思人从他们手中逃出，投奔了在巴勒渚纳的成吉思汗，并归附了他。这些豁罗剌思人有三个千户在

① B本作 abrū。

② B,P本作 b(?)ūtūk；贝书作 tūtūk。

兀秃只那颜处。都剌秃驸马出自这个部落。孛秃(būtū)[①]驸马是成吉思汗的母舅。成吉思汗把长女火臣别吉嫁给了他,她给他生了一个儿子,名叫答儿吉(dārkī)驸马;他[成吉思汗]又把另一个女儿察奔[②]嫁给了这个答儿吉驸马。孛秃[③]驸马的父亲为捏古思〔n(a)-kūz〕[④]。捏古思在泰亦赤兀惕部落时,曾把他们不听从于自己的儿子孛秃[⑤]的消息,送去报告了[他]。豁罗剌思部首领札鲁合曾与成吉思汗联盟对泰亦赤兀惕部作战。有一个豁罗剌思部异密,名叫篾儿乞台。当时弘吉剌惕诸部因为拙赤-合撒儿听信了哲别的话将他们赶跑,虽然成吉思汗已就此事责备了[他的兄弟],他们还是很生气而投向了札木合,于是亦乞剌思、豁罗剌思、塔塔儿、合塔斤和撒勒只兀惕部联合起来,推举札木合为古儿汗,图谋与成吉思汗作战——就在这时,这个篾儿乞台暗中派了因某种重要的事来到他处的一个名叫火力台的人,[去到成吉思汗处],要他把[对成吉思汗所策划的战争]通知他。他没有给他好马,只给了他一匹耳上长瘤的白马。这个人在途中遇见了槐因部忽兰把阿秃儿的古列延(kūlān)[⑥]和千户。有一个名叫……[缺]的人,正在巡夜,看见了他并认出了他,便把忽兰的一匹好公马(aīğārī)给了他,

---

① P,B,L,I,C 本和贝书作 brtū(贝译作 Берту)。

② S,I 本作khābūn;B 本、贝书作khātūn。

③ P,B 本和贝书作 brtū(贝译作 Берту);I 本作 būrtū。

④ P 本作 n(?)kūr;B 本、贝书作 tkūz(贝译作 Текус)。[按:末一字母 z 或 r 似为 n 之讹写,因波斯文 z 与 n 字形相近致讹,此人名之正确写法似当作 n(a)kūn,即《亲征录》之捏群也。——汉译者]*

⑤ S 本作 b(?)ūqū;P,B 本和贝书作 brtū(贝译作 Берту),C 本作 būtū。

⑥ 古列延(蒙语 küriyen),指在同一地点——营屯中聚集起来的游牧人的大群帐幕和大车(见符书第 37、45 页)。

让他骑上快去。[火力台]到达[成吉思汗处]通知了[他]。成吉思汗出师攻打这些不驯服的部落,把他们击溃了。

迷薛儿-玉鲁娶了个乞台妇人。这个妇人的事迹如下:她骑着一头驴,从乞台出来,决心要出嫁。她名叫答兀海(dāūqāī)①-牙不
166 答黑(yābūdāq)②。"答兀海"为乞台语"玫瑰花"的意思,"牙不答黑"则为"骑驴者"的意思。迷薛儿-玉鲁从她生了一个儿子,他把这个儿子叫做额勒只斤(aīlǰīkīn),因为驴被称为"额勒只客",而那妇人是骑着驴来的。额勒只斤所有各部落都出自那个儿子的氏族。在所有各个时代里,从[这个]部落都出过有名声的异密和[汗的]正后。在我国[即伊朗],合剌乞那颜及其诸子:章-帖木儿③、异密阿里、帖速〔t(a)sū〕④和阿八赤(abāǰī)⑤都是额勒只斤部人。异密帖速的儿子为秃鲁合札儿〔tūrūq(a)ǰ(a)r〕⑥把阿秃儿、撒儿塔黑和合儿班答。以不剌罕(blğān)⑦-亦·呼罗珊著称的伊斯兰君主——愿安拉佑其长久在位!——的妃子不剌罕哈敦,[也是]异密帖速的女儿。以前,异密帖速从合罕处前来,充任阿儿浑-阿合的侍从[那可儿],协助他掌管那直属于合罕之国。

① P,B本作 dāūī。

② C,L本作 y(?)ābūdāq;贝书作 bābūdāq。

③ A,S本作 ǰāī-tmūr;其他抄本和贝书作 ǰān-tmūr。

④ B本作 nsū?eh;P本作?sū;贝书作 nsū(贝译作 Нису)。

⑤ L本作 wāḥī;B本作 aǰī;C本作 abāḥī;贝书将两个人名联成一个,作 nsūbāǰī(贝译作 Нисубададжи)。

⑥ P,B本作 qūrūmǰār;A,C,L本作 tūrūqǰr;贝书作 qūrūqǰār(贝译作 ХороХачар)。

⑦ A本作 būlğ(?)ān;S本作 b(?)ūlğān;C,L,I本作 būlūğān。

帖速之子为合儿班答和合儿巴台〔h(a)rbātāī〕①。木速蛮速散只也是额勒只斤人。上述这几个部落分支,都出自那个"金器",全都从一个部落分出。按上述原因,他们全都互为堂兄弟并彼此亲近,但各[支]自成部落,在军事方面极为重要,人数也极其众多。

在成吉思汗时代,上述秃鲁合札儿把阿秃儿和撒儿塔黑把阿秃儿两兄弟[都很有名];在分配时,他们在者台(ǰadaī)那颜的千户中被分给了拖雷汗,并与忙忽惕部落成为义兄弟和亲家[安答-忽答]。

他们曾奉成吉思汗诏敕,前去征服了首领名叫合丹-爱因②的巴儿忽惕部落。当时他们结[盟]订约,宣誓[说]:"我们将如同一个氏族[兀鲁黑],互为兄弟;正如蒙古人不相互聘娶姑娘,我们也互不聘娶。我们之中的每一个人,从其他任何部落中聘娶姑娘,都将互相遵守婚娶之俗[所规定的]礼则"。迄今他们仍按这种习俗生活。不剌勒吉-古克勒帖失(kūkltāš)、巴儿巴和巴儿班,都出自这个合丹的氏族。就是这些。

斡罗纳兀惕(L,C 本作 aūrnāū't,俄译误从贝书作 урянут)部落

从这个斡罗纳兀惕部分出了三个分支:晃豁坛(qūnkqtān)、阿鲁剌惕(ārlāt)和斡罗纳兀惕-乞台克讷惕(klknūt)。这些名称,最初是兄弟三个的名字;从[他们]每个人分出了一个分支,他们的氏

① S本作 hrb(?)ātāī;B 本作 hrb(?)tī;C,L 本作 hrbtī;P,I 本和贝书作 hrītī(贝译作 Эретай)。

② C,I 本作 ā'īn;S,L 本作 ā?īn;P,B 本作 a?ī(?)n;贝书作 aīnn(贝译作 Инен)。

族[兀鲁黑]人数渐众,形成了几个单独的部落,并各按各部落所从出的那个人的名字获得了名号。

167 长子晃豁坛。这个词意为“大鼻子的”。他正是由于鼻子大的缘故,得了这个名字。从他的氏族里出过一些大异密。

当王汗定下狡计,召成吉思汗[前去],借口说要把[自己的]女儿嫁给他的儿子,[其实]却要把他抓起来,而他已动身前往时,他在途中停留于蒙力克-额赤格家里,同他进行了商议。[蒙力克]阻留了[他],没让他去。无论是遇到祸福或苦乐,他总是与成吉思汗一条心。成吉思汗让自己的母亲月伦额客嫁给了他;他与成吉思汗并排坐,坐在他的右边,高出于一切异密之上。他有个儿子,名叫阔阔出,蒙古人把他称做帖卜-腾格里。他惯于揭示玄机,预言未来的事情,并且常说:“神在和我谈话,我在天上巡游!”他经常来对成吉思汗说:“神命你为普世的君主!”他还将“成吉思汗”的称号授予他,[并且]说道:“神降旨说:你的名字必须如此!”

按照蒙古语,“成”意为“坚强”(mūstaḥkam),“成吉思”为其复数。原因是那样的:当时哈剌-契丹①的伟大君主们的尊号为古儿汗,而“古儿”[一词]也是“坚强”的意思,并且除非一个君主极其伟

---

① qarā-khitāi 或中国史书之契丹,原住在南满(辽东),中国史书指出他们于公元4世纪初住在那里。一般认为哈剌契丹为通古斯族源。由于1125年哈剌契丹为女真(也是个通古斯族源的民族)及其同盟者汉人所打败,哈剌契丹向西面移动,最初迁居于今塔城地区,后来征服突厥-康里和哈剌鲁,控制了东突厥斯坦或中国突厥斯坦,1141年,在撒马尔罕北面的卡特汪草原击溃最后一个“伟大的塞尔柱君主”散札儿的军队,征服了花剌子模,并首次迫使中亚伊斯兰教徒接受“异教徒”的统治。(见布列什奈德书,第1卷,从第208页起;巴托尔德:《哈剌契丹》,载《伊斯兰百科全书》第2卷,莱顿-伦敦1927年版,第737、739页;巴托尔德:《七河地区史纲》,伏龙芝1943年版,第32页起。)

大，他不得被称为古儿汗。在蒙古语中，成吉思这个称号有同样的含义，但有更崇高的意义，因为它是复数，举例来说，这个词大致相当于波斯语“沙罕沙”[王中之王]。

帖卜-腾格里习惯于在隆冬时去到那个地区最寒冷的一个[地方]斡难-怯绿连地方①，裸坐在冰上。凝冰为他的[体]温所融化，便升起了一些蒸气。蒙古百姓和某些人(a'wām wa aḥād)就说，他骑着白马上天去了，这已成为家喻户晓的事了。[当然，]这是百姓们的无稽之谈，但他善于搞某种骗术和伪装行为；他肆无忌惮地与成吉思汗讲话，但因为[他的]某些[话]，起一种安定人心的作用，成为对成吉思汗的一种支持，所以成吉思汗对他很满意。后来，当[帖卜-腾格里]说话说得过分起来，干涉一切，并且举止傲慢不逊时，成吉思汗就以[他的]真知灼见，认清了他是一个骗子和虚伪的人。于是有一天，他同自己的兄弟拙赤-合撒儿作出决定，并 168
且吩咐他，当帖卜-腾格里来到大帐[斡耳朵]内，干涉起一切与他无关的事时，就将他结果掉。拙赤-合撒儿力气很大，很勇敢，他能用双手抓起一个人折断他的背脊就跟折断细棍一样。于是，当帖卜-腾格里来到，并干预起一切来时，他就用脚给了他两三下，从大帐[斡耳朵]里把他扔出去杀掉了。他的父亲正坐在自己的位子上；他拾起了他的帽子，并没有想到他会被杀。当[帖卜-腾格里]被杀时，他默然无言。他始终受到敬重，有左翼[军]的一个千户[受他统辖]。

他还有另外三个儿子，他们全都是受尊敬的大异密，每人掌管

① 大概指斡难、怯绿连两河发源地肯特山里的一处地方。

一个千户。一个名叫脱栾扯儿必①，另一个名叫速客秃（sūktū）②扯儿必。他们两人都是右翼千夫长。第三个儿子名叫速秃（sūtū）③；为左翼异密。在我国［即伊朗］，曾出使到合罕处去的扯不干（ǰbkān）④哈敦的丈夫董薛（tūnseh）⑤与阿必失合（ābšqā）⑥两人，都出自他们的氏族。秃答术（tūdāǰū）⑦断事官和他的两个儿子爱木克臣（aīmkǰīn）⑧和秃黑鲁黑（tūqlūq），以及阿八哈汗时的不儿忽惕豁儿赤，也出自这个部落和氏族。

在成吉思汗时，有个异密名叫答亦儿（dāīr）⑨，被他［成吉思汗］* 连同军队一起，赐给了窝阔台合罕，他曾在察合台左右。成吉思汗还另有个异密，名叫也速儿（yīsūr）⑩豁儿赤；在成吉思汗和拖雷汗之后，他曾在拖雷汗和唆儿忽黑塔尼别吉（srqūqtnī-bīkī）的儿子们左右。在成吉思汗青年时代之初，有一个出自这个部落的人，名叫察剌台（črğeh）⑪-额不干（abūkān）⑫；有关他的事见于本

---

① B本作ǰrī；S本作 čzb（?）ī；P本作 ḥzb（?）ī；贝书作 črbī（贝译作 Черби）。

② B本、贝书作 sūkr（贝译作 Сукер）。

③ C本作 sūtū‘ū；B本缺。

④ C，I本作 ǰīkān；P本作 ḥkān；B本、贝书作 ǰkān（贝译作 Чекан）。

⑤ I本作 tū?sneh；B本、贝书作 tūmneh（贝译作 Тумена）。

⑥ A本作 abšq（?）ā；S本作 abšğ（?）ā；C本作 īšqā；B本作 aqsğ（?）ā；贝书作 aqsqā（贝译作 Ахыска）。

⑦ P本作 tūdāḥū；B本作 būdāḥū；贝书作 qūdāǰū（贝译作 Ходаджу）。

⑧ C本作 aī（?）mkḥīn；B本作 aī（?）kḥī（?）ī（?）n；I本作 aī（?）mkǰīn；P本作 amlḥīn；贝书作 ankǰīn（贝译作 Энкчин）。

⑨ I本作 dāīreh。

⑩ B本作 n?sūr；S本作 bīsūr；贝书作 mīsūr。

⑪ C，I本作 črğeh； S本作 črğ（?）eh；P，B本和贝书作 ǰrğleh（贝译作 Джиргала）。

⑫ B本作 abūqa。

纪。他的子孙额连(aln)-帖木儿①和千夫长买住②在我国[伊朗]。他的曾任泄剌失长官(šiḥneh)的一个兄弟马速惕,阿巴(abā)豁儿赤,以及阿八哈汗时名叫亦帖勒古③和不儿古惕的两个异密和他们的子孙,都出自这个部落。就是这些。

次子为阿鲁剌惕。这个词意谓这个人孝顺父母。

整个阿鲁剌惕(arlāt)④部落属于这个儿子的氏族。在各个时 169
代,从他的氏族中都出过大异密和后妃在成吉思汗时,出自这个氏族的有孛斡儿赤(būqūrǰī)⑤那颜。在我国[即伊朗],别克列迷失、兀章和他现今在世的一个儿子撒鲁⑥,都属于他的氏族。另一个大异密,名为孛斡儿臣(būğūrǰīn)⑦那颜,也是那个时代的人。其事迹如下:他自幼就跟随在成吉思汗身边,从未反对过[他],立有卓异功勋。他坐在[成吉思汗]右方,高出于[其他]异密。据说,成吉思汗年轻时,曾出去与泰亦赤兀惕人打仗,被箭射伤了嘴和咽

① B本作 aln(?)tmūr;I本作 alntīmūr;C本作 alīlīmūr;P本作 alītmūr;贝书作 aīltīmūr。

② B本作 bāī(?)ǰū;I本作 māī(?)ǰū;P本作 b(?)ālḥū;C本作 māīḥū;贝书作 bāīǰū。

③ B本作 ī(?)t(?)kt(?)kū;I本作 ītlkū;P本作 ī(?)tknkū;C本作 ītnkū;贝书作 īnktkū(贝译作 Энектеку)。

④ 在蒙语中这个部落称作阿鲁剌惕。在若干有关16—18世纪中亚史的历史著作中,在提到某些异密的名字时,也连带提到乌兹别克的一个阿拉剌惕部落,因为在当时的乌兹别克国中,在某部落首领或汗的大臣名字之后,照例要加上他是哪个部落的人。

⑤ A,S本作 būqūrḥī;B本作 būrǰī;P本作 brqūrḥī;C,L本作 būqūrčīn;贝书作 būrğūǰī。

⑥ P,B本和贝书作 yarū。

⑦ B本作 būrğūḥīn;P本作 b(?)ūrğūḥīn;贝书作 būrğūǰīn。

喉，衰竭无力地回来了；同他在一起的有孛斡儿臣那颜和孛罗忽勒(būrāğūl)[①]那颜。途中，他们将他扶下马来。正下着大雪。孛罗忽勒那颜勒住了他的马，[见成吉思汗的]健康处于这样一种状态，便烧红了石头，浇了些水，直到蒸气升起。他把成吉思汗的嘴托到蒸气上，直到整块凝血从他喉中出来，他的呼吸才稍为舒畅些。因为下着大雪，所以孛斡儿臣那颜用两手将自己的皮袄[②]托在成吉思汗头上，使雪不致落到他身上。他就这样一直站到天明，雪盖满了他的腰，他也没从原地挪动。清晨，他们将[成吉思汗]扶到[马]上，送到了自己的营地上。孛斡儿臣那颜还干出过其他伟大事业，有如[下文]所详述者。由于成吉思汗已奄奄一息，他与军队及其他亲人又隔离开，而敌人正在搜索他，他便与孛斡儿臣-那颜和孛罗忽勒那颜辗转于草原和丛山间，踉跄寻食，[但]一无所得。他们有个渔网。他们[将网]撒到河里，有一条大鱼落了网。孛斡儿臣那颜动手拖[网]，但由于过度饥饿虚弱，无力[将网]拖出，他摔倒了。成吉思汗[见]孛斡儿臣那颜衰弱无力，他的腿上已经没有剩下肉，便忧愁起来，[但]他对孛罗忽勒说道："不要忧愁也不要难过！你来作斧头，我来作斧柄[③]，让我们使肉长到他腿上！"由于有如此崇高的思想、坚定的决心和精神力量，成吉思汗和他们[孛斡儿臣和孛罗忽勒]的事业才重新振兴起来，有如本纪中所载者，他

---

① B本作 brğūl；贝书作 būrğūl。

② A本作 yāğū；B、P本和贝书作 bārğū，贝勒津认为这是"由 буркан，буригасун 即'罩单'所派生的一个蒙古-突厥词"(见其《史集。蒙古史》第1卷第1分册俄译文第162页注329)。大概这个词为 даку 或 дагу，在所谓的察合台语中，指翻毛皮袄。(俄语"Доха"即由此而来。)

③ 由于识点关系，此处(在B本和贝书中)又作："你来作箭，我来作大腿！"

还征服了[全]世界。

孛斡儿臣那颜、孛罗忽勒那颜和出自札剌亦儿分支的兀的-曲 170
儿出〔aūtī-k(u)rčū〕①，都是成吉思汗的老那可儿，并常在他的左右。当他成为君主时，所有的异密他都赐给了诏敕，却没有赐给孛斡儿臣和孛罗忽勒；[他们]跪了下来，[心想：]这是怎么回事，他怎么不赐给我们诏敕？成吉思汗对此降旨道：“你们地位之高，已不需要我赐给你们诏敕！”在窝阔台合罕时，他那个万户由他的侄儿孛栾台(būrāltāī)②掌管，蒙哥合罕时，又由孛栾台的儿子巴勒赤黑[掌管]。在忽必烈合罕时，那个万户由孛斡儿臣的一个儿子掌管，后来，也在忽必烈合罕时，又由孛栾台之子只儿合迷失③掌管。这个孛栾台有许多儿子，他们全是大异密。其中之一，司膳(宝儿赤)玉昔-帖木儿(aūz tīmūr)曾为大异密和近幸(aīnāq)，他的名声很大。

在我国[即伊朗]，前述别克列迷失和他的儿子兀章，以及与速客一同叛变而被处死的秃勒克④，孛斡儿赤那颜⑤的兄弟、左翼千夫长朵豁勒忽扯儿必⑥，都属于孛斡儿赤那颜的氏族。现今他们氏族中的牙牙思⑦-秃儿合浑⑧，臣事合罕当了大异密。牙牙思在

---

① C、L、P、B本和贝书作kūǰū。

② P本作būrālt(?)āī；B本、贝书作būrltāī(贝译作Бурултай)。

③ A本作ḥīrqāmīš；P本作ḥīrq(?)āmī(?)š；C、L、I本作ǰīrqāmīš；B本、贝书作ǰrqāmīš(贝译作джиркамыш)。

④ B、P本和贝书作tūkl(贝译作Тукел)。

⑤ B本作ḥūtī；P本作ḥūbī；C本作hrīī；L本作ḥrbī；贝书作ǰūbī。

⑥ P、B本和贝书在此之后增“和别克剌迷失”这几个字。

⑦ B本、贝书作tābāīn(贝译作Тоужень)；C、L本作bāyās；P本作y(?)āy(?)āī。

⑧ C、L本作būrqāqūn。

乞台语中是长官的意思，秃儿合浑是他的名字。成吉思汗曾对孛斡儿赤说，他的地位在汗之下，但在众异密和庶民[1]之上。孛斡儿赤那颜就用蒙语说道："老鸦错了的时候，我没有出错！老鹰头晕的时候，我的头脑不晕，什么也错不了。在地尘升上天和天尘落到地的时候，我没有迷路。由于这样，我才达到这样的地位，称我为孛斡儿赤。"他与成吉思汗结交的头一件事如下：当成吉思汗还是个少年时，他的侍从和军队都背离了[他]，使他陷于孤立无援的境地；有一天，从蒙古诸部落中来了一些劫贼，偷走了他的几匹马。[成吉思汗]当时发觉后，来不及等待集合起那可儿，独自一个立即前去追赶劫贼。他看见路旁有一个白马骑士，那人就是孛斡儿臣。他走近去问他："你是谁，为何站在[这里]？"那人说："我在等你，想和你谈话！"成吉思汗说道："我只有独自一人，你能和我同去吗？！"他回答道："我正是想同你一起去才停下来的。"于是同他一起前去了。当他们追上贼人时，成吉思汗说道："我当前锋，你当我的后卫
171 吧。"孛斡儿臣答道："马是你的，你怎能信得过我？也许你去赶[它们]时，我就跑掉了！还是我来当前锋，你当我的后卫，免得我跑掉，必要时还可进行抵抗。"他们为此争论了好久，[各]执[己]见。终于还是成吉思汗殿后，孛斡儿臣在前。他们赶跑劫贼，夺回了马。成吉思汗对这一切非常高兴，他完全信赖了[孛斡儿臣]，倚为心腹，并[对他]怀有敬意。就是这些。

第三子为斡罗纳儿惕-乞里克讷惕。由于他是个斜眼，故被称做这个名字。所有乞里克讷惕各部落和分支都出自他的氏族，他

---

① 原文为 qarāčū，即蒙语"合剌出"，也即"平民、黎民"（见符书第 70、78、118 页）。

们人数很多。把带和乞失里黑是这个部落的人。他们被称为乞里克讷惕-答剌罕①,尽管他们是乞里克讷惕部人,“答剌罕”[一词]却成了他们的专名(ism-i ‘alam)②。从他们的子孙中出了很多人。把带的子孙中有答剌罕-花剌子迷和撒答黑③-答剌罕;乞失里黑的后裔中有千夫长阿忽台④。把带和乞失里黑都是王汗的大异密也可-察兰(yākā ǰārān)⑤的马夫长。他们被封为答剌罕的原因将于后文《成吉思汗纪》中详述。

嫩真⑥部落是乞里克讷惕部落的一个分支。晃豁坛的堂兄弟,在呼罗珊的、肥胖异常的钦察台,出自这个部落。[但是,]安拉最知道,也最贤明!

许慎(hūšīn)部落

这个部落的大异密之中,在成吉思汗时,有个孛罗忽勒那颜(būrūğūl-nūyān),他最初侍候成吉思汗,为御食供奉(bukāūl)和司膳(宝儿赤)。后来当了护卫(kazīktū)⑦,以后成为怯薛长,后又

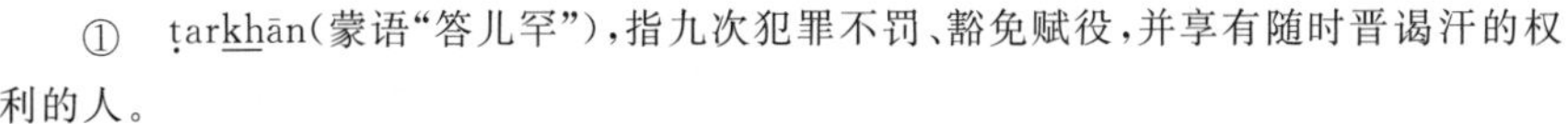

① ṭarkhān(蒙语“答儿罕”),指九次犯罪不罚、豁免赋役,并享有随时晋谒汗的权利的人。

② 在C、L、B本和贝书中,原文为ism(名字)wa(和)‘alam(标帜),因此被译作:“答剌罕[一词]却成了他们的名字和标帜。”在阿拉伯语法中ism-i ‘alam意为专有名词。

③ P、B本作sādān。

④ P、B本作aqrt(?)āī;C、L、I本作aqūtāī;贝书作aqrtāī(贝译作Агуртай)。

⑤ P本作y(?)āqāḥārān;B本、贝书作tāqāǰārān。

⑥ [按:C,L本作nūnǰīn;贝书作ğrǰīn,本书俄译者误从贝书作курчин。——汉译者注]*

⑦ 参照相同含义的蒙古语词kešigtü(见符书第142页)。

当了万夫长。后来他成为受尊敬的右翼大异密，地位低于孛斡儿赤那颜；他立下了很多功劳。成吉思汗很敬重他们[两人]，甚至说道："但愿没有灾难，不要让孛斡儿赤死去！但愿没有灾难，不能让孛罗忽勒死去！"

孛罗忽勒经常立下的功劳，将详述于《成吉思汗纪》中。他[孛罗忽勒]是在与蒙古诸部之一秃马惕[部]作战时被杀的，尽管他战胜了他们。窝阔台合罕时，他的儿子术不古儿(ǰūbūkūr)-忽必来继承了他的地位，在他之后，忽必烈合罕时，秃黑赤(tūqǰī)驸马也
172 出自他的氏族。他[取得]驸马身份的经过如下：旭烈兀汗的侄子忽秃黑秃的一个女儿，名失邻，是客勒迷失-阿合的姊妹，系忽兰哈敦所生，被嫁给了他[为妻]。另一个大异密，名叫忽失带-拜忽(hūšīdāī-bāīqū)。成吉思汗曾将他连同军队一起交给了术赤；他统率拔都的右翼军。他在暮年时宣称："我已年老力衰，不能[胜任]此事"，便带来自己的继子照烈惕部人额勒迭各(īldkeh)[1]，让他当自己的副手(nāīb)，后来，他成了他的继位者(qāim-i maqām)。现今在那里[蒙古斯坦]，他的氏族中的大异密们还担任着那个职位；在我国[伊朗]，阿儿塔拜[2]驸马和他的一个儿子别克列迷失必阇赤[3]，至今还在世。忽必烈合罕有个妻子，是孛罗忽勒那颜的女儿，名叫兀失臣(aūšǰīn)[4]；他从她生了一个名叫爱牙赤(aīāǰī)的儿子。就是这些！

---

[1] B 本作 bldkeh。

[2] S、P 本作‘(a)rtb(?)āī；B 本作‘ūrtiān；L 本作‘(ā)rbtāī；贝书作 ğūrītāī。

[3] 贝书作 Бекламиш 和 Битекчи，即分作两人。

[4] S、C、L、P 本作 aūšḥīn；B 本、贝书作 aūšǰi。

速勒都思(sūldūs)部落

尽管出自这个部落的异密很多,但我们首先要介绍的是侍奉成吉思汗、有关情况较清楚的贵显人物。先记述一些最重要的事件。

当成吉思汗还是个少年,泰亦赤兀惕部落起来反对他,而军队和部属又脱离了他,他的帝业还没有充分隆盛之时,有一次,他骑着马去办一件事,在途中看见一块石头无故地自己翻转了过来。他走到石头旁,寻思道:"这可真太奇怪了!大概我不该走这条路!"他犹豫了好久,要不要走这条路呢?但[最后]还是不加理睬,随着心之所驱,继续前行。于是,他的敌人,泰亦赤兀惕部君主塔儿忽台-乞邻秃黑追上来捉住了他。他[给他]带上一具木枷,把他看守起来①:当时还没有立即杀掉俘虏的习惯。有一个老妇人,名叫泰亦赤兀(tāīǰū)②-额格赤(aīkāǰī)③。她被称为泰亦赤兀④,是
因为她是这个部落的人,她的丈夫是篾儿乞惕部落人,名字不知 173

① 东方常用的防止俘虏或犯人逃亡的一种办法为:取一粗大的树枝,其上带有两条坚实的分枝,每枝约长半公尺,将犯人的头颈塞在这种称为 dūsākheh 的角杈中;使他在其中不能向任何方向转动脑袋。颈侧的角杈两端,另用一横板或圆木封闭;犯人的左手或右手被按到胸前 dūsākheh 的左面或右面,然后牢牢地钉上一块木板。这样就使得头和手都极难转动。这一切可从东方的各种精细画、图画及其在许多东方艺术刊物上的复制品中看到实际情形。

② I本作 bāī(?)ǰū;贝书作 tāīǰū。

③ C、L、B本作 aīkḥī;I本作 aī(?)kǰī;P本作 aīkḥī;贝书作 aīkǰī(贝译作 Икчи)。

④ S、C、L、P本作 bāī(?)ḥū;B本作 bāīḥū;贝书作 tāīǰū。

道。在本朝,与亦客台[①]额勒赤一同来[此]的合罕使臣兀札兀儿海,就出自她的氏族。

简略地说来,这个老妇人经常为成吉思汗梳头,伺候他。[由于]他的颈项老是被木枷磨出血,她就在[成吉思汗]颈上垫了一小块毛毡,而且一直[对他]表示恻隐之心。过了一些日子,有一天,成吉思汗找到一个机会,便戴着木枷逃走了。那一带有个大湖。他钻到湖里,连人带枷一起沉没在水里,他的全身只有鼻子露出[水面]。一队泰亦赤兀惕人出来追他,寻找他。赤老罕把阿秃儿的父亲、速勒都思部人锁儿罕-失剌(sūrğān-šīreh)与宿敦(sūdūn)那颜的父亲同在该部落中,他的帐幕也在附近。他的目光突然落到了成吉思汗的有福的鼻子上。他猜想到,这就是成吉思汗。他暗中示意,让[他]把头下沉得更深些,并对那些[泰亦赤兀惕]人说道:"你们再到别的方面去搜一下,我来守在这里!"他就这样地把他们支使开了。黑夜降临时,他从水里拉出成吉思汗,从他颈上将木枷取下,把他领到[自己]家里,藏在车上的一大堆羊毛下面。这以后,搜查[成吉思汗]的一伙人,追踪到了那个地方。他们怀疑他可能在锁儿罕-失剌的帐幕里,便在那里进行了仔细的搜索,甚至几次用铁叉子(sīkh)刺入那些羊毛中,但他都没有从那里暴露出来。因为最高真理要想让他幸福,所以一次也没有损伤到他的福体;人们找不到他,就离去了。这以后,锁儿罕-失剌给了他一匹火红母马、少许肉和一支烤肉用的铁叉子,还给了他一些途中必需的

① S本作 aī(?)kt(?)āī;I 本作 aīkeh-tāī;P、C 本作 aīkeh-t(?)āī;B 本、贝书作 ankeh-tāī(贝译作 Энкетай)。

东西,如弓矢之类,但没有给他某件东西。据说,锁儿罕-失剌也没有给成吉思汗火镰就打发他走了。由于这个缘故,虽然现在[他的后裔]享有很大的恩遇,但由于[锁儿罕-失剌]没把那部分[需用的]东西和火镰给[成吉思汗],所以由此在他们身上落下了一些阴影,[尽管]他[锁儿罕-失剌]在这方面有某种可谅解的情况,那就是想使事情不远播开去,[但是,阿拉伯谚语说得好:]“也许他情有可原,而你却应受责难”。

在此期间,成吉思汗的母亲、妻子们和部落已经对他绝望了。他的第四子拖雷汗还是个小孩。在这最后几天中,这个孩子时刻不停地念叨着:“我爸爸骑着母马[回家]来了!”母亲骂他,揪着他耳朵[说道]:“这孩子干吗说这些蠢话,老让我们时刻不停地想到他,折磨着我们的心!”那孩子依旧不停地念叨着,直到成吉思汗要来到的这一天。[这一天,]拖雷汗说道:“瞧,我爸
爸骑着火红母马来了,鞍带上还有两只土拨鼠①!”她母亲却依 174 291
旧说道:“这孩子中了什么邪!”孩子坚持说道:“瞧,我爸爸来了!”过不多时,成吉思汗骑着火红母马来了,鞍子上系着两只土拨鼠。大伙儿对他的来到高兴极了,完全沉浸到欢乐之中。所有的人都对拖雷的话惊讶不已,便将此事告诉了成吉思汗,并作了布施和还愿。

当锁儿罕-失剌了解到他暗藏成吉思汗的事已经瞒不住了,他认为必须从泰亦赤兀惕部落中出走。他带着家口和部属迁出,前

① A本作 qūrbqān;I本作 qūrbūqān;B本作 t(?)ūrb(?)qān;C、L本作 tūrbūqā;P本作 tūrt(?)pān;贝书作 tūrīqān(贝译作 Турухтан,即拉丁语名为 Machetes pugnax 的一种田禽),但这里大概应作 tūrbaqān,即土拨鼠(Dipus sagitta),属啮齿类。

来为成吉思汗效力。成吉思汗对待他、他的孩子们和徒众都非常好，对[他们]十分尊敬。锁儿罕-失剌的儿子赤老罕把阿秃儿非常英勇。有一次，他突然在战场上落马，敌人向他疾驰而来要结果他。他一跃而起，徒步持矛奔向骑者，向骑者进攻，打跑并追赶了约一程之远。成吉思汗惊叹道："一个[作战时]落马的人，要有何等样的力量才能挺身再战啊?！即使站起来作战，一个徒步者又怎能对抗一个骑士，取胜而归呢?！

我未曾见过徒步者作战
并使顽抗者的头颅落入其手中！

我还没有见过这样的英雄！"

因为成吉思汗不止一次地与泰亦赤兀惕人作战，并[同他们]多次厮杀，所以终于在最后一战中，赤老罕把阿秃儿与泰亦赤兀惕人的君主，异常英勇、身材高大魁梧的塔儿忽台-乞邻秃黑(tārğūt-āī-qīrīltūq)交上了手，赤老罕把阿秃儿的身材却并不高大。他用矛击向乞邻秃黑的腹股沟，想把他从马上击落，但未能做到，他便使矛下落，矛的另一端撞到了地上，接着他用足力量，把矛刺进了[塔儿忽台]的下阴，一直刺入腹中。塔儿忽台从马上跌了下来，跌下时说道："我以为即使剁碎我的心，我也不会死，而这一次，像珊蛮的一束嫩枝似的、像一条小鞭子似的锁儿罕-失剌的儿子这样一个微不足道的人，他[用矛]刺[我]，没能刺穿，就使矛落下了，我却如此[糊里糊涂地]被杀死了！"

诗

胡曼勇力胜毕任，
时运不济，英豪也受辱。

塔儿忽台终于由于这个致命伤死去，将他的灵魂交给了[万有的]主。

赤老罕把阿秃儿的儿子为宿敦那颜，他是成吉思汗时代的右翼异密，极为尊贵。在窝阔台合罕在位时，他还健在，并在拖雷汗和唆儿忽黑塔尼别吉诸子的左右。忽必烈合罕在位时，他的儿子合术(qāǰū)据有其位。他活了约有百岁，衰老到认不出自己的儿媳妇，以致说："把她给我！"他的族人中，有个名叫脱斡里勒的右翼异密。他的族人中，还有个大异密，是蒙哥合罕的厨子[宝儿赤]，175
名叫札兰(ǰārān)。因为他后来教唆了奸邪的阿里-不哥，所以忽必烈合罕处死了他。与旭烈兀汗一同来到伊朗地区的宿敦那颜的儿子们中间，有一个孙札黑(sūnǰāq)那颜，曾任右翼异密们和怯薛长的断事官[札鲁忽赤]。他受阔阔-亦勒该(kūkāailkāī)的管辖。他的兄弟为：怯台那颜、阿剌-帖木儿-亦答只、秃丹和帖木儿-不花。孙札黑的儿子为拜都、合剌卜 h(a)r(a)b 和阿儿浑。拜都的儿子为伯颜，合剌卜的儿子为也门〔īm(a)n〕，怯台的儿子为乞台[1]，乞台的儿子为合赞和节乞〔z(i)kī〕，秃丹的儿子为马里黑，马里黑的儿子为绰班；帖木儿-不花的儿子为拜不花、失克秃儿和木八剌。在忽必烈合罕处效力的宿敦那颜诸子中间，有一个名叫撒儿塔黑的儿子，曾奉[合罕]之命，出使于旭烈兀汗；为了掌管表报，同他一起来的还有奥都剌合蛮〔h(a)bdālr(a)ḥm(a)n〕和八邻部人阿剌黑那颜的孙子伯颜；伯颜曾在我国，但听命于忽必烈

① B本作 ḥī(?)t(?)ān；P本作 ǰīnnāī；贝书作khtāī(贝译作 Китай)。

合罕。[忽必烈将他]召了[回去];他被准予返回,旭烈兀汗逝世之年他便回去了。伯颜也就是夺得南家思地区的那个人。就是这些!

亦勒都儿勤(aīldūrkīn)部落

这个部落是速勒都思部落的一个分支。在成吉思汗时,当成吉思汗对王汗作战归来,向巴勒渚纳方向退去时,他[从那里]派遣了一个使者到王汗处去,将许多事告诉[他],有如本纪中所述者。这个急使就是这个部落的人。他名叫合儿孩〔haraq(a)ī〕[①]-者温。合儿孩是名字,"者温"意为"左"。在我国[即伊朗],曾任呼罗珊八的吉思地区合剌兀纳思人万户长的罕都〔h(a)ndū〕必阇赤,出自他的氏族,是他的堂兄弟。合儿孩-者温极为衰老,据说他一直活到蒙哥合罕之时。就是这些!

巴牙兀惕(bāyāūt)部落

这个部落有若干分支,但[其中]著名的有两个分支:一支为者台,它又被称为巴牙兀惕,另一支为客赫邻〔k(a)h(a)rīn〕-巴牙兀惕。者台[②]是蒙古斯坦的一个河谷。因为他们的营地曾在那里,所以他们与这个地方有了关系,[河谷名称]成了他们的专有名词。而住在草原上的那些人,则被称为客赫邻-巴牙兀惕。他们的禹儿

---

① 原文标有元音符点。贝译作 Аргай。

② 原文标有元音符点。L、P 本作 ḥdī;贝书同(贝译作 Джида)。即今吉达河,为今色楞格河的一条左岸支流。

惕在薛灵哥①河沿岸。这条河的两个发源地(sar)为:忽儿班②-客赫惕〔k(a)ht〕和不列-温都儿(būreh-aūndūr),都是大忽鲁黑 176
〔ğ(u)rūq,禁地〕。在这个地区有一处薛灵哥河分流三道的极遥远的地方,它被赐给宿敦那颜作了禹儿惕。现在那里还住有速勒都思诸部落;它们对巴牙兀惕人处于依属地位。它们的异密为:合只兀答儿〔qāǰīūd(a)r〕和他的兄弟、曾奉使前来[伊朗]的探马赤。从不列-温都儿流出的河流,分列如下:

在山这边有:失列-失巴兀秃(šīreh-šībāūtū)、乞班(kībān)和帖列都〔t(a)l(a)dū〕。

在山那边有:恩客(aīnkeh)、术不黑剌(ǰūbqreh)、不兰-忽儿乞(būrān-qūrqī)、撒木儿〔sam(u)r〕、忽卜合秃(qūbqātū)和秃阿亦(tūāī)。这九条河都流进了薛灵哥河。那里住有兀孩-客列术〔k(a)raǰū〕氏族的一千斡亦剌惕人,守护着这个营地(maqām)。在成吉思汗青年时期之初,当他与泰亦赤兀惕部开始作战,征集军队时,大部分巴牙兀惕部落和他结成了同盟。他们组成他的十三古列延军队中的一个古列延,他命令将这个部落称为斡脱古③。他

① 蒙语薛凉格-沐涟,由发源于蒙古地区杭爱岭东北麓的其洛图和额德尔两河汇流而成。它流经外贝加尔地区的最富饶的地区,因此两岸聚集了当地最稠密的人口。即今色楞格河,它在注入贝加尔湖之前,右岸所接纳的支流有:鄂尔浑河(在蒙古地区)、奇科伊河、希洛克河和乌达河(在外贝加尔地区);左岸所接纳的支流有:帖勒吉尔-木伦河、额金河、库苏泊水道(在蒙古人民共和国境内)、吉达河和特木尼克河(在苏联境内)。河的全长,包括额德尔河在内,共为1200公里。

② S本作 qūrīān。

③ B本作 aūrqākū(页边增补 gurğān);P、I本作 tqū;C、L本作 bkkū;贝书作 aūrqā-gurqān。

们拥有习惯所规定的可从[成吉思汗]氏族中聘娶姑娘的权利。在成吉思汗时，左翼异密中有一个名叫不花(būqā)[①]驸马的异密；有个姑娘嫁给了他。他出自者台〔ǰ(a)d(a)ī〕-巴牙兀惕[部]。现在在我国的弘坚(hūnkān)[②]驸马，即出自他的氏族。另一个威望很高的左翼千夫长，名叫翁古儿[③]。起初，别速惕部人古出儿(kūčūr)那颜担任御食供奉(būqāūl)和司膳[宝儿赤]，由于他年老力衰，于是孛罗忽勒那颜继任为御食供奉和司膳。孛罗忽勒那颜作了万夫长，掌管军事后，这个翁古儿就继任为御食供奉和司膳。他被称为翁古儿-乞撒惕，因为乃蛮语中称"būqāūl"为"乞撒惕"，意为"饱食"[④]，这个翁古儿是客赫邻-巴牙兀惕部人。当阿勒坛汗的驻地中都[⑤]城被围时，阿勒坛汗离开了它，而他的帑藏和异密们仍留在那里；城攻下后，忽秃忽那颜和这个翁古儿司膳同那可儿们一起被派去搬运帑藏。阿勒坛汗的留守将帑藏中的珍贵礼物(khidmatī)送给[他们]。忽秃忽那颜没有收受，而翁古儿司膳收受了。有人到成吉思汗处[讲了这事]，他不赞成[这种行为]，对翁古儿和他的

① B本作 rqā；L、P 本作 b(?)ūqā；贝书作 aūrqā。

② L 本作 hūrgān。

③ S本作 nkūr；I 本作 aūnkūr；C 本作 wankūn；L 本作 an(?)kūn；P、B 本和贝书作 ankūr(贝译作 Энкур)。

④ 原文为突厥-波斯词 qanīšmīšī kardan；此动词之前一词在贝书中作 qīsmīšī，他认为源于突厥动词 qīšmaq(压、榨)，但无论如何也不适合于 būkāūl 这个概念。此处看来应注意到喀山-鞑靼语的一个动词 qanmaq(相互态作 qanīšmaq)——"吃饱"。这样，前面的一个(乃蛮)词就不应为 kīsat(贝书作 knsat，贝译作 гансат)，而是 qanisāt。

⑤ 原文ǰūnkdū，相当于汉文"中都"，也即今北京(见布列什奈德书第 1 卷第 26 页)。

那可儿们大为恼火①,正如本纪中所记载者。

那海②断事官[札鲁忽赤]、他的祖先和族人,都出自这些巴牙兀惕人的者台部落。关于他的世系及其祖先,简述如下:在成吉思 177
汗时,有个名叫锁儿罕(sūrqān)的人,是成吉思汗的义父③。因为他是个聪明深思的人,能在必要之时援引善言进行开导,所以他被推崇为受尊敬者,属于斡脱吉-孛斡勒④之列。当成吉思汗还没成为君主,各个未被征服的部落各有君长的时候,这个锁儿罕曾说过:"冀图君权的人物:一个是塔塔儿部落的兀剌黑(alāq)⑤-兀都儿,另一个是乞牙惕-禹儿勤⑥部落的薛扯⑦别乞,第三个是札只剌惕部落的札木合薛禅。这些人都提出了伟大的企求,冀图王权,但最后铁木真将成为首领,诸部落将一致奉国于他,因为他具有成就帝业的才德,在他的额上明显地呈现着上天佑护和帝王雄武的征兆!"最后果然如他所说。

这个锁儿罕有个名叫阔阔出的儿子。阔阔出有几个儿子,其中之一为那海⑧断事官。他的儿子为秃黑-帖木儿、阿勒忽和也先-不花。阔阔出的另两个儿子为术勒赤⑨司膳和木思塔发必阇

---

① 原文为突厥-波斯动词 qakimišī karda,出自突厥语 qākīmaq(生气、斥责)。

② C 本作 n(?)ūqāī;L 本作 n(?)ūğ(?)āī;P 本作 tūqāī;B 本、贝书作 būğāī。

③ A、S、C、L 本作 aūkḥī;P 本作 aūǰkī;B 本作 aǰkī;贝书作 aīǰkeh。此处从 B 本、贝书,这个词显然为蒙语 ečige——"父亲"的转写。

④ 参阅俄译本第 2 分册第 15 页注 2。

⑤ C、L 本作 aūlāq;贝书作 aūlān(贝译作 Аолан)。

⑥ S 本作 yūzkīn;I 本作 nūrkīn;C、L 本作 y(?)ūrkī(?)n;B 本、贝书作 būrkīn。

⑦ S、I 本作 sḥeh;贝书 sǰneh(贝译作 Сачна)。

⑧ 见汉译本本分册,第 296 页注③。

⑨ S、C、L 本作 ǰūlḥī;P 本作 ǰūn(?)ḥī;B 本、贝书作 ǰūnǰī。

赤那颜，在合罕在世时都担任过断事官[札鲁忽赤]。兀儿黑秃(aūrğtū)①的儿子合丹以及秃带断事官也是他们的族人。随同旭烈兀汗来到[伊朗]、曾任蒙古必阇赤长的阔阔必阇赤，是他们的堂兄弟。他的儿子阔阔-不里，阔阔-不里的儿子剌马赞和脱黑塔，以及阿八哈汗的哈敦不剌罕哈敦，都是那海司膳的堂兄弟和堂侄。成吉思汗在位时，有个被称为忽必来豁儿赤的大异密。他在成吉思汗之后还活着，在拖雷汗之后他又跟随在他的诸子和唆儿忽黑塔尼别吉身边。忽必烈合罕有个名叫巴牙兀真的皇后。她就出自这个部落。他从她生下了一个儿子名叫脱欢(ṭūğān)。蒙哥合罕的儿子昔里吉(šīrkī)和[他的]母亲巴牙兀真②，也都出自这个部落。

轻吉惕(kīnkīt)部落

这个部落没有出过很著名的异密和人物，但成吉思汗时，当他将众异密连同军队一起分赐给诸子时，他曾将若干异密连同四千
178 军队赐给自己的长子术赤汗，其中有一个异密，名叫忽坛〔qūt(a)n〕③那颜，就出自这个分支，他在出自术赤氏族的斡儿答④的后裔宽撤(qūnǰī)⑤的兀鲁思里；该兀鲁思的众异密中的著名大人物忽

① C、I本作 ārūğtū；B本、贝书作 arūğtū(贝译作 Apyrty)。

② A、S本作 bāyāūḥīn；C、L本作 b(?)āy(?)āūḥī(?)n；P本作 tābāūḥīn；B本作 tāy(?)āūǰīn；贝书作 tāyāūǰīn。

③ C、P本作 qūī(?)n；L本作 q(?)ūī(?)n；B本、贝书作 qūīn(贝译作 Хоин)。

④ 原文标有元音符点[作 aūradeh]*。C、P、B本和贝书作 āūrdeh(贝译作 Урда)。

⑤ 贝书作 qūlǰī。

兰(hūrān),就出自他的氏族。现今他的子孙和亲属还在那里。就是这些!

第　二　章

被称为尼伦的突厥诸部落。

它们是全体蒙古诸部落中的成员之一,起源于阿阑-豁阿从新开创的一个氏族,因为阿阑-豁阿是豁罗剌思部人,而豁罗剌思部是迭儿列勤-蒙古的一个分支。按照他们的见解和说法,阿阑-豁阿没有丈夫感光受孕,生下了三个儿子,凡起源于这三个儿子的氏族和后裔者,被称为"尼伦",意为"腰"。这是隐指贞洁的"腰",因为他们是感光受胎的。从阿阑-豁阿和这三个儿子的氏族所出的部落,有三类:第一类,在第六代以前,即合不勒汗以前,从阿阑-豁阿的氏族中所出者;它们全都按上述原因被称为尼伦。合不勒汗的兄弟们、他们的子孙和后裔也同样全都被称为尼伦。兹将得到肯定的[资料]加以叙述。

合塔斤(qtqīn)部落

这个部落为尼伦部落。它是从阿阑-豁阿的长子不浑-合塔乞分支出来的。在成吉思汗时,他们曾起来反对过他。由于这个缘故,[虽然]他们在各兀鲁思中很多,但他们都不甚荣显。在显贵人物中,有个成吉思汗时代与乃蛮不亦鲁黑汗相勾结的异密和首领兀忽术(aūqūǰū)把阿秃儿。成吉思汗时代的另一些大异密,列举如下……[缺]。

撒勒只兀惕(sāljīūt)部落

这个部落是从阿阑-豁阿次子不合秃①-撒勒只分支出来的。有很多异密属于这个部落。但由于该部落在成吉思汗时经常起来反对他,他们遭到了大量屠杀。当时,这个部落有个名叫三木合(sāmūqeh)的异密,尽管他并非军队长官,但成吉思汗曾数次授以军队,派他去办极重要的事。例如,阿勒坛汗的一个异密,连同军队一起背离了他,倒向了成吉思汗方面。[成吉思汗]委派这个三木合率领军队前去,将这个异密连同[他的]军队一起带过来[为自己]效力。[他完成了这件事]。这以后,他同这支归顺了[成吉思汗]的乞台军,一同围攻现今称为大都②的中都城,攻占了它,夺取
179 了财物,帑藏,掳走了那里的阿勒坛汗的异密们。[成吉思汗]还派
遣他办过[另外]几件大事。因为他在幼年时曾与山羊兽奸,而无论如何,曾与山羊兽奸的人,是为人们所嫌弃的,所以如果有人[当着他的面]说出"山羊"这个词来,这个三木合就会沉下脸发起怒来。他曾为此与失乞-忽秃忽那颜打过架,并且闹得彼此完全疏远了。后来他们又言归于好,并约定以后不再使用这个词。有另一个人[对三木合]说道:"如果你说了'山羊'这个词,我就给你点东西!"三木合自己就亲口说出了"山羊"。忽秃忽那颜得知此事[对

---

① L、I、C 本作 b(?)ūāsū;B 本作 tūāsū;贝书作 būğū。

② L 本作 dārū?n;C 本作 dā?nāzū;B 本作 dāīrrū;贝书作 dāīrzr(贝译作 Даир-зу)。显然是 dāī-dū 即汉文"大都"的讹写,这是元朝时北京的名称。关于中都,见汉译本本分册,第 296 页注⑤。

他]说:“你找过我多少麻烦,同我吵过多少架,我们还约定以后不得说‘山羊’这个词![而现在]你竟为了这么点东西,亲口说出了[这个词],亏你忍受得了?!”忽秃忽那颜拔出剑来,追着要刺他。他击中了马鞍后部而没有伤及他。人们来拉架,[把他们]拉开了。

在伊朗各地区,属于这个部落的有:洒黑-速因只和他的兄弟巴勒秃-速因只。

当成吉思汗在父亲死后还是个幼童时,他的两个族人、原为他父亲也速该把阿秃儿的两个亲信,离他而去。这以后,有几个迭儿列勤-蒙古部落归附了他。他与札木合薛禅商议后,向合塔斤和撒勒只兀惕部落派去了一个使者。当时他们有使用难懂的韵文和谜语来谈话的习惯。他们通过使者所转达的话,就属于这种话。那些人听不懂,无法理解其中的含义。他们中间有个名叫……[缺]的青年,他说道:“这些话的意思是说,有许多和我们没有任何[亲属]关系的部落,如弘吉剌惕、塔塔儿、迭儿列勤等,[如今]全跟我们联合在一起,成为朋友了。我们本是亲兄弟,彼此同一血统,让我们结盟为友吧!”他们没有同意,却从锅中舀出蒙古人用肠子和血熬成的一种沸羹①,泼到使者的脸上,极轻蔑和揶揄地把他打发

① 原文(A本)标有元音符点作 sarukhṭūī,并附有如下说明文字:“蒙古人用动物内脏(šikanbeh)和血(khūn)熬成的”。可以想到,sarukhṭūī(B本作 srkhṭūī;I本作 skhṭ-ūī;C本作 sḥṭūī;L本作 skhdūī)是这种食物的蒙语名称。此处贝勒津译作:“却从锅中取出蒙古人用豪猪和猪熬成的一种汤的浮沫,打这个使者的脸。”在西伯利亚和北蒙古的寒冷气候下会有豪猪和猪,这是根本不可思议的事,而且又怎能用“汤的浮沫”打脸呢? 这里大概是指恩·姆·普尔热瓦尔斯基所描述的一种蒙古食物:挤出羊肠里的东西后,灌上血煮成的一种灌肠(普尔热瓦尔斯基:《蒙古地区和唐古特人地区》,莫斯科1946年版,第71页)。

了回去。由于这个缘故，他们之间仇恨益增，战乱绵亘。他们多次作战厮杀。最后，成吉思汗成了胜利者，屠杀了他们无数的人，尽管他们过去人数很多，现在却已所剩无几了。残存者由于他们是同族人，便全都作了听从他的人和他的奴隶。一部分则
180 归顺于其他蒙古部落。除了成吉思汗所吩咐的："不要娶他们的姑娘，也不要把姑娘嫁给他们；因为他们遵守着亲属关系之道，使他们卓异于其他蒙古部落"[这句话里所提到的跟他们的亲属关系]* 外，这个部落跟成吉思汗再也不剩下任何程度的亲属关系了。

泰亦赤兀惕(tāījīūt)部落

在蒙古人的某些编年史抄本中所述如下：泰亦赤兀惕部落起源于土敦-篾年次子纳臣，分衍为若干支。

由大异密们经常守护着的汗的金匮中的"金册"[阿勒坛-迭卜帖儿]上，可以读到，那上面明确地记载着：泰亦赤兀惕人起源于海都汗的儿子察剌合-领昆，却从未提到[他们]起源于纳臣。只提到他曾从札剌亦儿部救出自己的侄儿海都，同他一起出走，在斡难河畔定居下来。因此，文中所述的这段故事大概较为正确。由于泰亦赤兀惕诸部人数众多，可能纳臣的子孙与他们混在一起，也获得了[泰亦赤兀惕]这个名称；[事情]大概就是如此，否则总该有个地方提到他的子孙和氏族。

这泰亦赤兀惕人分为许多分支和部落。他们的根源如下：海都汗有三个儿子；长子名为伯升豁儿，成吉思汗祖先的一支出自

他；第三子名为抄真，赫儿帖干[①]和昔只兀惕[②]两部落出自他的氏族；仲子名为察剌合-领昆，所有泰亦赤兀惕各部都出自他。察剌合-领昆为乞台名号。“领昆”意为“大异密”。由于蒙古人不懂“领昆”［一词］，他们把它念成了“领忽”[③]。

察剌合-领昆在其兄伯升豁儿死后，娶嫂［为妻］，她是屯必乃[④]汗的母亲。他从她生下了两个儿子：一个是坚都-赤那，另一个名为兀鲁克臣-赤那。他又从他原配的妻子生下过几个儿子：［其中］一个继承了父位并且很著名，名叫速儿黑都忽-赤那[⑤]。他与屯必乃汗住在一起。他的儿子和嗣位者为俺巴孩[⑥]合罕，是合不勒汗的亲属；而俺巴孩合罕的儿子和嗣位者太师，又与把儿坛把阿秃儿为亲属[⑦]。

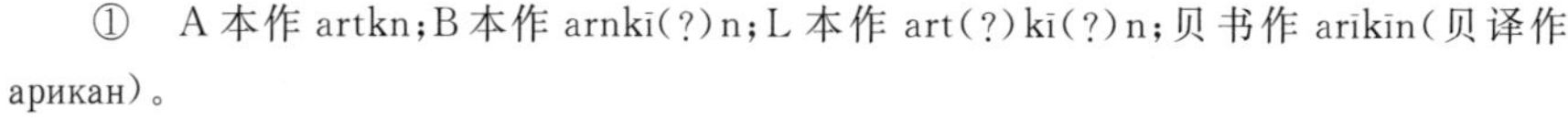

① A 本作 artkn；B 本作 arnkī(?)n；L 本作 art(?)kī(?)n；贝书作 arīkīn（贝译作 арикан）。

② C、B 本作 sḥī(?)ūt；L 本作 sāī(?)ḥūt；P 本作 sǰīūt；贝书作 sǰīūt（贝译作 санджиют）。

③ I、C 本作 ln(?)qū；L 本作 lī(?)n(?)kq(?)ū；P、B 本和贝书作 lnqū（贝译作 лингу）。

④ C、L 本作 t(?)ūmī(?)n(?)eh；B 本、贝书作 tūmneh（贝译作 Тумена）。

⑤ A 本作 sūrqdū-ḥīneh；B 本作 sūrqdūlū-ḥneh；I 本作 sūrqdūkū-hīneh；C 本作 sūrqdūlū-ḥīneh；L 本作 sūrq(?)t(?)ū-ḥn(?)eh；P 本作 sūrqdūlū-ḥīeh；贝书作 sūrqdūlū-ǰīneh（贝译作 Соргодулу-Чино）。

⑥ B、L 本作 hmb(?)q(?)āī；P 本作 hmb(?)āī；C 本作 hmtqāī；贝书 hmbāī（贝译作 Амбай）。

⑦ 此处“为亲属”一语，在原文中是以波斯文中罕用的一个阿拉伯词 q‘dūd（贝书作 q‘dd，他用俄语的一个罕用的词 совместник（敌对者）来翻译此词）来表达的。这个词（和另一词 qū‘dūd 一样）表示在亲属关系上与自己家族或氏族中的族长或长者亲近的人、其最亲近的亲属；有时也有相反的含义，即在亲属关系上与其疏远者。其他含义（卑微者、地位低贱者）则与本文无关。（见 E. W. Lane，An Arabic English Lexicon，VII，2546 a；Belot，635）。这些资料为现今已故的伊・尤・克拉奇科夫斯基院士所告知。

181 在那时，长幼族人彼此全都和睦相处。因为塔塔儿部落隶属于乞台君主，所以[塔塔儿人]突然捉去了俺巴孩合罕，把他送到了阿勒坛汗处，让人们把他钉在“木驴”上杀死。合不勒汗的[一个]儿子忽图剌合罕为报此仇，出征乞台，屠杀了许多[乞台人]。后来，直到也速该把阿秃儿时为止，从[察剌合-领昆]的子孙和堂兄弟们(除了某些作过君主和领袖的人外，他们的名字均不详)所出的这些泰亦赤兀惕各部，全都与也速该把阿秃儿同心协力，结盟友好。在成吉思汗时，由于《汗纪》中所述的原因，他们挑起了纠纷和内讧。但坚都-赤那和兀鲁克臣-赤那的儿子们都站到了成吉思汗方面。俺巴孩合罕和合丹太师的子孙中，作过该部落首领并曾对抗过成吉思汗的有名人物如下：秃答①，为合丹太师的儿子。他有个名叫捏赤汗的儿子，但这不是忽图剌合罕②〔qūt(u)l(a)qān〕的儿子并曾与成吉思汗结盟的那个捏赤汗，他是阿勒坛汗的哥哥。速勒都思人宿敦那颜的父亲和别速惕人哲别与他有关系；有关他们的故事，见于他们的分支中。他们从他那里逃了出来，来为成吉思汗效力。哲别隶属于秃答，[原]名希儿忽台(ḥīrqūtāī)，成吉思汗称他为哲别是因为当他归顺他时，成吉思汗曾问道：“是谁杀死了赤老罕把阿秃儿所骑的我的白面马?”他回答道：“是我。”成吉思汗嘉许道：“这个人值得哀悼”③，也就是说配打仗作战。由于这个

① C、L 本作 t(?)ūdā；I 本作 aūdāī；P、B 本作 t(?)q(?)ūdā；贝书作 būdā。

② S、P 本作 qūī(?)lqān；C 本作 q(?)ūī(?)lqān；L 本作 q(?)ī(?)l-qāān；贝书作 qūīlqān。

③ 原文为 ǰīlāmīšī kardan，前一词大概是动词 ǰīlāmak(哭、哀悼)的过去式形动词。

缘故，他的名字成了哲别。

据说，在也速该把阿秃儿时，有一次他们曾经约请晃豁坛部落[一起]去攻打泰亦赤兀惕人；晃豁坛部先于他们[与泰亦赤兀惕人]开战，泰亦赤兀惕部杀死了他们许多人。也速该把阿秃儿突然赶到，才从泰亦赤兀惕部手中救出了晃豁坛部。泰亦赤兀惕人杀死该部落的[人]很多，以致他们的骨头装运回来的有七十车之多。这件事是家喻户晓的。

阿答勒汗出自俺巴孩合罕氏族，生活于也速该把阿秃儿时代，即未与他闹过纠纷，也未反抗过他。在[也速该]时代之末和成吉思汗时，有一个塔儿忽台①-乞邻秃黑②，"乞邻秃黑"意为"吝啬"和"贪婪"。由于他有这样的品质，才被称做这个名字。他曾向也速该把阿秃儿挑起内讧，并同成吉思汗敌对和作战。 182

泰亦赤兀惕诸部落，直到合丹太师时代之末，都有[自己的]有威望的君主和领袖；全体都听命于他，同心协力。因此，成吉思汗时他们的一个长老秃答，以及他们的族人和叔伯兄弟们：塔儿忽台-乞邻秃黑、巴合赤〔b(a)ğāǰī〕和忽里勒把阿秃儿，都希望从诸兄弟中间推戴出一个人即位，但由于彼此有争执和意见分歧，他们没有做到[这点]，[这件事]未能实现。塔儿忽台与巴台赤打起仗来，后者一度归顺了成吉思汗，而后又投奔了泰亦赤兀惕部落。当成吉思汗与他们[泰亦赤兀惕人]发生内讧与战争时，他们[泰亦赤兀

① A 本作 trqūt(?)āī；C 本作 trq(?)ūīāī；L 本作 t(?)rq(?)ūmāī；P 本作 brqūbāī；B 本作 brqūt(?)āī；贝译作 Таргутай。

② C 本作 qrī(?)lt(?)ūq；L 本作 qūī(?)lt(?)ūq(?)；B 本作 qrīlt(?)ūq；P 本作 qrīltūq；贝书作 qrltūq(贝译作 Харалтук)。

惕长辈族人]之间仍然意见很分歧。由于这个缘故,他战胜了他们,因为堂兄弟们各自坚持不下,由于[这些]纷争,就没有一个人被推戴即位。而且不管深明世故的长者,如斡罗纳惕部人(aūrnāt)阔阔带(kūkdāī)、篾秃干〔m(a)tūkān〕和帖木儿-余儿乞(yūrkī)等人如何告诫,都不听[他们的话]。

在这个阔阔带的家中,他曾对秃答的儿子脱斡里勒〔ṭ(u)ğ-(u)rīl〕的妻子合里伦〔h(a)rīlūn〕忠告道:"俺巴孩汗有十个儿子,所有的朋友们都对他们的存在感到高兴,都说:'王权将留[①]在他们的氏族里'。现在由于[他们之间]纷争不和,王权要从你们手中失去了!"妻子回到家里,将这些忠告转告给了自己的丈夫脱斡里勒。他前往自己的父亲秃答处,[向他]转述了[这一切]。这些话对他产生了影响,于是他们[全体]再次聚会,以求彼此达成协议;正在这时,塔儿忽台和巴合赤之间起了冲突。人们出来调解,并且问道:"[你们]为什么要争吵?"巴合赤说:"他夺走了我的财产、马群和畜群,[以及]长幼亲属。"塔儿忽台说:"巴合赤夺去了我的'秃儿衮·亦马',也就是我的妻子和孩子。我要让他看看我的勇气和力量!"这场争吵的结果,巴合赤屈服了。这以后,他后悔了,于是回[家]去了。秃答虽然也未登上王位,但作为君主的儿子而享有威望;他有几个儿子;长子为脱斡里勒,成吉思汗称之为脱斡里勒-都阿。他曾在成吉思汗和王汗之间传递口信,因为他是王汗的亲信。最后,当成吉思汗战胜泰亦赤兀惕人时,他把[他们]大部分杀掉了,残存者成了他的奴隶。就是这些。

① 原文讹作"将不归于"。

忽里勒把阿秃儿。他是塔儿忽台-乞邻秃黑的堂兄弟，并与他同心协力。

安忽-合忽出（ankqū-hūqūǰū），也是他们的堂兄弟。就是这些！

他们的分支名称表，载于海都汗分支表中，为很好地获悉和了解他们的［世系］分支详情，应当阅读该表。曾与泰亦赤兀惕人结盟的尼伦诸部落和其他部落如下：兀鲁惕①、忙忽惕部的一部分，他们的首领为兀都惕（aūdūt）-不儿都惕②，照烈惕部的一部分，他 183
们的首领为：玉律（alūk）把阿秃儿、塔海-答鲁和马忽亦③-牙答海④。在不同的时期，札木合也曾［与他们］合而又分。［此外，还有］亦乞剌思部、那牙勒部、豁罗剌思部、八邻部、合塔斤部和撒勒只兀惕部。

后来，另一些部落曾归附他们而后又脱离出去。术列（ǰūleh）和合只安（qāǰīān）别乞也是泰亦赤兀惕部落的异密；他们是王汗之弟札阿绀孛的朋友和同盟者，他们与他联合在一起。当王汗对抗成吉思汗时，他们曾与他一致行动。在各兀鲁思中，都有这个部落的许多异密和家族。在这些地区中，客勒帖客⑤-兀答赤的儿

① B本作 ūzīāūt；C、L、P本作 ūūrūt。

② P、B本和贝书作 būdūt（贝译作 Бодот）。

③ C、L本作 mā‘ūī；贝书作 bāğūī。

④ C、L本作 y(?)ādāq(?)ān(?)ā；I本作 bādāqāmā；B本作 bādāğān(?)ā；贝书作 bādāğānā；而且他将 Багуй 和 Бадагана 写作两个人。

⑤ P、B本作 klt(?)keh；贝书作 klīkeh（贝译作 Куликэ）。此处原文“在这些地区中”，相当于其他诸本中的“在我国”，即旭烈兀朝伊朗，因此，所列举的诸子之父客勒帖克在诸伊儿汗的伊朗担任宫廷职务“兀答赤”，即房中仆从或内侍。

子：薛儿乞思①-忽拜、撒木合儿②和木剌罕③，是这个部落的人。

赫儿帖干〔h(a)rtkān〕④和昔只兀惕(sījīūt)⑤部落

这是两个部落。他们出自海都汗的幼子，伯升豁儿和察剌合-领昆的弟弟抄真⑥，有如泰亦赤兀惕世系分支[之篇]中所略述者。这两个分支的详情及其某些事迹如下：

第一支，赫儿帖干(artkān)部。在伊朗国内，并无尊贵荣显者出自这个部落，但在蒙古斯坦，有很多大人物出自这个部落。

第二支，昔只兀惕部。过去和现在都有很多大人物出自这个部落，但在我国[即伊朗]，实未闻有显贵者。在成吉思汗时，当他在诸王间分配众异密和军队时，他将这个部落中的蒙格秃那颜授予了术赤汗；在拔都时代，他曾掌管军队。现今在脱脱处的名为扯儿客思的大异密出自他的氏族。就是这些！

赤那思(ǰīns)部落

虽然他们出自泰亦赤兀惕部落，但在成吉思汗与泰亦赤兀惕

① S本作srkīn；I本作srkī(?)n；P、B本作srkī(?)n；贝书作sūkīn。

② I本作šmğār；P本作ḥʿān；B本作ḥğān；贝书作hmğān(贝译作Amaran)。

③ B本作b(?)rān(?)mān；P本作mūrānān；贝书缺。

④ C、L本作hrt(?)kān；P本作hrt(?)kāl；B本作hūīkāl；贝书作hrīkān(贝译作Арикан)。

⑤ C本作sn(?)ḥī(?)ūt；L本作siḥūt；B本作snǰī(?)ūn；贝书作snǰīūt(贝译作Санжиют)。

⑥ A本作ḥānīn；C、L本作ḥāūḥī(?)n；P本ǰāūḥīn；B、I本作ǰīūčī(?)n；贝书作ǰāūǰīn(贝译作Джаочин)。

人作战时，他们与成吉思汗联合。

这一支出自察剌合-领昆的两个儿子，有如有关他们分支［之篇］中所详述者。察剌合娶嫂［为妻］，他和她生下了两个儿子，一 184
个名为坚都-赤那，另一个名为兀鲁克臣［-赤那］。“赤那思”为“赤那”的复数。上述这两个名字的含义为“公狼”和“母狼”。属于这两个孩子这一分支的人，被称为赤那思。此外，这个部落的一部分，又被称为捏古思；捏古思又用以称呼另一部落，即属于原蒙古人（muğūl-i khāss）的迭儿列勤部落。这个部落为曾以七十个风箱熔化铁山，从额儿古涅-昆出来的那些人的一支，有如前文中所述者。

在我国［伊朗］，千夫长札兀儿赤出自他们的氏族。在我国，未闻任何显贵者出自这个部落。就是这些！

那牙勤（nūyāqīn）①、兀鲁惕（aūrūt）和忙忽惕〔m(a)nkqūt〕部落

屯必乃汗的九个儿子中，长子名为札黑速。从他的诸子产生出三个分支：一支称为那牙勤部，另一支为兀鲁惕部，第三支为忙忽惕部。在成吉思汗时，那牙勤和忙忽惕部与泰亦赤兀惕诸部沆瀣一气，多次与成吉思汗敌对。现今在我国［即伊朗］，没有任何人出自这些部落。

① C本作 nūy(?)āqī(?)n；L本作 n(?)ūy(?)āmnn；P本作 n(?)ūy(?)āq(?)ī(?)n；B本作 nūy(?)āqīn；贝书作 nūtāqīn。

据悉，在成吉思汗时，兀鲁惕部的首领为兀都惕-不儿都惕，他是成吉思汗的敌对者。根据一种传说，以下所详列的部落自古以来彼此即为亲属并同出一源：晃豁坛、雪你惕、合儿合思〔q(a)rq(a)s〕、八鲁剌思、八邻-亦邻古惕〔aīlīnk(u)t〕、额勒只惕〔aīlǰ(i)t〕、客窟蛮〔k(a)kūmān〕、兀鲁惕、忙忽惕、斡罗纳兀惕、阿鲁剌惕、别速惕。为成吉思汗效力的受尊敬的异密中，有一个者台〔ǰ(a)d(a)ī〕那颜。他的历史我们叙述于本篇中，而那牙勤部和忙忽惕部中，就不知道[有谁是这样受尊敬的异密]了。

兀鲁惕部的大多数都倒向了泰亦赤兀惕[部]方面，只有忽亦勒答儿(qūīūldār)薛禅除外，他率领着自己的部属、徒众归附了成吉思汗，给了[他]很多帮助，有如[后文]所详细叙述的。成吉思汗称他为义兄弟[安答]。当时，忙忽惕部中有兄弟三人；[其中]两人决定去归附泰亦赤兀惕部；弟弟对他们说道："我们看到成吉思汗有什么不好，[为什么我们要]离开他去归附他的敌人?!"他们[他的哥哥们]忿然离他而去。长兄一怒之下，用一支大箭射穿了他的腰。另一个哥哥也用箭射杀了他的全部那可儿。他的[全部]财产、子女、家人和牲畜都被抢劫一空。

[这个被杀的]弟弟有一个乳婴，是他从巴儿忽惕部所娶的妻子生下的；这个部落就在那一带附近，这个妻子的族人便将他带到自己那边去了。他的伯父们企图将他也结果掉，他的母方亲人将他藏到了羊毛里。伯父们仔细地进行搜索，甚至把铁叉子插到羊毛里进行搜索，但最高真理保护了他，他没有受到任何伤害。

185 过了一些时候，他们疑心到这个小孩在他们[母亲的亲属]那里。他们再次出动，但那些人将他藏到了锅底下；因为他的寿命是[上天]注定的，他们没有找到他。

过了几年，当最高真理赐予成吉思汗力量以削弱泰亦赤兀惕部以及屈从于他们的诸部时，曾经保护过这个小孩并给[他]取名为者台的巴儿忽惕部，[把他]带给了成吉思汗。当成吉思汗完全征服了泰亦赤兀惕部，兀鲁惕和忙忽惕部也由于衰弱无力和无路可走而屈服时，他们大半被杀，残存者全部被赐给者台那颜为奴(beh bandagī)，虽然他们是他的族人，但由于[成吉思汗的]命令成为了他的奴隶，直到现今，兀鲁惕和忙忽惕军队依旧是者台那颜氏族的奴隶。他是右翼的大异密，经常随侍于成吉思汗左右。窝阔台合罕时，他还活着，是唆儿忽黑塔尼别吉和拖雷汗诸子的近臣。后来，在忽必烈合罕时，他的孙子忙忽带据有他的地位。在我国[即伊朗]，他的氏族之中，忽都鲁沙那颜之父忙忽带，是忙忽惕部千夫长；他的兄弟忽勒忽秃(hūlqūtū)豁儿赤，曾任怯薛长，还当过合剌兀纳思人的万夫长；忽勒忽秃的儿子为察辟(čāpī)及其弟札兰丁；忙忽带的儿子为现任伊斯兰君主大异密的忽都鲁沙那颜和现任千夫长的帖木儿-不花；他们[还]有两三个兄弟，[但]都已去世。木儿塔惕[1]也是他们的堂兄弟。旭烈兀汗时，这个忙忽惕部的忽都孙那颜曾任大怯薛长。旭烈兀汗撤了他的怯薛长职位，任命他的亲属帖木儿继任。他到阿鲁浑汗时还活着。报达长官(šiḥneh)忽失带，也出自这个部落。

① A本作mrtd；L本作mrnd；B本作mrī(?)d；贝书作mrīd(贝译作Мурид)，看来，这些转写中，无一表达了这个名字的真实读音。

忽亦勒答儿薛禅的历史如下：在所有各个时期他都与成吉思汗同心协力，给了他很多帮助；[成吉思汗]称他为义兄弟[安答]。

当他[成吉思汗]与王汗作战后归来，去到巴勒渚纳，又从那里出来时，他的军队为四千六百人。他们组成一支单独的部队(bulūk)启程。此数之中，有成吉思汗的两千三百人，连其他人以及兀鲁愓和忙忽愓[部]军队的人[也算在内]。全部兀鲁愓人，以怯台〔k(a)ht(a)ī〕那颜为异密，全部忙忽愓人，以忽亦勒答儿薛禅为异密。他为他[成吉思汗]所立下的功劳之中，有一件如下：当成吉思汗在合剌阿勒真〔q(a)lāǰīn〕①-额列愓地方作战的时候，他的部属很少，而王汗的部属很多。成吉思汗向异密们问道："我们怎么办？"兀鲁愓人首领怯台那颜犹豫不决地用鞭子拂着马鬃，一言不发。忽亦勒答儿薛禅说道："让我的君主和义兄弟看

186 一看敌人后方的那座名为古因丹(kūīndān)的山冈吧。我将奔驰

过去，如果最高的主允许，我就会穿过敌人，将自己的大纛[秃黑]竖立在那山冈的土地上。只要军队一看见它，就向这个方向前进，让我们把敌人击溃吧。如果主不见允许，我牺牲了，成吉思汗将会照顾我的子女！"因此，他驱马而前，在他的面前开出了一条道路，于是他击溃了客列亦愓人的军队。这个故事详述于本纪中。

在他之后，蒙哥②-合勒札〔q(a)lǰā〕继任他的职位。曾随绰儿

---

① C、L 本作 q(?)lāḥī(?)n；B 本作 qlāǰīn；P 本作 q(?)lāḥīn；贝书作 qlāḥīn(贝译作 Калахин)。

② L、B、P 本作 mūn(?)kā；C、I 本和贝书作 mūnkā(贝译作 Мунака)。

马浑那颜前来[伊朗]的木鲁忽〔mūlq(u)r〕儿-合勒札[①]，出自他们的后裔。他的氏族中有很多人供职于合罕处；在我国，哈里法和篾克里台[②]，都是他的子孙。阿八哈汗时代的讷里乞断事官，后来在乞合都时又曾任异密和近臣者，也属于他们的氏族。

忙忽惕部落中有一个异密，曾暗中勾结王汗，名叫秃海-忽勒海，又名秃海-客赫邻〔k(a)h(a)rīn〕。“客赫邻”意为“骗子”、“撒谎者”。在蒙古人中间，凡被这样称呼的人都会感到莫大侮辱。因为他以这样的名字著称，所以他经常郁郁不欢。

在成吉思汗时，兀鲁惕部落中曾有一个显要的异密怯台那颜。他有个兄弟，是个大异密，名叫不只儿(būǰr)[③]。这个怯台那颜享有盛名，为左翼异密。有关他的一个故事如下：有一夜，他在成吉思汗大帐主管[④]宿卫[怯薛]。成吉思汗做了一个噩梦，醒来传唤掌灯。在大帐之中有[其]一妃，名亦必合(abīqā)别吉，为札阿绀孛的女儿。他对这个妃子说道：“我一向与你很好，并未看到你有何奸邪。此刻我做了一梦，最高的主命我将你出赠[他人]。你不要生[我的]气！”于是他喊道：“谁在外面？”正在巡哨的怯台那颜答

① S本作 qlḥā；B本作 qrḥā；C、I、P本和贝书作 qrǰā(贝译作 Хурча)；L本作 q(?)rǰā。

② C、L本作 mkrī(?)tī；B本作 nkrīt(?)ī；贝书作 īkrītī(贝译作 Екертей)。

③ C、L本作 b(?)ūḥr；I本作 b(?)ūčr；P本 b(?)ūḥīr；B本作 būḥr；贝书作 būǰr(贝译作 Буджар)。

④ 原文为 bāšlāmīšī kardan(从动词 bāšlāmaq——“领导、主持、发动”派生而来)。贝勒津大概依据在他看来最完善的一个抄本，主张将这个动词读作 bāslāmīšī kardan，认为它从蒙语 bašlahu(“黾勉从事”)派生来，与后者相当的突厥动词为 beslemek(“供养”)，因此，按他的意见，bāslāmīšī 意为“黾勉从事”(见贝译《史集》，第1卷，第1分册，第193页注361)。

道："是我。"[成吉思汗]将他唤了进去，说道："我把这个哈敦送给你；你把她带走吧！"怯台对此极为惶恐。成吉思汗安抚他道："别害怕，我是认真说这些话的！"又对妃子说道："给我留下一个名叫……[缺]的厨子和我喝马奶酒的那只金杯作为纪念吧。"其余一切：斡耳朵、侍臣[①]、家人和奴仆、帑藏、马群和畜群，他全都给了妃子，并将她赐给了怯台那颜。就是这些！

187 朵儿边(dūrbān)部落

这个部落为尼伦部，与八邻部相近：它们同出于一源。在成吉思汗时，他们曾与泰亦赤兀惕诸部落联合，对他进行过重大抵抗。在他们的显贵的异密之中，有孛罗(būlād)-阿合曾在合罕处担任丞相和司膳[宝儿赤]，并曾任使者来到我国[即伊朗][②]。他是个显贵的大异密。他的父亲名叫余儿乞(yūrkī)[③]，是成吉思汗的厨子，属于长后孛儿帖旭真的斡耳朵，并曾统率[成吉思汗]直属千户(hazārān-īkhāṣṣ)的一个百户。异密孛罗的子孙们在合罕处效力。异密马祖黑[④]-忽失赤为众鹰伕(qūščīan)的大长官，也出自这个部落。在所有各个时期，从这个部落都出过一些皇后。忽必烈合罕有个皇后，名叫迭里真〔d(a)rīǰīn〕，为忽哥赤(hūkǰī)[⑤]之母，就出自这个部落。

① 原文为 aīw-aǧlānān；见本书第 4 卷注释。

② 关于这个孛罗-阿合，见汉译本本分册，第 116 页注①。

③ S、C、L、P 本作 b(?)ūrkī；B 本、贝书作 būrkī（贝译作 Буркэ）。

④ L 本作?ārkeh；I 本作 mārūq；B 本、贝书作 sārūq。

⑤ S、C、L 本作 hūqī；P 本作 hūlḥī；B 本、贝书作 hūlǰī(贝译作 Улчи)。

八邻(bārīn)部落

这个八邻部落与朵儿边部相近,同出于一源。速合讷惕部[①]也是从八邻部分出的。最初,有兄弟三人;上述三支即由他们分出。八邻部落的著名大异密之中,成吉思汗时曾有一个名叫纳牙合(nāyāqā)[②]那颜的异密,为右翼异密,较木华黎国王低一级;他是他的速秃古孙(sūtūkūsūn)[③],即类似于都督(šiḥneh)者,是个配当都督的尊贵的人。在青年时期,他被称为纳牙-术速儿。"术速儿"意为"伪善者"和"无耻者"。在八邻部落中,有玩粗鄙游戏的习俗,他们丧失了羞耻心、肆无忌惮。这个纳牙合那颜很衰老,因为他活了一百多岁,直到窝阔台合罕时代还在世。据说,成吉思汗娶第一个妻子的时候,他曾在宴会上吃过[成吉思汗]以女婿身份所敬的饮食,并且记得[这件事]。

他的事迹如下:当成吉思汗同泰亦赤兀惕人发生了战争和内讧时,他的父亲失儿怯秃(šīrkīrā)-额不干正与泰亦赤兀惕诸部在一起。他伺机捉住了他们的部酋之子和首领中的合忽出和塔儿忽台-乞邻秃黑,将他们送来到成吉思汗处,为他出了力。他带来了自己的儿子纳牙(nāyā)和阿剌黑(alāq)[④],与他们两人随侍于成吉

---

① L 本作 sūqānūt;B 本作 qānūt;贝书作 sūqīūt(但在贝译《史集》第 1 卷,绪论第 195 页上作 qāīūt,贝译作 Хоит)。

② L 本作 nāy(?)āq(?)ā;I 本作 nāyāqā;B 本作 n(?)āy(?)āqā;贝书作 nābāqā。

③ L 本作 sūt(?)ūkūsūn;贝书作 sūtūkrsūn,他认为这是蒙语词"速秃可儿薛兀",即"上等的、聪明的",并将这一句译作:"是他的特等速秃克儿孙,即类似于长官者"(见贝译《史集》第 1 卷第 1 分册 195 页和 297 页注㊂)。

④ L 本作 aūlāq。

188 思汗左右。阿剌黑那颜有个名叫阔阔出的儿子。他在……[缺一词]由于……[缺]被诛。他有一个儿子,名叫伯颜,有幸效力于忽必烈合罕。当旭烈兀汗亲自前往伊朗国时,他来为他效力。当忽必烈合罕派遣宿敦那颜的儿子撒儿塔黑同奥都剌合蛮出使旭烈兀汗处时,他要求[将]伯颜[召回]。撒儿塔黑回来时,伯颜也同他一起回来了;奥都剌合蛮则仍留在这里[伊朗]整理表报。伯颜来到合罕处后,合罕抚慰了他,让他统率军队,并让速别台把阿秃儿的孙子阿术(aūǰū)当他的那可儿,派遣[他们]率领三十万蒙古军和八十万乞台军出征南家思。他们前往那里,在七年内占领了南家思全部地区。那海①是伯颜在我国[伊朗]* 的一个儿子。

在成吉思汗时,有一个八邻部的右翼千夫长忙豁勒〔m(u)-nkq-(u)l〕②-秃儿干(trkān)。他有个亲属,也是右翼千夫长,名叫豁儿赤那颜。

速合讷惕(sūqnūt)③部落,是从他们[八邻人]分出的。其事迹如下:八邻的一个弟弟,如前所述,是三兄弟中的一个,他家中有一个年轻女奴(kanizak)。他看中了她,伺机与她发生了关系,于是她怀了孕。他的妻子知道了[这件事],便折磨[那]姑娘,常常打[她],想使她堕胎,[但是]并没有发生流产。到了分娩的时候,她在一处僻静的地方,生下了个男孩。她畏惧[主人的]妻子,便从[她的]丈夫的皮袄上割下一块貂皮,用它把婴儿裹起来,抛到了柽

① A 本作 nūq(?)āī;C、P 本作 n(?)ūqāī;L 本作 q(?)ūn(?)āī;B 本作 n(?t?)ūqāī;贝书作 tūqāī(贝译作 тохай)。

② L 本作 mn(?)kq(?)l;B 本作 mn(?)kql。

③ P、B 本作 sūqn(?)ūt;贝书作 sūqīūt(贝译作 Сукают)。

柳丛里。幸好他的父亲走过这座丛林。他听见幼儿哭声，把他拾了起来，认出了自己的皮袄后，便猜想到了，因为他的女奴分娩之期已近，那个[孩子]显然应当是她的。他把他带到[家中]，交给了母亲，让她将他抚养成人。[他的]妻子则[对那孩子]漠不关心。

后来，出自这个儿子的子孙，虽然他们也是八邻人，但按分支的名字称为速合讷惕，因为在蒙古语中称柽柳为“速海”。现在他们构成一个单独的部落。过去和现在都有很多异密出自这个分支。据说，成吉思汗曾以八邻部中的一个人作为汪浑（aūnk-qūn）①，犹如以马和其他动物作为汪浑一样，即任何人不得对他有所贪图，他将是自由人和答剌罕②。

这个人名为阳吉〔ȳ(a)nkī〕③。他在汗帐[斡耳朵]中位于一切人之上，跟诸王一样，他列座于[汗的]右手，他的马与成吉思汗的 189
马系在一起。他已十分衰老，所以成吉思汗吩咐速合讷惕部落中的某个人爬在地上，让阳吉踏着他的背上马。由于这个缘故，速合讷惕部被称为“阳吉的马夫[阿黑塔赤]”，又被称为“下等马夫”。他们一听这话，就会怒不可遏地进行反驳，不认自己的[账]，把这当作[恶]作剧和侮弄。

---

① 关于“汪浑”，见汉译本本分册，第 142 页注②。

② ṭarkhān（蒙语作“答儿罕”），参阅汉译本本分册，第 287 页注①；符书上说：“古蒙古的孛斡勒、封臣和侍臣，可以被准予自由，那时也就中止了那颜与孛斡勒之间的关系。”

③ 此处原文可能有误（S 本作ȳ(a)nkī；P、C、L、B 本作??kī；I 本、贝书作 bīkī）；应读作“别乞”，而且大概这不是人名，而是成吉思汗授予八邻部的一位德高望重人物的称号。从成吉思汗对这个阳吉-别乞的尊崇可以看出，别乞这个称号或尊号，大概与（珊蛮教的）司祭——最高司祭的地位有关（参阅巴托尔德：《蒙古入侵时代的突厥斯坦》第 2 卷第 421 页；符书第 49—51 页）。

在成吉思汗时，有两个左翼千夫长，兄弟两个，是这个部落的人。一个名叫兀客儿〔aūk(a)r〕-合勒札，另一个叫忽都思①-合勒札。塔木合那颜和合剌那颜兄弟，也是速合讷惕部的异密。塔木合有三个儿子：一个为杭浑②，在旭烈兀汗时曾任秃惕合兀勒③之长；另一个为忽秃-不花④那颜，是个有威望的大异密；第三个为帖克捏⑤秃惕合兀勒；还有个札儿合台⑥。上述杭浑那颜的儿子为不剌勒吉，忽秃-不花那颜的儿子为泰出和塔察儿⑦那颜。泰出幼年夭亡。塔察儿的儿子木八剌〔m(u)bār(a)k〕已故，而札鲁黑⑧尚在。帖克捏的儿子为亦黑剌忽(īğlāğū)⑨、木昔、合剌巴黑、速来蛮〔s(u)l(a)īmān〕、也先〔aīs(a)n〕⑩-帖木儿、阿卜答勒和札儿合台⑪；札儿合台的儿子为额不克台(abūktāī)。就是这些！

① C 本作 q(?)ūtūn；L 本作 q(?)ūt(?)ūn；P 本作 qūt(?)ūs；B 本作 qūnūs。

② A、S 本作 ḥnkqūn；C 本作 ḥn(?)qūn；L 本作 ḥn(?)ğ(?)ūn；I 本作ǰn(?)qūn；B 本作 ḥn(?)kfūn；贝书作 ǰnkğūn(贝译作 Дженкгун 和 Джеккун)。

③ 关于“秃惕合兀勒”，参阅汉译本本分册，第 214 页注⑤。

④ S 本作 qūtū-tūqā；C 本作 q(?)ūt(?)ū-b(?)rqā；L 本作 q(?)t(?)ūb(?)rqā；B 本作 qūtū-qūqā；贝书 qūtū-būqā(贝译作 Хото-буга)。

⑤ C、L 本作 t(?)kneh；B 本作 skn(?)eh；贝书作 tnkneh(贝译作 Тенкне)。

⑥ C 本作 ǰrğt(?)āī；L 本作 ḥrğ(?)t(?)āī；I 本作 ǰrğtāī；B 本作 ḥūğātāī；贝书作 ǰūğātāī(贝译作 Джогатай)。

⑦ C、I 本作 tāǰr；L 本作 t(?)āǰr；P 本作 t(?)āǰū；B 本、贝书作 tāǰū。

⑧ C 本作 ḥārūq；L 本 ḥārūq(?)；B 本作ǰādūq；I 本、贝书作 ǰārūq。

⑨ C、B、P 本作 ī(?)ğlāğū；L 本作 ī(?)ğ(?)lāğū；I 本作 īğlāğū；贝书作 bğlāğū(贝译作 Баглагу)。

⑩ C 本无识点，可以读作 īs；L 本作 aī(?)sn；贝书作 aīs。

⑪ S、C、L、I 本(有的抄本识点不全)作ǰrğtāī；B 本、贝书作ǰūğātāī(贝译作 Джагатай)。

八鲁剌思(barūlās)部落

在成吉思汗时代,有忽必来那颜出自这个部落。他的儿子们现今在合罕处供职。在我国[即伊朗]有赛罕-塔儿乞[①]出自他的氏族。[成吉思汗]在最后一次战争中曾派遣他和哲别一同率领大军跟踪太阳汗。这个部落中的两个有威望的异密,曾和帖古迭儿〔t(a)kūd(a)r〕一同来到我国。他们的名字为……[缺]和阔阔出把阿秃儿。这个阔阔出把阿秃儿异常聪明、能干、善辩。

合答儿斤〔h(a)d(a)rkīn〕部落 190

在成吉思汗时,他们的首领为木忽儿(mūqūr)[②]-忽兰(qūrān)[③]。

"忽兰"[一词]的含义为,"有着锯子般唠叨不休、令人厌烦的脾气的[人]"。因为他确实有[这个]特点,所以人们给了他这个名字。他曾统率合答儿斤部千户,属于右翼异密之列。现在那支军队大部分在钦察草原与那海在一起。当那海及其子孙图谋起事时,他们曾遭洗劫。现在他们大多流散在那个领地上。

曾在我国的不古来〔būkūr(a)ī〕[④],为木忽儿-忽兰之孙。就是

---

① C,B 本作 trfī;贝书作 trqī(贝译作 Tapxy)。

② C 本作 mūqū;L 本作 mūq(?)ū;I 本作 mūqūrān;贝书作 mūqūr(贝译作 Myxyp)。

③ L 本作 q(?)ūrān;B 本作 tūrān;贝书作 qūrān(贝译作 Xypaн)。

④ C、I 本作 būrkūrī;L 本作 b(?)ūrkūrī;B 本作 tūkūrī;贝书作 būkūrī。

这些！

照烈惕(ǰūrīāt)部落

这个部落出自屯必乃合罕的第七个儿子都儿伯颜①的氏族，他们又称为札只剌惕(ǰāǰīrāt)②。在成吉思汗时，他们曾多次起事反对他，几度归顺了[他]，复又与[他的]敌人联合。当时，这个部落的著名领袖中，有个札木合薛禅。他被称为“薛禅”，是因为他极其聪明狡黠。成吉思汗称他为“安答”[即义兄弟]，但这个人经常对他耍阴谋、背信弃义和搞欺骗，而且图谋将国家抓到[自己]手中。篾儿乞惕君主脱黑台别乞曾劫掠过他，抢走了他的所有财产。这个人带着三十个那可儿，流浪了一些时候。这以后，由于衰弱无力和无路可走，便派人去[对脱黑台别乞]说道：“我要归顺于我父脱黑台别乞，来帮助他。”脱黑台别乞同意了，宽恕了他；这个人来到他那里，在他左右居留了一段时期。因为札木合极为狡黠，所以经常对脱黑台别乞的异密们说些阿谀奉承的话。有一次，他看见一只鹌鹑在草丛中孵了几只小鹑。他对这个地方作了记号，第二天同一群异密一起来到那里。他[对他们]说道：“去年我从这里经过，一只鹌鹑在这草丛中筑了个窝，让我来瞧瞧，它是否还在这里筑窝，今年照旧孵下了小鹑没有？”他走近去一看，一只鹌鹑从草丛中飞了出来：它那里有一窝小鹑。[异密们]相信了他讲的这段话，惊讶地连声说道：“他多么聪

---

① 原文在 d 上标有元音符点 u[A 本作 durbāīān]＊。贝译作 Дербаян。

② S 本作 čāčīrāt；C、L 本作 ḥāḥī(?)rāt；P 本作 ḥāḥīrāt；B 本作 ǰāmīrāt。

明灵敏，从去年到现在，还毫无差错地记得路过时所见的这个地方！”札木合就凭这类狡诈手法，在脱黑台及其众异密中树立了自己的地位。

有一次，他想出了[如下]一个狡计。天刚亮，当脱黑台别乞还没起身，而护卫们[怯薛]已懈怠的时候，通常不会有人疾速地到他 191
那里去；札木合突然带了自己的三十个那可儿走进了脱黑台别乞的帐幕里。脱黑台身边没有一个人，很是惊慌，想到来人在此刻可以为所欲为。札木合说道：“这得怪你的护卫们疏忽大意！为什么他们不认真保护你?！我故意这样闯进来，想了解一下他们是否机警地保护着[你]！”脱黑台别乞自己很胆怯，他懂得这个时刻的意义，然而这个人[札木合]却[将这一切]用[这样的]借口和表示关怀的口吻说得如此情有可原，脱黑台别乞由于过分害怕，唯恐这个人会乘此机会杀死他，便按照他们的习俗，用金碗将马奶酒洒在地上发誓道：“我要把你的全氏族和[全部]财产都归还[你]，从今以后不再对你作恶，以取得谅解！”札木合则请求原谅此举，并继续效力于[脱黑台别乞]，直到脱黑台将从他那里拿走的一切都归还给[他]为止。[那时，]他才重新回到自己的家，回到自己的禹儿惕里去了。

当他一再脱离成吉思汗，起来[反对他]并投奔到他的敌人王汗和太阳汗处后，有一次，来自蒙古各氏族的许多部落聚在一起，推举他为王，并授以古儿汗的尊号①。成吉思汗每次出征，都打败

① 原文为 l(a)q(a)b(-i) kūr-khānī(贝书作 l(a)q(a)b(-i) kūr-khān)。哈剌契丹的统治者有古儿汗的尊号。“据伊斯兰教作家说，这个词意为‘汗中之汗’。”(巴托尔德：《突厥斯坦史》，塔什干 1922 年版，第 22 页。)

了他们。札木合看到成吉思汗非人所能抗衡，便劫掠了所有拥他登位的那可儿们，再度来归附成吉思汗。[后来]他一再与成吉思汗敌对，还煽起了成吉思汗与王汗间的战争。最后，他落得以下的结局：当他[从成吉思汗处]逃出时，他自己的那可儿们捉住了他，将他交到了成吉思汗的军队手中。札木合被擒时，当着带他去[见成吉思汗]的使者们的面说道："让我的安答来鉴定那些跟随过我的人，在处理案件时仔细地审查清楚。"当他被捉到成吉思汗处时，他问道："捉住札木合时，他说了些什么？"人们重述了他所说的话。成吉思汗懂得这些话的含义。这些话的含意如下：既然[我的]那可儿们捉了他们的主人我，对我不忠，那么他们还会忠于谁呢！

成吉思汗下令，从六十个他的亲属和堂兄弟们的那一群人中，分出将他抓起来的那三十个那可儿来，全部处死。其余三十人都归顺了[他]。他们的首领玉律〔a(u)lūk〕把阿秃儿成为受尊敬的大人物，立有卓异功劳。

由于[成吉思汗]称札木合为"安答"[义兄弟]，他不想杀他，于是将他连同那可儿们和[他的全部]帐庐和财产，都赐给了自己喜爱的一个堂兄弟额勒只带(aīlǰūdāī)那颜。过了几天，额勒只带杀害了他。据说，额勒只带曾下令将他肢解。札木合
192 说道："这是你们的权利！我曾想过，我若获[天]佑，就将你们砍成碎块。既然[天]佑在你们[方面]，就快把我砍碎吧！"他催促着他们，向他们亮出自己的关节说："砍这里！"一点也不害怕。

在成吉思汗时，这个部落的首领有合里忽答儿〔qālīqūd(a)r〕、

玉律把阿秃儿、合忽亦(ğāğūī)①、牙答合纳(yādāğānā)②和塔海-答鲁〔ṭ(a)ğaī-dālū〕③。因为他们多次叛乱,成吉思汗屠杀了他们很多人,所以[他们]所存无几。现今在伊朗国,有一个千夫长阿剌-帖木儿司膳和他的一个兄弟札只儿台-乞兰〔ǰāǰīrtāī-q(i)rān〕④。

成吉思汗与泰亦赤兀惕部落发生内讧之初,札木合薛禅亲属中有一个人,名叫迭兀答察儿〔t(a)k(ū)d(a)č(a)r〕,去抢劫了成吉思汗的一个奴隶札剌亦儿部人拙赤-答儿马剌〔t(a)rm(a)leh〕的家。拙赤-答儿马剌用箭射杀了他。由于这个缘故,札木合与札只剌惕部落一起加入了泰亦赤兀惕等部落,对成吉思汗发动了战争,有如本纪中所载者。在成吉思汗时代,这个部落中还出了个名叫忽沙兀勒(qūšāūl)的大异密。他有个兄弟,名叫主速黑(ǰūsūq)。当成吉思汗攻占了乞台和女真地区,想要屯兵该境,以保卫该地区和人民时,因为他们两人都很矫健英勇,他就下令从每十户中抽出两人,编为三千人,交给他们,并将该国境土托付给了他们。

这以前,忽沙兀勒的名字为另外一词,当那支由诸十户中抽人组成的军队全部交给了他时,他才被称做这个名字,这是从组成这支军队[所含有的]那个意义的[一个词]派生来的⑤。当成吉思汗

① L本作'ā'ūī(无疑为ğāğūī)贝书作bāğūī。

② S本作yādāğā;C、L本缺;I本作yādğāneh;P本作yāğādn(?)ā;B本作b(?-y?)ā'ādānā;贝书作bādāğānā。

③ 在"塔海"之后;L本作rālū;I本作dāl(?)ū;贝勒津将此名分作两个:兀鲁和塔海。

④ L本作q(?)ūān;B、P本和贝书作qūān(贝译作Xyaн)。

⑤ 大概是指qušāūl这个名字源于突厥动词qūšmaq(联合、合并);qušāūl意为以简便芦篱围起来的游牧人的一群帐幕。

在巴勒渚纳从各处征集军队时，在这以前拙赤-合撒儿曾落在他的后面，王汗的军队又洗劫了他的帐庐、马群和牲畜，他带着有限的人逃走，一路上吃着死兽，[终于]与成吉思汗相会。成吉思汗想麻痹王汗的警觉，用了一种令人置信不疑的方式，以拙赤-合撒儿的名义，通过照烈惕部人合里兀答儿(qālīūdār)和兀良合惕部人札兀儿合-亦剌罕(ǰāūrğā-āīlāğān)，又名札兀儿者，给王汗送去了信，“札兀儿”这个词意为“摇头晃脑者”，因为他老是摇晃着脑袋，——成吉思汗对他们说道：“你们以拙赤-合撒儿的名义去[对王汗]说：‘我费了很多力气，想要跟上我的兄长成吉思汗并与他相会，但我没有找到他的踪迹，也找不到路。现在，森林就是我的住所，土块就是我的枕头。若蒙他[王汗]赏我的脸，将妻子、儿女和全家人还给我，我就对他屈服，并到[他那里]去’。”当他们将这些话送达王

193 汗处时，他很高兴地相信了。他将一些血灌到一只牛角里作为誓约，[将它]连同自己的一个名为亦秃儿坚〔aīt(u)rkān〕的使者，同他们一起遣送了出去。

成吉思汗则在派遣了他们之后，就立即率领军队紧跟其后，不分昼夜地前进。

当两使者同亦秃儿坚一起行进的时候，他们从远处瞥见了成吉思汗的战纛，他们唯恐亦秃儿坚明白了所发生的情况跑去报告[王汗]……其中一个便跳下马来说道：“有什么东西砸进我的马蹄缝里了！”于是他让亦秃儿坚扶着马的一条前腿，他自己来清理蹄子，借此将亦秃儿坚的注意转移开去。他暂时用这个借口岔开了他。[这时，]成吉思汗赶来，捉住了亦秃儿坚，将他送到留在营里的合撒儿处。[成吉思汗]派那两个使者在前面当向导。[蒙古人]

突然袭击了王汗，击溃了他的军队。就是这些！

不答惕(būdāt)部落

这个部落是从屯必乃汗的第五个儿子巴惕-古勒乞〔bāt-k(u)-lkī〕的后裔分支而成的。在成吉思汗时，他们的首领为斡儿带(aūrdāī)。当成吉思汗与泰亦赤兀惕人作战时，他们[不答惕人]曾[与他]结盟并参加了他的军队。过去和现在都有很多异密出自他们之中，但现今[他们的名字]无人知晓。

朵豁剌惕〔dūq(u)lāt〕部落

他们是从屯必乃汗的第八个儿子不勒札儿①分支出来的。当成吉思汗与泰亦赤兀惕部落作战时，此部落曾与成吉思汗结盟并参加了他的军队，但在那个时代和现在，都未闻他们的异密中有过享有威望和声誉的。就是这些！

别速惕②部落

这一支出自屯必乃汗的第九子，弟兄中最小的乞塔台〔<u>kh</u>(i)t(a)tāī〕③。

---

① S本作 būlhār；P本作 būl(?)ǰār；C、L、I本(有时无识点)作 būrlǰār；B本作 būl(?)ḥār；贝书作 būdnǰār(贝译作 Буданджар)。

② P、L、I本作 bīsūt；C、B本作 b(?,ī?)ī(?)sūt；贝书作 īsūt。

③ C本作<u>kh</u>tt(?)āī；L本作 ḥt(?)t(?)āī；P、I、B本作<u>kh</u>tāī；贝书作 ǰntāī(贝译作 Джонтай)。

有许多异密和大人物出自他们之中。最初，他们曾对抗过成吉思汗，后来，他们的一部分人归顺了他，并立了功。蒙古人有如下的习俗：因为幼子常在家里，而火又是家庭生活的中心，幼子便被称为斡惕赤斤〔aūtǰ(i)kīn〕①。

当成吉思汗氏族安排［国家］大事时，这个部落在他们那里担
194 任正确推行他们的成规和习俗之责，所以凡有关这类制度的事，无不请教这个部落。按照他们的习惯，由［这个部落的］珊蛮来实行［这个］改革。

在成吉思汗时代，这个部落的一个著名人物为哲别那颜。关于他的故事如下：有一次，这个部落反抗成吉思汗［并］为他战败时，他夺取了他们的［全部］财产，［这个部落的］一部分人躲了起来，哲别也在其中，［这时］成吉思汗进行了围捕。哲别陷入了包围之中。成吉思汗认出了他，想同他厮杀。

孛斡儿赤(būrǰī)②那颜说："我去对付他！"他向成吉思汗请求一匹察罕·阿蛮·忽剌，即一匹白嘴脸的马；［他］给了他［这样一匹马］。他骑上了它，奔驰出战，向哲别射去一箭，［但］没有命中。哲别射过箭来，射中了马，［马］倒下死了。哲别便逃走了。后来，哲别力竭无援，便归顺了［成吉思汗］。由于他是一个勇士，成吉思汗授予他十夫长之职，又因为他善于效力，所以做了他的百夫长；

---

① 符拉基米尔佐夫院士对此说道："按照古蒙古习俗……父亲的主要遗产总是传给幼子。他是家灶的守护者，因而被尊称为 odcigin～odǰigin（火王）或 eǰen（主、主人）"（符书第 49 页）。

② S本作 būrḥī；C、L 本作 b(?)ūrḥī；I 本作 yūrǰī；贝书作 būrğ ūǰī（贝译作 Бурджи）。

又由于他表现勤奋，[不久]又当了千夫长。后来，[成吉思汗]授予他万夫长之职。[哲别]长期臣事[成吉思汗]，进行过远征，并立有大功。

太阳汗的儿子古失鲁克汗，在他们与成吉思汗作战之后，逃奔到突厥斯坦和河中地区的哈剌契丹君主古儿汗处。他[在那里]娶了他的女儿，重又进入乃蛮地区，他征集军队，谋叛古儿汗，向他进军。他将他击溃后杀死了他，占有了他的王位。

正如本纪中所详述的，这些事件经历了七年。到这时，成吉思汗派遣哲别率领军队[去攻打古失鲁克汗]；他击溃了古失鲁克；被打垮的[古失鲁克]逃到巴达哈伤〔b(a)d(a)khšān〕境内，在那里被杀。成吉思汗获悉后，向哲别发出训诫，嘱咐他不要因为有击溃古失鲁克这样一次大胜而骄傲自满。[他说：]“我们之所以能擒获他们，就是由于王汗、太阳汗、古失鲁克汗等人的傲慢自大！”

当哲别用箭射杀了那匹白嘴脸马，前来归顺[成吉思汗]时，他跪下说道：“我知道我有杀马之罪！如果成吉思汗宽恕我，对我开恩，我将带给他很多这样的马，以示效忠！”

后来，当他刚从对古失鲁克汗的战事归来，他从那里带来一千匹白嘴脸马，进呈[成吉思汗]，将它们带到他面前，作为礼物。

成吉思汗在巴里黑〔b(a)lkh〕和塔里寒〔ṭal(i)qān〕地区时，曾派遣他同两个札剌亦儿人速别台和讷儿客(nūrkeh)率军去到该境。讷儿客死于途中。他们从那里出发，[向西进军]，攻占了波斯伊拉克〔‘(i)rāk-(i)‘(a)ǰ(a)m〕的许多城市，进行了杀掠后，又从那里进到格鲁吉亚〔g(u)rǰ(i)stān〕和梯弗里斯。格鲁吉亚人大量聚集出战。哲别派遣速别台带着军队去攻打他们，而自己率领五 195

千勇士埋伏起来。速别台故意败退，格鲁吉亚人向他追来。[这时，]哲别从埋伏处出来，由侧面绕过来，把他们全部歼灭。他们[蒙古人]在大多数战役中惯用的战术都是如此。他们从那里返回，穿过铁门关〔t(i)mūr q(a)h(a)lqeh〕。打耳班〔d(a)rb(a)nt〕居民运来粮食[向蒙古人]称降。[蒙古人]通过那里，进向斡罗思国〔w(i)lāī(a)t(-i)aūrūs〕。沿途到处进行杀掠。他们同成吉思汗约定在三年内结束战事，[实际上却只有]两年半就达到了圆满结果。

哲别诸弟之中，蒙格秃-撒兀儿〔mūnk(a)dū-sāūr〕曾在拖雷汗处供职；他有七个儿子，幼子名为斡鲁思(aūrūs)。他曾来此效力于旭烈兀汗，在[汗的]怯薛中充当卫士。他的兄弟们也在那里。阿八哈汗受命赴呼罗珊地区时，曾任命斡鲁思为四怯薛之长，授以重任。当阿八哈汗作了君主从呼罗珊回来后，他让斡鲁思回去，派[他]防守也里和八的吉思边境，命他统率该境军队和速必(sūbīeh)①，他便留在了那里。

两年后，他派遣秃卜辛(tūbsīn)②到那里去；秃卜辛在那里表现得很勤奋，对当地[居民]和捏古迭儿〔n(a)kūd(a)r〕部落〔q(a)-ūm〕进行了屠杀。他[从那里]带出了准只答儿〔ǰūnǰ(i)dār〕③和许

① C,I 本作 sūb(?)ī(?)eh；L 本作 sūbeh；B 本作 sūmneh；贝书缺。大概是一个我所不知道的蒙语词。据我们所知，在也里州及其附近地区，并无以此为名的地方。

② C 本作 t(?)ūb(?)sn；L 本作 t(?)ūb(?)šn；B 本、贝书作 tūīsn(贝译作 Туйсан)。

③ C、L 本作 ḥūn-mḥdd；I 本作 ǰūn-ḥdd；B 本作 ǰūn(?)ḥdd；贝书作 ǰūnǰdd(其俄译文中无此词)。

多俘虏，但在途中他按照阿八哈汗的命令将他们全部杀掉了。

当时，忽推(qūtūī)哈敦正渡一河。斡鲁思在此事中曾［为她］效劳，甚为殷勤，他给［她］扈从人员，并予以［一切］必要［帮助］，直到她抵达徒思为止。他死于对八剌〔b(u)rāq〕的战事之后。

在阿八哈汗时代，他的儿子为：合剌的里〔q(a)rāt(i)rī〕[①]和阿八赤(abāǰī)[②]。现今，合剌的里的儿子为合儿班答〔kh(a)rb(a)-ndeh〕，而阿八赤的儿子为千夫长曾吉〔z(a)nkī〕和罕都〔h(a)ndū〕宝儿赤。哲别的后人之中，孙忽孙〔s(u)nqūsūn〕为千夫长；现今他的儿子合剌速惕〔q(a)rās(u)t〕[③]，是曾吉［妻］完者(aūljāī)哈敦的一个侍臣(aīw aḡlān)，其弟为一勇士，曾出使密昔儿。现今哲别的堂兄弟和亲属们，多供职于合罕处。大异密、地区长官〔ḥāk(i)m〕合丹〔q(a)dān〕，必阇赤长那海以及拜住那颜，也属于别速惕［部］。拜住为哲别的亲属。窝阔台合罕将他同绰儿马浑一起派遣出来，他曾统率一个千人队，而在他［窝阔台合罕］以后，又曾统辖过一个万人队。拜住曾征服小亚细亚(rūm，鲁木)，因此他夸耀说：征服
小亚细亚的就是我！旭烈兀汗召回了他，定罪处死了他，没收其财 196
产之整半。［后来，］该万人队由蒙哥合罕下了一道圣旨归绰儿马浑的儿子失列门统辖。

拜住那颜的儿子为额兀克(aūk)[④]，他统辖一个千人队；额兀

① C、L 本作 q(?)rāt(?)ī(?)rī；I 本作 qrātīrī；B 本作 qūāmrī；贝书作 qrātrī(贝译作 Харатери)。

② A 本作 abāḥī；C、L 本作 ab(?)āḥī；B 本、贝书作 ayāǰī。

③ L 本作 q(?)rāst；B 本、贝书作 qrāīt(贝译作 Хораит)。

④ I 本作 āūk；B 本、贝书作 adāk。

克的儿子速剌迷失(sūlāmīš)曾在小亚细亚[鲁木]。伊斯兰君主——愿安拉佑其长久在位！——赐以恩宠，授以五千骑，任用他为那里的万夫长。而他却背叛了[他]，杀死了伯颜札儿和不主忽儿〔būǰ(u)qūr〕；他由于此罪伏诛。这件事将于后文详述。

当成吉思汗与太阳汗最后一次作战时，他曾派遣八鲁剌思部人忽必来〔qūbīlā(i)〕和哲别为先锋。第二次，他又派遣哲别率军前往称为东京(tūnkīnk)①的契丹和女真地区。

[他]还未开始围攻，就突然折返，并在十天内走了五十程，使他们[居民们]认为自己已无危险，[然后]他抛掉辎重返回，轻装疾行，突然出现于城下，居民没有料到[他们来袭]，他就以此狡计攻陷了城市。

有两个显贵的异密：迭该〔d(a)kā(i)〕②和古出古儿(kūjūkūr)③，出自这个部落。他们的际遇如下：当他们与泰亦赤兀惕部落在一起时，[泰亦赤兀惕人]杀了他们的父亲和长幼亲属。他们的母亲拜都儿〔bāīd(u)r〕④哈敦为儿子们担心。听人们说，合罕收养不幸者和孤儿，她对此抱有希望，便带着他们两人来效力于合罕。她获得了他的恩遇：[合罕]授予古出古儿一千[战士]；以拜都儿哈敦本人为"答剌罕"，并下令，[自此以后，]孤儿在生活上取

---

① C本作 kī(?)nk；L本作 kī(?)n(?)l；I本作 tūnkinl；B本作 t(?)ūn(?)kī(?)n(?)l；贝书作 tūnkīl。

② S本作dhkā；L本作 dkāū。

③ C本作 kūǰūrkūr；L本作 kūḥrkūr；I、B本和贝书作 kūǰūkūr。

④ A、I本作 b(?)āīdr；S、C本作 b(?)āī(?)dr；L本作 b(?)āī(?)dū；B本作 bāndr；贝书作 bāīdū。

得“答剌罕身份”的待遇。他又封迭该为“速丹-兀敦”(sūdān aūdūn)的、即[合罕]御用马匹的马伕[阿黑塔赤]。他命古出古儿挤马奶,而由其母掌管马湩。迭该的儿子为兀都亦(aūdūī)。现在他在合罕陛下处[①],供职于成-帖木儿[为]万夫长,他有许多子女。古出古儿的儿子:有一个是不儿塔臣〔būrt(a)ǰīn〕[②]豁儿赤,为拖雷汗的怯薛长,另一个是忽的剌(qūtīlā)[③]豁儿赤,曾统辖一千[军队]。他的儿子察儿-不花(čār būqā),属于忽必烈-合罕。他的儿子乞兀只(kīūǰī)[④],曾任灭里-帖木儿的儿子明罕(mīnkqān)[⑤]-古敦(kūdūn)[⑥]的使者前来我国[即伊朗]。就是这些!

雪干(sūkān)部落 197

他们也属于尼伦诸部落之列。最初,当成吉思汗与泰亦赤兀惕诸部作战并征集军队时,这个部落由于是他的亲属,曾与他联盟,但他们的首领之名不为人们所知。

轻吉牙惕(qīnkqīāt)部落

他们也属于尼伦诸部之列。当成吉思汗与泰亦赤兀惕诸部开

① 其他诸本和贝书均无“在合罕陛下处”这一句。

② B本作 tūrt(?)ḥī;贝书作 tūrīčīn。

③ A、S本作 qūtī(?)lā;C本作 qūt(?)ī(?)lā;L本作 qūt(?)ī(?)lāī;B本作 qūblāī;I本、贝书作 qūbīlāī。

④ A、S本作 kīūḥī;C、L本作 kī(?)ūḥī;B本作 lbūǰī;贝书作 ūlbūǰī(贝译作 Олбоджи)。

⑤ A本作 mnkq(?)ān;C本作 mn(?)kqān;L本作 mn(?)kq(?)ān;贝书作 mnkqān(贝译作 Минкган)。

⑥ C、L、I本作 kūūn;B本、贝书作 krān(贝译作 кераэн)。

始战争时，此部落由于[与他]有亲属关系，来到他处参加了他的军队。他们的首领名为答乞(dāqī)把阿秃儿。他们的其他情况，将分别另行著录。就是这些！

为什么[要]详细列举真正的蒙古诸部落分支、其他蒙古部落、与蒙古人相似的民族以及乞台、唐兀惕、畏兀儿等部落的情况呢？[这是]因为[有关他们的]故事和他们的历史正处在成吉思汗之时；[成吉思汗]在其在位之初，就在最高真理的佑助下，使所有这些部落都听从了他的号令，使[他们]全都做了他的奴隶和士兵。[因此]有必要忆及[他们]并列举其分支；为知道它们[共]有多少部落和分支，其中各支是怎样分出来的，各部落的[生]性和习俗如何，以及各部落各在何处有其禹儿惕和营地(maqām)，凡已确实知道并经仔细审核的情况，都已加以记载。

我们既已叙述完了它们的事迹详情，现在我们就开始叙述支配世界的君主成吉思汗及其子孙，尤其是伊斯兰君主马合木·合赞汗算端——愿安拉佑其长久在位！——的编年记载，因为这是编撰这部吉祥之书的宗旨和根本目的。

我们将详尽地叙及，成吉思汗的一支[及]其堂兄弟和亲属中的各[支]之源出，他们分衍的情况及其原因。

求安拉保佑，希望[寄托]于安拉。愿安拉祝福我主穆罕默德圣人及其纯洁无瑕的家族！

人名索引

（以下页码均系原书页码，即中译本边码）

部族名索引

（以下页码系原书页码，即中译本边码）

地 名 索 引

（以下页码系原书页码，即中译本边码）

图书在版编目(CIP)数据

史集.第1卷.第1分册/(波斯)拉施特主编;余大钧,周建奇译.—北京:商务印书馆,2017
(汉译世界学术名著丛书:120年纪念版:珍藏本)
ISBN 978-7-100-14291-5

Ⅰ.①史… Ⅱ.①拉… ②余… ③周… Ⅲ.①中国历史—研究—元代 Ⅳ.①K247.07

中国版本图书馆CIP数据核字(2017)第139282号

汉译世界学术名著丛书
(120年纪念版·珍藏本)
史 集
第一卷 第一分册
〔波斯〕拉施特 主编
余大钧 周建奇 译

商 务 印 书 馆 出 版
(北京王府井大街36号 邮政编码100710)
商 务 印 书 馆 发 行
北京中科印刷有限公司印刷
ISBN 978-7-100-14291-5

2017年12月第1版 开本710×1000 1/16
2017年12月北京第1次印刷 印张24 插页1
定价:170.00元